Thomas Anz

»Es geht nicht um Christa Wolf«

»Es geht nicht um Christa Wolf«

Der Literaturstreit im vereinten Deutschland

Herausgegeben
von Thomas Anz

1991
edition spangenberg

Unter Mitarbeit von Christof Bolay, Kirsten Erwentraut, Yvonne Katzenberger, Thomas Kastura, Barbara Lilje, Christine Loy und Susanne Müller

Umschlaggestaltung Frauke Bergemann
Herstellung Manfred Lüer
ISBN 3-89409-060-X
Printed in Germany

Inhaltsverzeichnis

EINLEITUNG
Der Fall Christa Wolf und der Literaturstreit im vereinten Deutschland 7

DRÜBEN BLEIBEN?
Zur Vorgeschichte des Streits 29
Marcel Reich-Ranicki: Macht Verfolgung kreativ? 35
Volker Hage: Drüben bleiben? 41

DER GESTÖRTE KONSENS
Initiation des Streits 45
Hans Noll: Das lächerliche Pathos alter Schwärmer 56
Ulrich Greiner: Mangel an Feingefühl 66
Volker Hage: Kunstvolle Prosa 71
Frank Schirrmacher: »Dem Druck des härteren, strengeren Lebens standhalten« 77

MORD IM FEUILLETON?
Eskalation des Streits 91
Wolfram Schütte: Reiß:Wolf 112
Lew Kopelew: Für Christa Wolf 117
Günter Grass: Nötige Kritik oder Hinrichtung? Gespräch mit Hellmuth Karasek und Rolf Becker 122
Martin Ahrends: Ach, ihr süßen Wessis 135
Wolf Biermann: Nur wer sich ändert, bleibt sich treu . . . 139
Peter Härtling, Hans Mayer, Martin Walser: Antworten auf eine Umfrage 157

KAMPF GEGEN EINE KASTE

Die Intellektuellen und die deutsche Einheit 161
Walter Jens: Plädoyer gegen die Preisgabe der DDR-Kultur 167
Ulrich Greiner: Keiner ist frei von Schuld 179
Ivan Nagel: Die Volksfeinde 184

ENDE EINER EPOCHE

Moral und Ästhetik 189
Uwe Wittstock: Die Dichter und ihre Richter 198
Ulrich Greiner: Die deutsche Gesinnungsästhetik 208

INTERNATIONALE RINGRICHTER

Stimmen aus dem Ausland: Österreich, Schweiz, Frankreich, England, USA 217

DIE LITERATUR ALS KRIEGSSCHAUPLATZ

Reaktionen von Christa Wolf 237

DER STREIT GEHT WEITER

Neue Stellungnahmen zur Debatte: Martin Ahrends, Günter Grass, Ulrich Greiner, Volker Hage, Walter Jens, Lew Kopelew, Chaim Noll, Marcel Reich-Ranicki, Frank Schirrmacher, Wolfram Schütte, Uwe Wittstock .. 241

CHRONOLOGIE EINES STREITS

Kommentierte Bibliographie 261

Der Fall Christa Wolf
und
der Literaturstreit im vereinten Deutschland

Kaum ein Literaturstreit der deutschen Nachkriegsgeschichte hat so viel öffentliche Aufmerksamkeit gefunden wie der, der Anfang Juni 1990 mit scharfen Angriffen auf Christa Wolf und ihre Erzählung *Was bleibt* begann. In westdeutschen Feuilletons entfacht, beschäftigte er hierzulande bald auch Leitartikel auf den politischen Seiten der großen Zeitungen, und seine Resonanz reichte rasch über die Grenzen Deutschlands und Europas hinaus. In Paris berichtete am 3. August *Le Monde* über die »Polemik um Christa Wolf«, und einen Monat später griff der französische Kulturminister Jack Lang persönlich in die Debatte ein. In London hatte schon am 8. Juli der *Observer* seine Leser über den Streit informiert, und am 24. August erschien in der *New York Times* ein Artikel zum Thema.
Welche außergewöhnliche Bedeutung in Deutschland die *Frankfurter Allgemeine Zeitung* dem Streit beimaß, läßt sich an ihrer »Jahres-Chronik 1990« vom 29. Dezember ablesen. Sie enthält knappe Informationen zu den wichtigsten Ereignissen der vergangenen zwölf Monate. »3. Oktober. Deutschland ist wieder vereint. Um null Uhr wird unter dem Jubel der Menschen die schwarz-rot-goldene Flagge vor dem Reichstagsgebäude in Berlin gehißt.« So beginnt ein Abschnitt der Chronik. Zwischen Kurzberichten über die ersten freien Wahlen in der DDR am 18. März oder über das Ultimatum des UN-Sicherheitsrats an Saddam Hussein am 30. November findet sich unter der Überschrift *Deutscher Literaturstreit* und dem Datum 10. Juni der folgende Eintrag: »Im Schloß Cäcilienhof treffen sich auf Einladung der Bertelsmann-Stiftung ost- und westdeutsche Schriftsteller, Politiker und Journalisten. Im Mittelpunkt der Debatte, an der Christa Wolf, Stefan Heym,

Manfred Stolpe, Walter Jens, der ehemalige stellvertretende Kulturminister Klaus Höpcke und eine Reihe westlicher Kritiker teilnehmen, steht Angst vor dem Verlust literarischer Eigenständigkeit und vor dem westlichen Kulturbetrieb. Vor allem aber geht es in der scharfen Debatte um die Frage, ob die führenden Schriftsteller der DDR eine autoritätsgläubige ›Stillhalteliteratur‹ geschrieben hatten, die, trotz geringer Kritik im Detail, das System, den Staat und die undemokratische Gesellschaftsordnung stabilisierte. Vor allen Dingen Christa Wolf und Stephan Hermlin wird vorgeworfen, sich nicht genug oder kaum gegen die Verfolgung kritischer Autoren zur Zeit des SED-Regimes ausgesprochen zu haben, sich nun aber nach dem Zusammenbruch der DDR als Opfer und Widerstandskämpfer des Systems darzustellen. Einige westliche Intellektuelle, wie Günter Grass und Walter Jens, bestreiten westlichen Kritikern das Recht, sich in die Vergangenheitsbewältigung der ehemaligen DDR einzumischen. Darüber entbrennt ein heftiger Streit, der während des ganzen Jahres in Zeitungen der Bundesrepublik ausgetragen wird.«

Die kaum überschaubare Vielzahl und die außerordentliche Heftigkeit der Beiträge zu dem Streit sind der Dynamik wahrhaft aufregender zeitgeschichtlicher Ereignisse und Entwicklungen zuzuschreiben: dem Zusammenbruch des totalitären Sozialismus in Osteuropa und dem Ende der deutschen Teilung. Der Streit um Christa Wolf hätte nie eine derartiges Echo gefunden, wäre vielleicht gar nicht entbrannt, wenn er Literaturkritikern und Schriftstellern nicht die Gelegenheit geboten hätte, sich zu diesen Ereignissen und ihren Folgen für die deutsche Literatur öffentlich zu äußern.

Die politischen Ereignisse des Jahres 1990 waren so übermächtig, daß unter ihrem Eindruck sowohl in Christa Wolfs am 5. Juni erschienene Erzählung *Was bleibt* als auch in ihre literaturkritischen Verrisse Bedeutungen hineingelesen wurden, die von der Autorin und von ihren Kritikern wohl kaum beabsichtigt waren. Der im Sommer 1979 geschriebene und im November 1989 überarbeitete Text erzählt über einen Tag im Leben einer Christa Wolf zum Verwechseln ähnlichen Schriftstellerin, die von Staatssicherheitsbeamten observiert wird. In einer Situation, in der die Macht des alten SED-Staates zerbrochen, die Wende zur westlichen Demokratie schon fast vollzogen war und es, wie nach dem Zusammenbruch des Nationalsozialismus, für jeden nur vorteilhaft sein konnte, Gegner oder Opfer des totalitären Systems gewesen zu sein, in dieser Situation lag es nahe, die Erzählung als verspäteten Versuch einer Autorin zu lesen, sich den plötzlich veränderten Umständen anzupassen und die eigene Vergangenheit ins rechte Licht zu rücken. Die Angriffe auf die bis dahin auch von der westdeutschen Kritik überwiegend mit größtem Respekt behandelte Autorin sprachen ihr jetzt nicht nur die moralische Integrität, sondern ihrem Werk auch die literarische Qualität ab. In einer Situation, in der viele argwöhnten, daß die Bundesrepublik der DDR, in der sich die Bevölkerung am Ende eigenständig von der totalitären Herrschaft befreit hatte, nicht nur unterstützen, sondern dieses Land mit der Selbstherrlichkeit einer Siegermacht auch kulturell deklassieren, vereinnahmen und um jeden Rest einer eigenständigen Identität bringen werde, in einer derartigen Situation lag es auf der anderen Seite auch nahe, die Disqualifizierung der angesehensten DDR-Schriftstellerin als Versuch zu lesen, die westdeutsche Überlegenheit und die ostdeutsche Minderwertigkeit auch auf dem Gebiet der Literatur zur Schau zu stellen. Die Angriffe auf Christa Wolf mußten den Eindruck erwecken, daß mit dem Zusammenbruch des SED-Staates ein Zusammenbruch der DDR-Literatur in der westlichen Wertschätzung einherging.

Christa Wolfs Erzählung *Was bleibt* gab nur den Anlaß für einen Streit, in dem es von Beginn an um weit mehr als um einen Text oder um eine Autorin ging. »Es geht um Christa Wolf, genauer: Es geht nicht um Christa Wolf«, schrieb Wolf Biermann in seinem Beitrag zur Debatte und entsprach damit dem, was viele andere im Verlauf der Auseinandersetzungen auch sagten, nur weniger paradox. Christa Wolf sei »nur noch eine Chiffre«, steht in einem der zahllosen Artikel zum Streit; »es geht nicht nur um Christa Wolf«, in einem anderen. »Hier

geht es nicht mehr um Christa Wolf«, meinte der in Ostberlin lebende Schriftsteller Lutz Rathenow im Septemberheft 1990 des *Kursbuchs* mit Blick auf »die Härte, mit der BRDler glauben, Christa Wolf verteidigen zu müssen«. Noch weiter ging Uwe Wittstock, der seinen Beitrag zur Debatte mit den Sätzen abschloß: »Es geht *nicht* um die Literatur, sondern um eine exemplarische Abrechnung mit exemplarischen Lebensläufen. Die Schriftsteller sind Stellvertreter.« Worum es ›eigentlich‹ geht, darüber sind sich die diversen Artikel jedoch keineswegs einig. Der Streit hätte kaum solche Dimensionen angenommen, wenn es in ihm nicht bald um vieles zugleich gegangen wäre.
In einigen Aspekten knüpfte er an Debatten an, wie sie in und nach der Zeit des Nationalsozialismus um die Exilliteratur und um jene Schriftsteller geführt wurden, die in Deutschland geblieben waren. Die Schärfe, mit der Christa Wolf stellvertretend für viele andere in der DDR gebliebene Schriftsteller-Kollegen jetzt im Westen attackiert wurde, erinnerte manchen an das harte Urteil, das der amerikanische Staatsbürger Thomas Mann im September 1945 unter dem Titel *Warum ich nicht nach Deutschland zurückgehe* in einem offenen Brief an Walter von Molo über jene Bücher fällte, die während der NS-Diktatur in Deutschland erschienen: »Es mag Aberglaube sein, aber in meinen Augen sind Bücher, die von 1933 bis 1945 in Deutschland überhaupt gedruckt werden konnten, weniger als wertlos und nicht gut in die Hand zu nehmen. Ein Geruch von Blut und Schande haftet ihnen an; sie sollten alle eingestampft werden.« Im Zusammenhang des neuen deutschen Literaturstreits wurde indes auch eine frühere, anders geartete Äußerung Thomas Manns zitiert, um zum versöhnlicheren und differenzierteren Umgang mit den in der DDR gebliebenen Schriftstellern aufzurufen. Sie steht in einem Brief Manns an Eduard Korrodi, den die *Neue Zürcher Zeitung* am 3. Februar 1936 abdruckte. Der Brief appellierte an die aus Deutschland emigrierten Schriftsteller, sie sollten »nicht mit allzu wahlloser Verachtung auf diejenigen herabblicken, die zu Hause bleiben wollten oder mußten«.

Ansichten, Argumente und Stichworte, die uns aus den Auseinandersetzungen mit dem Nationalsozialismus vertraut sind, prägten den deutschen Literaturstreit auch sonst. Von »Vergangenheitsbewältigung« oder der »Unfähigkeit zu trauern« ist da die Rede, von offenem Widerstand und »innerer Emigration«, von »Schuld« und »Verdrängung«, von der Beziehung zwischen »Geist und Macht«, von »machtgeschützter Innerlichkeit« oder vom »autoritären Charakter«. Sogar das Argument, es stehe einem nicht zu, über etwas zu urteilen, was man nicht aus eigener Erfahrung kenne, tauchte wieder auf.

Ob sich der Vergleich der DDR mit dem NS-Regime nicht verbiete, fragte Jürgen Serke in einem seiner Beiträge zur Debatte. »Er verbietet sich nicht, allenfalls die Gleichsetzung.« Immerhin darüber waren sich die Streitenden, wenn auch mit unterschiedlichen Akzentsetzungen, weitgehend einig: daß das DDR-Regime mit dem NS-Regime nicht gleichzusetzen ist. Das Volk der DDR habe »weder Synagogen angezündet, noch den totalen Krieg gewollt«, hielt Hans Mayer solchen Vergleichen entgegen. Und Hans Krieger wies mit Nachdruck darauf hin, »was den bürokratischen Totalitarismus des DDR-Sozialismus vom wahnhaft mörderischen der Nazis bei allen Vergleichbarkeiten eben doch fundamental« unterscheide: »Die DDR hat eben keinen Weltkrieg mit 50 Millionen Toten vom Zaun gebrochen und nicht Millionen Juden vergast. Vor allem aber: Der Herrschaftsanspruch der Kommunisten entsprang nicht dem puren Machtrausch wie der der Nazis, sondern dem Versuch, ehrenwerte Ideale von sozialer Gerechtigkeit durchzusetzen. Und auch wenn diese Ideale bis zur Absurdität pervertiert werden mußten, weil Zwang und Gewalt sie im Ansatz diskreditierten, so haftet dem Scheitern dieses schrecklichen Experimentes doch eine gewisse Tragik an, die auch vielen Repräsentanten des DDR-Staates und der DDR-Kultur nicht abzusprechen ist: Das Wahnhafte dieses Machtgebildes war kein bloßer Paroxysmus von Dummheit und Brutalität wie der Terrorstaat der Nazis, sondern gewissermaßen ein Fieberanfall der Vernunft, verstehbar aus der Dialektik der Aufklärung. Sobald die Vernunft aufhört, ein kritisches Instrument der Wahrheitssuche zu sein, die Wahrheit gefunden zu haben meint und sie planerisch durchsetzen will, dient sie nicht mehr der Freiheit, sondern schafft Sklaverei.« Auch Frank Schirrmacher, der in der *FAZ* mit seiner Attacke gegen Christa Wolf den Streit mitinitiierte und dabei die DDR immer wieder mit dem Nazi-Regime verglich, sah sich in diesem Zusammenhang zu Einschränkungen genötigt.

Nur mit erheblichen Einschränkungen vergleichbar war auch die Situation der Schriftsteller in der DDR mit der im Nationalsozialismus. Die DDR zu verlassen bedeutete für sie nicht, ihre sprachliche Heimat und ihre Leser zu verlieren. Es wurde darüber debattiert, wie groß ihr Spielraum der Kritik und wie hoch ihr Risiko war, wenn sie gegen das SED-Regime opponierten. Daß dieser Spielraum bei ihnen größer und das Risiko, wenn auch nicht gering, so doch geringer war als bei den Schriftstellern, die nach der Machtergreifung der Nationalsozialisten mit deren Herrschaft konfrontiert waren, steht außer Zweifel. Auch in dieser Hinsicht hatte also die politische und moralische Beurteilung der Autoren in der DDR nach Mustern, die sich in der Auseinandersetzung mit der Literatur und den Lebensläufen von Schriftstellern aus der Nazi-Zeit herausgebildet hatten, ihre Grenzen.

Dennoch wiederholten sich in dem neuen deutschen Literaturstreit alte Konfliktkonstellationen. Der Streit konfrontierte nicht zuletzt auch die Dissidenten, die in den Westen gegangen waren, mit denen, die geblieben sind. »Die meisten von denen, die geblieben sind, haben uns durch ihr Verschweigen ständig von neuem ausgebürgert«, warf Reiner Kunze, der fünf Monate nach der Ausbürgerung Wolf Biermanns, im April 1977, die DDR hatte verlassen müssen, unter anderem Stephan Hermlin vor. Anders als westdeutsche Literaturkritiker richteten Kunze und andere Dissidenten ihre Kritik an den gebliebenen Schriftstellern, wenn überhaupt, dann nur zurückhaltend und moderat an die Adresse Christa Wolfs. Den Streit, der sich an ihrer Person und an ihrem Werk entzündet hatte, hielten sie indes für notwendig, und sie nahmen an ihm teil. Er sei »die erste tatsächlich ›offene‹ Auseinandersetzung zwischen Intellektuellen aus zwei Systemen«, meinte Günter Kunert, und Wolf Biermann rechtfertigte nachdrücklich jene Artikel von Ulrich Greiner und Frank Schirrmacher, die den Streit Anfang Juni 1990 provozierten: »Diese Artikel sind weder Hetze, noch blasen sie zu einer Hatz«; sie »haben einen Streit angefacht, der fällig ist«.

Zu denen, die den Streit entfachten, gehört der 1954 in Ostberlin geborene Literaturkritiker und Romanautor Hans Noll, der schon in der Vorgeschichte der Angriffe gegen Christa Wolf eine bislang zu wenig beachtete Rolle spielte. Er ist der Sohn des Schriftstellers Dieter Noll, der 1979 im *Neuen Deutschland* einen berüchtigten Brief an Erich Honecker veröffentlichte, in dem er Stefan Heym, Joachim Seyppel und Rolf Schneider »kaputte Typen« nannte, »die mit dem Klassenfeind kooperieren, um sich eine billige Geltung zu verschaffen«. Im Konflikt mit diesem Vater und den Behörden reiste er 1984 nach Westberlin aus. Hans Noll, der, um auf seine jüdische Herkunft zu verweisen, inzwischen unter dem Vornamen Chaim publiziert, ist insofern eine Ausnahme unter den Dissidenten, als er sich in seiner Kritik an Autoren in der DDR hauptsächlich auf Christa Wolf bezog. Auf seine Beiträge zum Streit hinzuweisen ist auch deshalb wichtig, weil sie den verbreiteten Eindruck korrigieren, die Angriffe auf Christa Wolf seien Sache ausschließlich junger westdeutscher Kritiker gewesen, die vom Innenleben der DDR wenig Ahnung hätten. Korrekturbedürftig ist allerdings auch die Vorstellung, daß diejenigen Intellektuellen, die zu Opfern des stalinistischen Systems wurden, in der DDR inhaftiert oder aus ihr vertrieben wurden, in dem Streit eine geschlossene Fraktion auf der Seite der westdeutschen Gegner Christa Wolfs bildeten. Lew Kopelew und Walter Janka protestierten vehement gegen die Angriffe auf die Autorin. Und aus der jüngeren Generation wandte sich Martin Ahrends, der einen in vieler Hinsicht vergleichbaren Lebensweg wie Hans Noll hinter sich hat, gegen dessen Urteile über Christa Wolf.

Martin Ahrends war es auch, der im Vorfeld des Streits, am 25. Mai 1990 in der *Zeit*, darauf hinwies, daß die dabei aufgeworfene Frage »Dableiben oder Gehen?« nicht zuletzt ein Generationsproblem gewesen ist: »Als ich mich entschloß, die DDR zu verlassen, haben sie [die Schriftsteller der älteren Generation] mich nicht zum Dulden und Bleiben animiert, im Gegenteil: Ihr Beispiel des Scheiterns, ihr Zynismus, ihre Larmoyanz, ihr Alkoholismus: Also gerade ihr Aushalten hat mich animiert zu gehen, nicht weil ich sie verachtete, sondern weil ich einer anderen Generation angehörte und also die Chance hatte, dem endgültigen Bankrott zu entgehen.« Nach seinem Verhältnis zu Christa Wolf befragt, lenkte auch der 1957 in Ostberlin geborene und seit 1988 in Hamburg lebende Lyriker Uwe Kolbe in einem Interview, das Konrad Franke 1989 mit ihm führte, den Blick auf generationenspezifische Sichtweisen. In dem Gespräch, das der Bayerische Rundfunk im 3. Fernsehprogramm unter dem Titel *Hineingeboren und hineingeborgt* sendete, erklärte Kolbe, daß für die jüngste Generation der in der DDR aufgewachsenen Schriftsteller »diese Basis, auf der Christa Wolf in der Nachkriegszeit bis in die siebziger Jahre hinein gelebt hat oder bis heute lebt, die Vorstellung, daß man gemeinsam an einem neuen historischen Gebäude arbeite, das, habe es auch seine Mängel und Schwierigkeiten, doch das bessere Deutschland« sei, nicht mehr existiere. »Für uns ist dieses ›bessere Deutschland‹ einfach eine sehr mickrige Variante des Daseins, die wir mehr oder weniger ignoriert haben. Und von dieser Unmöglichkeit her also, harmonisch auf diesem Weltbild miteinander zu kommunizieren, gibt es für uns so eine Art Zerstörung des Turmes zu Babel, glaube ich. Wir reden einfach plötzlich in wirklichen Individualsprachen und auch in weltanschaulich oder philosophisch sehr voneinander abweichenden Kategorien, einfach wirklich in verschiedenen Sprachen. Unser Verhältnis zur Macht ist sowieso ein ganz anderes, das ist ja klar. Für uns ist der, der auf der anderen Seite des Schreibtisches sitzt, überhaupt kein Partner mehr, ich würde sogar sagen: ein Gegner. Da haben Leute der Christa Wolf-Generation Angst davor, daß man das überhaupt so formulieren könnte, das ist mir klar. Ich verstehe das auch sofort aus ihrer Geschichte heraus, aber das ist nicht

mehr unsere. Wenn mir ein Vernehmer auf der anderen Seite des Tisches gegenübersitzt, und der will mit erzählen: ›ja wir reden doch eigentlich eine Sprache, wir wollen doch beide den Sozialismus bewahren oder verbessern‹, dann kann ich nur sagen: ›tut mir leid, Ihren Sozialismus will ich nicht verbessern, den will ich erst einmal weghaben.‹ «
Unter den westdeutschen Literaturkritikern war es der 1959 geborene Frank Schirrmacher, der in der *FAZ* dem deutschen Literaturstreit auch in der Bundesrepublik die historische Bedeutung eines längst überfälligen literarischen »Generationenkonflikts« zuschrieb. Demnach steht dem linksintellektuellen Establishment, das durch Autoren wie Günter Grass, Walter Jens oder Peter Härtling, Christa Wolf oder Stefan Heym repräsentiert ist, eine Generation junger Autoren und Kritiker gegenüber, die sich dem Konformitätsdruck und dem Einflußbereich der alt gewordenen und »zu Monumenten ihrer selbst erstarrten« Schriftstellerautoritäten entzieht. Daß dagegen in Schirrmachers literaturpolitischen Positionen überdeutlich die des mehr als eine Generation älteren Mitherausgebers der *FAZ* Joachim Fest wiederzuerkennen sind, veranlaßte Jürgen Habermas zu der polemischen Anmerkung: »Jener Fall von Generationenarithmetik, wonach der Großvater und sein Enkel eine Koalition eingehen, weil sich beide Seiten im Affekt gegen die aus der Art geschlagene Zwischengeneration finden, mag ja vorkommen – aber eher im Feuilleton als in der Wirklichkeit.«
Weniger persönlich distanzierte sich Ulrich Greiner in der *Zeit* von einer Interpretation des Streits als Generationenkonflikt. Überhaupt stoßen die zuweilen naheliegenden Versuche, in dem Streit feste Frontenbildungen auszumachen, sei es zwischen Dissidenten und in der DDR Gebliebenen, zwischen alter und junger Generation, zwischen west- und ostdeutschen Schriftstellern, zwischen Rechts- und Linksintellektuellen oder gar zwischen männlichen und weiblichen Kritikern, bei genauerer Betrachtung auf erhebliche Schwierigkeiten. Die produktiven Verunsicherungen, die von dem Streit ausgehen, verdanken sich gerade der Tatsache, daß in ihm herkömmliche

Lagermentalitäten und verhärtete Fronten permanent aufgebrochen werden. Darin hat der deutsche Literaturstreit Anteil an kulturellen Umorientierungsprozessen, die in ihrer Unübersichtlichkeit und Offenheit von irritierenden Widersprüchen begleitet sind.

Zwei Problembereiche verdienen dabei besonders hervorgehoben zu werden und sind daher in diesem Band gesondert dokumentiert. Sie betreffen die politische Rolle der Intellektuellen und die Beziehung zwischen Moral und Ästhetik.

Christa Wolf wurde im Prozeß der Vereinigung beider deutscher Staaten stellvertretend für jene Linksintellektuellen angegriffen und verteidigt, die nach dem Bankrott des staatsbürokratischen und totalitären Sozialismus immer noch an die Möglichkeit glaubten, in einer grundlegend veränderten, doch gegenüber der Bundesrepublik eigenständigen DDR die Idee eines freiheitlichen, demokratischen Sozialismus zu realisieren. Die Debatte über Christa Wolf wurde Teil einer Debatte über linksintellektuelle Positionen der Gegenwart und Vergangenheit, über das Versagen und über die Verdienste der Intellektuellen, gerade auch der westdeutschen, angesichts totalitärer und verbrecherischer Regime, die sich sozialistisch oder kommunistisch nannten. Der Streit bekam dabei zum Teil etwas merkwürdig Anachronistisches. Die Zeiten, in denen ernstzunehmende Teile der literarischen Intelligenz der Bundesrepublik im Gefolge der Studentenbewegung mit der DKP sympathisierten, sich als »Sozialisten« oder »Kommunisten« bezeichneten, sich auf Marx beriefen und den »Kapitalismus« kritisierten, waren schon in den siebziger Jahren zu Ende gegangen. In den achtziger Jahren fand in der Literatur und in der Literaturkritik so wenig wie an den Universitäten eine noch nennenswerte Sozialismus- oder Marxismus-Debatte statt. Das kritische Interesse der literarischen Intelligenz am »Antagonismus von Kapital und Arbeit« hatte sich längst verschoben zum Interesse an den Gegensätzen zwischen Zivilisation und Wildnis, Technik und Natur, Kopf und Körper, Vernunft und Mythos oder Mann und Frau. Die Namen, an denen sich die intellektuellen Debatten entzündeten, lauteten nicht mehr Marx oder Lenin, sondern Michel Foucault, Jacques Lacan oder Jacques Derrida. Die Stichworte, die jetzt dominierten, hießen nicht mehr »Kapitalismus«, »Imperialismus« und »Sozialismus«, sondern »Projekt der Moderne« und »Vernunftkritik«, »Postmoderne« und »Poststrukturalismus«. An die Stelle des aufklärerischen Optimismus und des utopischen Denkens marxistischer Geschichtsphilosophie traten apokalyptische Visionen von der düsteren Art, wie sie Günter Grass' Roman *Die Rättin* oder auch Christa Wolfs Erzählung *Kassandra* ausmalten. – In dieser geistigen Situation wurden mit einem Male schon fast vergessene Sozialismus-Diskussionen aufgefrischt, als sich mit Gorbatschows Reformpolitik der Anfang vom Ende des »real existierenden« Sozialismus im Osten Europas abzuzeichnen begann. »Da gibt's kein Argument, das nicht fünfzig Jahre alt ist«, bemerkte Mathias Greffrath in einem *Zeit*-Artikel vom 9. November 1990 und nannte das, was derzeit über den »Utopieverlust« der Linken zu lesen sei, »Lektüre von gestern«, die »Enttäuschungen verflossener Generationen«.

Der Streit um Christa Wolf und die Linksintellektuellen im Osten und vor allem auch im Westen Europas hätte freilich kaum eine derart erregte Anteilnahme gefunden, wenn es hierbei nur um Probleme von gestern ginge. Die von Jürgen Habermas in seinen politischen Schriften *Die nachholende Revolution* gestellte Frage, was »der Bankrott des Staatssozialismus« für »das theoretische Erbe der westeuropäischen Linken« bedeute, bewegte auch den Literaturstreit im sich vereinigenden und dann vereinten Deutschland, insofern auch die Literatur von diesem Erbe jahrzehntelang entscheidend geprägt wurde. Die Antworten, die in dem Streit darauf gegeben wurden, lassen Positionen erkennen, die sich zwar besser unterscheiden lassen, als dies meist geschehen ist, die sich jedoch Einordnungen in einfache Rechts-Links-Schemata entziehen. Es ist nicht so, daß in dem Streit »rechten« Angriffen auf diese Autorin »linke« Solidaritätsbekundungen gegenüberstanden. So attackierte beispielsweise Frank Schirrmacher in der *FAZ* Christa Wolf und mit ihr zusammen die literarischen

Linksintellektuellen der Bundesrepublik mit schon klassischen Begriffen, Argumenten und rhetorischen Strategien linksintellektueller Kritik. Indem er sie an ihren eigenen autoritäts- und machtkritischen Ansprüchen maß, versuchte er, sie gleichsam mit ihren eigenen Waffen zu schlagen. Mit einiger Genugtuung berief er sich denn auch mehrfach auf Artikel der *tageszeitung*, die Christa Wolf mit ähnlicher Schärfe kritisiert hatten.

Trotz der Übereinstimmungen haben die Angriffe auf Christa Wolf in der *FAZ* und die in der *taz* ganz unterschiedliche Bedeutungen, die auch durch die Kontexte bestimmt sind, in denen sie stehen. Arno Widmanns Artikel in der *taz* vom 9. April 1990, der den von Christa Wolf und Stefan Heym initiierten Aufruf *Für unser Land* kommentierte, verstand sich vor allem auch als Appell an die Linksintellektuellen aus den eigenen Reihen, ihre Glaubwürdigkeit durch einen konsequenten und von taktischen Rücksichtnahmen freien Antistalinismus zu bewahren. Die Angriffe der *FAZ* auf Christa Wolf verfolgen demgegenüber zusammen mit zahlreichen anderen Feuilleton-Artikeln dieser Zeitung einen anderen Gedankengang: Mit dem Zusammenbruch der sich sozialistisch oder kommunistisch nennenden Parteidiktaturen in Europa habe auch die linksintellektuelle Kritik an der Bundesrepublik ihre Glaubwürdigkeit verloren. Daß im Feuilleton der *FAZ*, das sich noch vor wenigen Jahren – vor den Auseinandersetzungen zur deutschen Einheit – vom politischen Teil deutlich unterschied, jetzt gerade auch mit den Beiträgen zum Literaturstreit frühere Kämpfe gegen die Intellektuellen neu ausgefochten und alte Rechnungen mit ihnen beglichen wurden, veranlaßte Jürgen Habermas in einem Interview, das *Die Zeit* am 10. Mai 1991 auszugsweise veröffentlichte, zu folgender Bemerkung: »Im übrigen war die Literaturdebatte um Christa Wolf ein gutes Beispiel für das Repetitive der eingefahrenen Sandkastenspiele. Jenes Feuilleton, das sich seit Jahrzehnten um die Rehabilitierung unserer jungkonservativen ›Reichswortgewaltigen‹ verdient gemacht hat, beeilte sich nach Öffnung der Mauer, Peter Rühmkorfs Erwartung zu erfüllen, ›daß man den Sozialismus jetzt mal ordentlich entgelten läßt, was man seinerzeit an den Nazis versäumt hat‹. Aber der Subtext der ganzen Debatte ist von noch älterer Machart. Endlich glaubte man, die Intellektuellen in Ost und West gleichzeitig an der Stelle zu haben, wo man sie des gemeingefährlichen Utopismus überführen und als die wahren Feinde des Volkes entlarven kann. Ivan Nagel hat das wohl ganz richtig als ›Schädlingsbekämpfung‹ verstanden: ›Man versteht die Neubewertung der Literaturen der DDR und der Bundesrepublik als eine praktische Aktion: zwei (Schmeiß-) Fliegenschwärme mit einer Klappe.‹ «

In der Schärfe derart polemischer Töne standen sich die Streitenden in nichts nach. Was der Streit, der immerhin einen literarischen Text zum Anlaß hatte, noch mit Literatur zu tun habe, wurde vielfach gefragt. Im Oktober 1990 mündete er in eine grundsätzliche Debatte zur Ästhetik ein und nahm damit eine überraschende Wende. Denn Frank Schirrmacher und Ulrich Greiner, die bislang Christa Wolf und die literarische Intelligenz vornehmlich mit politischen bzw. moralischen Kategorien angegriffen hatten und deshalb in dem Streit ständig dem Vorwurf des »Moralisierens« ausgesetzt waren, sie warfen nun, angeregt von Karl Heinz Bohrer, der linksintellektuell geprägten Literatur und Literaturkritik vor, sich seit Jahrzehnten mit moralischen und politischen Ansprüchen an der Literatur versündigt zu haben. Demnach hatte die linksliterarische Intelligenz in Ost und West nicht nur politisch, sondern auch noch ästhetisch versagt.

Ein neues Wort machte Karriere: »Gesinnungsästhetik«. Sie läßt, so erläuterte Greiner den von ihm eingeführten Begriff, »der Kunst nicht ihr Eigenes, sondern sie verpflichtet sie (wahlweise) auf die bürgerliche Moral, auf den Klassenstandpunkt, auf humanitäre Ziele«; sie stellt die Kunst in den Dienst des Kampfes »gegen Restauration, Faschismus, Klerikalismus, Stalinismus«; und sie war, auch unter dem »Begriff der engagierten Literatur«, das »herrschende Merkmal des deutschen Literaturbetriebes« in der DDR wie in der Bundesrepublik. Greiner folgte damit einem langen Artikel, in dem

Frank Schirrmacher zur Frankfurter Buchmesse und zum Tag der deutschen Einheit, dem 3. Oktober 1990, das Ende der Literatur der Bundesrepublik verkündete. Der Artikel hatte mit dem Streit um Christa Wolf scheinbar nichts zu tun, ihr Name kam hier nicht vor. Nicht zufällig indes greift er vor allem jene Autoren an, die im Streit um Christa Wolf zu Schirrmachers größten Gegnern wurden: Günter Grass und Walter Jens. Sie nennt und zitiert er als linksintellektuelle Repräsentanten einer seit den sechziger Jahren bis 1990 in der Bundesrepublik tonangebenden und sie moralisch legitimierenden, doch inzwischen längst überalterten Literatur, deren Absterben unmittelbar bevorstehe.

So weit hatte sich im Oktober 1990 der deutsche Literaturstreit von seinem Anlaß entfernt: Nicht mehr Christa Wolf stand zur Debatte, sondern die gesamte deutsche Literatur der Nachkriegszeit, und das unter so weitläufigen Fragen wie denen nach dem Verhältnis zwischen Ästhetik und Moral, Literatur und gesellschaftlichem Engagement.

Der Literaturkritiker Reinhard Baumgart hat in einem späten, abgeklärten Beitrag zu dem Streit, der am 9. Juli 1991 im *Bayerischen Rundfunk* gesendet wurde, diesen mit Literaturdebatten verglichen, die in den sechziger Jahren ähnliches Aufsehen erregt hatten. Zwischen 1966 und 1968 wurde die damalige Gegenwartsliteratur, die nach Schirrmacher und Greiner bis zum Ende der alten Bundesrepublik ihre kulturelle Dominanz behalten hat, von drei verschiedenen Seiten angegriffen: Im Dezember 1966 attackierte der renommierte Literaturwissenschaftler Emil Staiger im Rückgriff auf Traditionen der klassischen Ästhetik die »moderne Literatur«, die er mit der »littérature engagée« gleichsetzte, als Versündigung an der »Heiterkeit des Schönen« und als »Entartung jenes Willens zur Gemeinschaft, der Dichter vergangener Tage beseelte«. Er eröffnete damit den »Zürcher Literaturstreit«. Im Sommer 1968 verkündete der amerikanische Literaturkritiker Leslie Fiedler in Freiburg in einer Rede, die am 13. September in der Wochenzeitung *Christ und Welt* publiziert wurde, den Tod der elitären Literatur der Moderne und machte sich zum Sprecher

einer neuen, »postmodernen« Literatur, in der die Kluft zwischen Elite- und Massenkultur aufgehoben ist. Der Rede folgten monatelange Diskussionen. Im November 1968 schließlich erschien das berühmt-berüchtigte *Kursbuch 15*, in dem die bürgerliche Literatur, die sich als »Kunst« verstand, und die ihr entsprechende Literaturkritik für tot erklärt wurden.
Die Angriffe Schirrmachers und auch Greiners auf die deutsche Literatur der Nachkriegszeit zeigen bemerkenswerte Ähnlichkeiten mit den damaligen Attacken gegen die Gegenwartsliteratur, doch auch bezeichnende Unterschiede. Staiger beschwor 1966 unter Berufung auf Schiller »die aller Dienstbarkeiten enthobene Souveränität des Schönen« und hielt der engagierten Literatur, namentlich Peter Weiss, vor, sie gebe ihre »Freiheit« auf zugunsten von »vorgegebenen humanitären, sozialen, politischen Ideen«. Dem entspricht genau die heutige Kritik Greiners an der die deutsche Nachkriegsliteratur beherrschenden »Gesinnungsästhetik«. Schirrmachers Abschied von der Literatur der Bundesrepublik wiederum erinnert an jene effektvolle und jugendbewegte Rhetorik von 1968, mit der Leslie Fiedler, Hans Magnus Enzensberger oder Walter Boehlich die von ihnen nicht mehr gewünschten Formen von Literatur und Literaturkritik kurzerhand totsagten. Und auch die Behauptung Schirrmachers, daß die engagierten Schriftsteller der alten Bundesrepublik in der von ihnen so hartnäckig kritisierten Gesellschaft im Grunde eine systemkonforme, affirmative Rolle gespielt hätten, ist den Argumentationsmustern der Kulturrevolutionäre von 1968 entlehnt.
Für Emil Staiger allerdings bildeten Ästhetik und Moral noch eine Einheit, in der das Gute, Wahre und Schöne untrennbar miteinander verknüpft sind. Die von politischen Dienstbarkeiten freie »Heiterkeit des Schönen« galt ihm im Gefolge Schillers als »höchste Form der Menschlichkeit« und verband sich für ihn mit jenem humanen »Willen zur Gemeinschaft«, den er an der modernen Literatur vermißte. Hierin entsprach der kulturkonservative Staiger Vorstellungen, die damals auch im Umkreis der literarischen Linken durchaus akzeptiert waren. Im gleichen Jahr, in dem Staiger seine umstrittene Rede hielt,

erschienen Heinrich Bölls *Frankfurter Vorlesungen*, die eine »Ästhetik des Humanen« entwickelten. »Moral und Ästhetik«, so ist dort zu lesen, »erweisen sich als kongruent, untrennbar«. Bei Autoren wie Böll waren es allerdings weniger, wie bei Staiger, die Autoritäten der klassischen Ästhetik als die Erfahrungen mit dem Nationalsozialismus, die sie darauf beharren ließen, die Ästhetik nicht von der Moral abzukoppeln. Diese Erfahrungen waren es auch, die schon Thomas Mann, der in seiner von der Romantik und von Nietzsche geprägten Sympathie für eine der amoralischen, dunklen und irrationalen Gewalt des Lebens verbundenen Kunst sehr weit ging, dazu veranlaßten, einer von moralischen Ansprüchen völlig losgelösten Kunst eine deutliche Absage zu erteilen. Was er in seiner Rede über *Deutschland und die Deutschen* 1945 vor amerikanischem Publikum über die Politik als »Kunst des Möglichen« sagte, entsprach auch seinem eigenen Kunstverständnis: »Ohne ins Teuflische und Verderberische zu entarten, ohne zum Feind der Menschheit zu verfratzen«, könne sie »niemals ganz den sittlichen und menschenanständigen Teil ihrer Natur verleugnen und sich restlos aufs Unsittliche und Gemeine, auf Lüge, Mord, Betrug, Gewalt reduzieren. Das wäre nicht mehr Kunst und schöpferisch vermittelnde und verwirklichende Ironie, sondern blinder und entmenschter Unfug.«
Reinhard Baumgart vertritt in dem genannten Beitrag die etwas überraschende These, daß in den späten sechziger Jahren die kulturkonservativen und die kulturrevolutionären Angriffe auf die damals dominierende Literatur eine Gemeinsamkeit hatten: Sie ließen die moralische Vorstellung von der sozialen Verantwortlichkeit der Kunst unangetastet. Zumindest in dieser Hinsicht wäre dann demgegenüber die Verabschiedung der deutschen Nachkriegsliteratur unter dem von Karl Heinz Bohrer inspirierten Verdikt der »Gesinnungsästhetik« etwas durchaus Neues.
Die Wendepunkte in der Geschichte der deutschen Gegenwartsliteratur von der Studentenrevolte bis zur deutschen Einheit sind in dieser Perspektive von zwei einander ähnlichen, doch auch grundlegend verschiedenen Versuchen markiert, ei-

ne einschneidende Zäsur zu setzen. Der erste Versuch radikalisierte die Forderungen nach gesellschaftlicher Wirksamkeit von Literatur bis hin zur Absage an die Kunst überhaupt. Der Versuch scheiterte und schlug im Laufe von gut zwanzig Jahren in sein Gegenteil um: in den ebenso einschneidenden Versuch, die Literatur als ästhetisch autonome Kunst von allen sozialen Ansprüchen zu befreien.

Von Christa Wolf hat sich der deutsche Literaturstreit schnell entfernt. In mancher Hinsicht waren sie und ihre Erzählung *Was bleibt* von Anfang an wenig geeignete Objekte von Angriffen, die am Beispiel dieser Autorin die Schuld und das Versagen der deutschen Intellektuellen gegenüber dem »zweiten totalitären Sündenfall« in der jüngeren deutschen Geschichte erweisen wollten. »Es geht nicht nur um Christa Wolf. Ihr Versuch, sich zu salvieren, ist vielmehr symptomatisch für das Bemühen vieler DDR-Intellektueller, sich um die Aufarbeitung ihrer Rolle im SED-Staat zu drücken«, schrieb einer ihrer Kritiker. Christa Wolf war indes, vor allem auch in *Was bleibt*, mit nichts mehr als mit dieser »Aufarbeitung« befaßt. Was sie daran hinderte, in ihrer literarischen und politischen Opposition, ihrer »leisen Dissidenz« gegenüber dem SED-Regime noch weiter zu gehen, weniger Kompromisse zu schließen und die Grenzen des für diesen Machtapparat noch Zumutbaren zu überschreiten, hat sie selbst genau gesehen, beschrieben, analysiert und kritisiert.

Es ist ein gespaltenes Selbst, von dem *Was bleibt* erzählt. In einigen Passagen tritt die von jungen Männern observierte Ich-Erzählerin in einen Dialog mit der Stimme des Gewissens in ihr, »meinem inneren Zensor«. Die Protagonistin dieser Erzählung wird nicht nur von anderen überwacht, sondern auch von einer selbstkritischen Instanz im eigenen Ich, die mal »Partner«, mal »Richter«, mal »Begleiter« genannt wird. »Aufgebracht wollte ich wissen, wer ihn [diesen Begleiter] denn eingesetzt habe, und er antwortete ungerührt: Du selbst, Schwester.« Dem inneren Dialog folgen Reflexionen über dieses »Selbst«: »Ich selbst. Wer war das. Welches der multiplen Wesen, aus denen ›ich selbst‹ mich zusammensetzte.

Das, das sich kennen wollte? Das, das sich schonen wollte? Oder jenes dritte, das immer noch versucht war, nach derselben Pfeife zu tanzen wie die jungen Herren da draußen vor meiner Tür?« Der Teil dieses Selbst, der versucht ist, sich der Macht des SED-Staates unterzuordnen, wird keineswegs verleugnet. Im Gegenteil: Die Erzählerin hofft nur vage, daß sie diesen Bestandteil der eigenen Person später einmal aus sich herauslösen kann: »Das war's, was ich brauchte: glauben zu können, daß ich jenen Dritten eines nahen Tages ganz und gar von mir abgelöst und aus mir herausgestoßen haben würde; daß ich das wirklich wollte; und daß ich, auf Dauer gesehen, eher diese jungen Herren da draußen aushalten würde als den Dritten in mir.« Als Figur, mit der eine Autorin sich nachträglich zum Opfer der Stasi oder gar zur Heldin des Widerstands gegen die Staatsgewalt stilisieren könnte, taugt die privilegierte Protagonistin dieser Erzählung, der »die niederste Stufe der Observation«, die »warnende«, zugeteilt ist, überhaupt nicht. Wenn Christa Wolf sich hier, was durchaus naheliegt, selbst darstellte, dann als eingeschüchterte, überaus ängstliche, oft übervorsichtige und konfliktscheue Person – im Gegensatz zu jener jungen Schriftstellerin, die vom Studium ausgeschlossen wurde, »da sie nicht zu den Erpressbaren gehörte«, die nach einer zweiten Affäre »für ein Jahr ins Gefängnis gebracht« wurde und der die andauernde Sorge um die persönliche Zukunft fern steht. Es ist der Mut der jüngeren Generation, der die erfolgreiche und vorsichtig taktierende Schriftstellerin immer wieder beschämt.

Die Kritiker Christa Wolfs können es sich leicht machen, sie brauchen nur abzuschreiben, was die Autorin an kritischen Einsichten über sich selbst mitgeteilt hat. Wohl kein Autor aus der DDR hat während der Ereignisse der Jahre 1989 und 1990, aber auch schon vorher, soviel Trauerarbeit über den Verlust ehemaliger Hoffnungen geleistet und so stark auf kritische Selbstbefragung gedrungen wie sie. Ihre Würdigung Walter Jankas am 28. Oktober 1989 in der Erlöserkirche beendete sie mit dem Appell: »Wir müssen unsere eigenen ›Schwierigkeiten mit der Wahrheit‹ untersuchen und werden finden, daß auch wir Anlaß haben zu Reue und Scham. Wir wollen uns doch nicht täuschen lassen: Ehe die Erneuerung unserer Gesellschaft nicht in die Tiefe von Selbstbefragung und Selbstkritik eines jeden einzelnen vorgedrungen ist, bleibt sie symptombezogen, mißbrauchbar und gefährdet.« Die Sätze können auch als literarisches Programm für ihre im darauf folgenden Monat überarbeitete Erzählung *Was bleibt* gelesen werden.

Christa Wolf war das falsche Objekt der Kritik an Intellektuellen aus der DDR, aber gerade sie eignete sich am besten zur Eröffnung eines fälligen Streits. Nur mit ihr als Ausgangspunkt konnte der Literaturstreit im (fast) vereinten Deutschland mit einer derartigen Vehemenz eskalieren. Es war das Thema ihrer Erzählung und zugleich der Zeitpunkt der Veröffentlichung, die sie und ihre Autorin zum geeigneten Anlaß dieses Streites machten. Und nur Angriffe auf Christa Wolf, nicht auf Heiner Müller, Stefan Heym, Stephan Hermlin oder gar Hermann Kant konnten derart heftige Gegenreaktionen provozieren. Keiner von ihnen hätte so engagierte Verteidiger gefunden. Denn in der Bundesrepublik war sie die bekannteste und beliebteste aller Schriftstellerinnen und Schriftsteller aus der DDR. Und zwar nicht etwa, weil sie den DDR-Staat repräsentierte, sondern weil sie in ständigem Konflikt mit ihm stand und daher auch in ihrer Kritik an der Bundesrepublik glaubwürdig erschien.

Man mag Christa Wolf als Opfer polemischer Attacken persönlich bedauern, doch es ist nicht angebracht, von einer »Hetzkampagne« oder einer »Hexenjagd« zu sprechen. Auch daß sich die Angriffe gegen ihre Person richteten, läßt sich rechtfertigen. Unlängst hat der Literaturwissenschaftler Dieter Lamping in der *Zeitschrift für deutsche Philologie* versucht, am Beispiel des weit heikleren Streites zwischen Börne und Heine einige ethische Normen zu rekonstruieren, die sich zur Beurteilung literarischer Kontroversen im Laufe der letzten Jahrhunderte herausgebildet haben. Eine dieser Normen lautet: »Der legitime Gegenstand literarischer Kontroversen um Personen sind Schriftsteller als Personen des öffentlichen Lebens. Nur wenn die angegriffene oder umstrittene Person eine – wie auch immer beschaffene – Rolle im literarischen Leben spielt, kann die Polemik grundsätzlich beanspruchen, für mehr als eine persönliche Angelegenheit genommen zu werden.« Christa Wolf ist eine Person des öffentlichen Lebens, die Polemiken gegen sie blieben frei von Indiskretionen über ihr Privatleben und zielten von Anfang an über ihre Person hinaus. Unangemessen ist es freilich genauso, in den oft wütenden Zurückweisungen der Attacken gegen sie gleich einen Angriff auf das Recht zur Kritik und die demokratische Meinungsfreiheit zu sehen.

Die Polemik ist nicht nur von Lessing als legitime Form der Literaturkritik gerechtfertigt worden. Sie ist dazu geeignet, geistige Auseinandersetzungen zu forcieren. Daß sie sich anfangs vor allem gegen Christa Wolf richtete, ist für sie nicht unehrenhaft. Denn, so Lessing: »Einen elenden Dichter tadelt man gar nicht; mit einem mittelmäßigen verfährt man gelinde; gegen einen großen ist man unerbittlich.« Daß der polemische Streit stets, wie Lessing meinte, »den Geist der Prüfung genähret«, das »Vorurteil und Ansehen in einer beständigen Erschütterung gehalten« und »die geschminkte Unwahrheit« daran gehindert hat, »sich an der Stelle der Wahrheit festzusetzen«, ist vielleicht auch in diesem Fall keine völlig deplazierte Vorstellung darüber, was ein Streit leisten kann.

Der letzte Literaturstreit im geteilten und zugleich erste im vereinten Deutschland war notwendig, produktiv und wurde bislang in zahlreichen Beiträgen auf hohem Niveau geführt. Es lohnt sich daher, ihn zu dokumentieren. Daß er keineswegs beendet oder gar geschlichtet ist, ja, daß bisher von einer Veränderung oder Annäherung der Standpunkte wenig zu bemerken ist, zeigen die Stellungnahmen, die Beteiligte für diesen Band geschrieben haben. Christa Wolf selbst war dazu nicht bereit. Das Vorhaben, den Streit zu dokumentieren, erschien ihr geradezu als feindlicher Akt. Suspekt war ihr erst recht ein Band, der nicht in ihrem Verlag erscheinen sollte. Das allerdings wäre einer von vorgegebenen Interessen unbeeinflußten Dokumentation kaum förderlich gewesen. Daß der Band weder gegen Christa Wolf noch gegen einzelne Kritiker gerichtet ist, sollte bei der Lektüre deutlich werden. Er versteht sich auch als Gegengewicht gegen das rasche Vergessen. In Erinnerung zu behalten ist und zu bedenken bleibt ein paradoxes Phänomen: daß das Ende der politischen Spaltung Deutschlands die literarische und literaturkritische Intelligenz in diesem Lande so stark wie schon lange nicht mehr entzweite.

Eine vollständige Dokumentation des Streits war weder möglich noch sinnvoll. In Zeitungen wird oft hemmungslos voneinander abgeschrieben. Die Lektüre der zahllosen Beiträge zu dem Streit zeigt, daß sich in ihnen schnell die wesentlichen Informationen und Argumente andauernd wiederholten. Vollständig abgedruckt wurden daher vorrangig die frühen Beiträge und solche, die ihnen neue Gesichtspunkte hinzufügten. Das Gewicht liegt weiterhin auf den Artikeln, die in dem Streit immer wieder erwähnt werden. Daß dadurch Beiträge aus der DDR beziehungsweise den »Neuen Bundesländern« unterrepräsentiert sind, mag auf Kritik stoßen. Doch entspricht dies dem bezeichnenden Faktum, daß dieser Streit vor allem in den Zeitungen des Westens ausgetragen wurde. Hier vor allem äußerten sich auch die Verteidiger Christa Wolfs, und was sie schreiben, unterscheidet sich von den meist später erschienenen Reaktionen aus der DDR nicht wesentlich. Um trotz des Zwangs zur Auswahl einen möglichst umfassenden Überblick über den Verlauf der Kontroversen zu geben, wurden die Einführungen zu den einzelnen Kapiteln dazu benutzt, viele nicht abgedruckte Artikel referierend und zitierend vorzustellen.

Die Dokumentation hätte ohne vielfältige Hilfe von anderen nicht erscheinen können. Das Projekt ging aus einer Lehrveranstaltung an der Universität Bamberg hervor. Einige Studentinnen und Studenten haben engagiert an diesem Buch mitgearbeitet: Kirsten Erwentraut vor allem an dem Kapitel zur »Initiation des Streits« und an der kommentierten Bibliographie, Yvonne Katzenberger an dem Kapitel »Moral und Ästhetik«, Barbara Lilje an dem Überblick über die Beiträge aus der

Schweiz, Christine Loy an dem Kapitel »Zur Vorgeschichte des Streits«, Susanne Müller an dem Überblick über die Beiträge aus Österreich, Christof Bolay an dem über Beiträge aus der DDR, Thomas Kastura u.a. an dem Kapitel »Eskalation des Streits« und an dem Überblick über die Stimmen aus England und aus den USA. Zu danken habe ich weiterhin Brigitte Weinmann für die Abschrift einer Fernsehdiskussion in der Sendung *Das Literarische Quartett*, Norbert Kron für die Übersetzung der französischen Artikel. Brigitte Haberer sollte den Band ursprünglich mitherausgeben, wurde jedoch durch neue berufliche Verpflichtungen davon abgehalten; ihr verdanke ich etliche Hinweise und den Kontakt zur edition spangenberg. Eberhard Spangenberg, dem Verleger, und Albrecht Oldenbourg, dem Lektor, schulde ich Dank für ihre Anregungen zur Konzeption des Bandes sowie für die detaillierte und geduldige Arbeit am Manuskript, die von Axel Haase redaktionell unterstützt wurde. Gedankt sei schließlich vor allem auch den aktiven Teilnehmern an dem Literaturstreit, die ihre Genehmigung zum Abdruck ihrer Beiträge erteilten und bereit waren, ihnen neue Stellungnahmen hinzuzufügen.

Drüben bleiben?

Zur Vorgeschichte des Streits

Die journalistische Mentalität ist auf die Gegenwart fixiert; ihr Gedächtnis reicht nicht weit in die Vergangenheit zurück. Nur wenige erinnerten sich, als Anfang Juni 1990 die Angriffe Ulrich Greiners und Frank Schirrmachers auf Christa Wolf so großes Aufsehen erregten, noch an jenen Artikel in der *FAZ*, der knapp drei Jahre zuvor, am 12. November 1987, die damals vielleicht angesehenste unter den lebenden deutschsprachigen Schriftstellerinnen mit ähnlicher Heftigkeit attackiert hatte. Anlaß dafür war Christa Wolfs Ende Oktober vorgetragene Laudatio auf den von ihr ausgewählten Träger des Kleist-Preises, Thomas Brasch, eine Rede, die später in ihrem Band *Ansprachen* abgedruckt wurde. Zwei Sätze in diesem Vortrag waren es vor allem, die Marcel Reich-Ranicki zu entschiedenem Widerspruch provozierten. Der eine entwirft das Bild eines seit 1976 zwangsweise aus der DDR in die Bundesrepublik übergesiedelten Autors, »der sehenden Auges, aber damals bleibt ihm nichts anderes übrig, den Boden verläßt, der ihn - sei es durch Engagement, Übereinstimmung, Mitarbeit, Anstrengung, Reibung, Widerspruch, Widerstand - kreativ gemacht hat.« Der andere Passus, Reich-Ranicki zitiert ihn, beschreibt die Verhältnisse in der Bundesrepublik, mit denen Brasch nun konfrontiert sei, mit Wendungen wie »Macht des Geldes« und »Konsumzwang«. Das in der DDR erworbene Instrumentarium für eine radikale Gesellschaftskritik habe Brasch im Westen nicht abgelegt.

Reich-Ranicki flankiert seine vehemente Kritik an solchen Äußerungen mit einer doppelten Disqualifizierung, die auch 1990 wieder den Tenor der Angriffe gegen Christa Wolf bestimmen wird: Die Autorin werde in ihren künstlerischen und

intellektuellen Möglichkeiten weit überschätzt; und in politischer Hinsicht habe sie sich unglaubwürdig und mutlos gezeigt.
Ähnliches hatte man schon am 4. Juli 1987 in der *Welt* lesen können, in einer Rezension zu Christa Wolfs unter dem Titel *Die Dimension des Autors* erschienenen Essays, Aufsätzen, Reden und Gesprächen. *Die Dimension der Heuchelei* lautete die Überschrift der Rezension. Geschrieben hat sie Hans Noll, ein Dissident, der 1984 im Konflikt mit den DDR-Behörden und seinem Vater, dem systemkonformen Schriftsteller Dieter Noll, nach West-Berlin übergesiedelt war. Er spielt in dem Streit auch 1990 wieder eine bislang unterschätzte Rolle. In der besagten Rezension von 1987 schreibt er: »Die große Lebenslüge der Christa Wolf besteht darin, daß sie sich einem politischen System zur Verfügung stellte, dessen Amoralität ihr bewußt ist.« Ihre Kritik an der DDR sei immer »wohltemperiert« und »parteilich« geblieben, »sie war darauf angelegt, der Kulturpolitik ihrer Partei eine intellektuelle Aura zu verleihen und sie damit in Ost und West attraktiver zu machen«. Schon in dieser Rezension steht das dann auch von Reich-Ranicki und 1990 u.a. von Ulrich Greiner verwendete Etikett »Staatsschriftstellerin«, und schon hier wird Christa Wolfs Verhalten in der Biermann-Affäre ähnlich beschrieben wie vier Monate später von Reich-Ranicki: »Wann immer ihr Auftreten für sie selbst riskant zu werden begann, nahm sie sich zurück. Als sie nach der Ausbürgerung von Wolf Biermann gemeinsam mit Stephan Hermlin die bekannte Unterschriftensammlung für den Sänger initiierte, folgten Hunderte von zumeist jungen DDR-Intellektuellen diesem Beispiel und unterschrieben auf den Namen Christa Wolf wie auf einen Wechsel. Dann zog die Schriftstellerin in einer Parteiversammlung des Ostberliner Schriftstellerverbandes ihre Unterschrift zurück und übte ›Selbstkritik‹ .« Für die jungen DDR-Bürger, die der Schriftstellerin vertraut hatten, endete die Affäre katastrophal: »Sie wurden von Universitäten und Hochschulen relegiert oder aus ihren Arbeitsplätzen entlassen, politisch verfolgt und um ihre Existenz gebracht«.

Christa Wolf hingegen »erhielt kurz darauf den Bremer Literaturpreis, wenig später den Nationalpreis der ›DDR‹ «.
Nicht zuletzt die von Reich-Ranicki übernommene Behauptung, Christa Wolf habe den Protestbrief gegen die Biermann-Ausbürgerung zwar zunächst unterzeichnet, doch dann »ihre Unterschrift rasch und in aller Form wieder zurückgezogen«, führte zu prompten Einsprüchen. Vier Tage nach Reich-Ranickis Artikel, am 16. November 1987, veröffentlichte die *FAZ* eine Stellungnahme von Christa Wolfs westdeutschem Verlag. Der Luchterhand-Geschäftsführer Hans Altenhein schrieb: »Die ›polemischen Anmerkungen‹ im Feuilleton der *FAZ* vom 12. November über Christa Wolf versteigen sich zu einer Falschmeldung, der wir im Namen der Autorin entgegentreten: Christa Wolf hat zu keiner Zeit ihre Unterschrift unter die Biermann-Petition von 1976 zurückgezogen. Über alles andere soll die Öffentlichkeit ihr Urteil bilden.« Die *FAZ* kommentierte die Stellungnahme ihrerseits mit folgender Nachbemerkung: »Es mag sein, daß Christa Wolf ihre Unterschrift nicht in aller Form zurückgezogen hat; richtig ist aber, daß sie vor der Parteiorganisation ihr Verhalten in dieser Sache als schuldhaft bezeichnet und Selbstkritik geübt hat. Die Zeugen erinnern sich, daß sie damals erklärt hat, ein solcher Fehler könne einem nur einmal im Leben unterlaufen. Daher wurde sie damals von der SED lediglich mit einer Rüge bestraft, während ihr Mann, der Schriftsteller Gerhard Wolf, für dieselbe Verfehlung aus der Mitgliedsliste der Partei gestrichen wurde.«
Dem wiederum widerspach Christa Wolf in einer schriftlichen Wortmeldung zum X. Schriftstellerkongreß in Ostberlin. In dem am 28. November 1987 in der *FAZ* abgedruckten Brief steht der Satz: »Jeder, der mich kennt, weiß, daß ich meinen Einspruch gegen diese Maßnahme immer aufrechterhalten und auch nicht relativiert habe.« Mehr ist dazu bisher nicht bekannt geworden. Ob Christa Wolf im Gegensatz zu anderen Mitunterzeichnern der Biermann-Petition deshalb nicht aus der SED ausgeschlossen wurde, weil sie die Prominenteste war oder weil sie ihren Einspruch doch in irgendeiner Weise relativiert hat, bleibt vorerst ungeklärt. Nach eigenen Recher

chen bleibt von der anfänglichen Behauptung, sie habe ihre Unterschrift zurückgezogen, so viel übrig: Christa Wolf hat zwar ihren Einspruch gegen die Biermann-Ausbürgerung nicht zurückgenommen oder relativiert, jedoch eingestanden, daß die Weitergabe der Petition an westliche Presseagenturen und Zeitungen ein Fehler war.

Unterstützung erhielt Christa Wolf nach dem Artikel Reich-Ranickis auch von Thomas Brasch, der 1980 den *FAZ*-Preis erhalten hatte. Er gab eine »persönliche Erklärung« ab, die am 14. November 1987 in der *Frankfurter Rundschau* erschien: »Kenntnisnehmend von der Denunziation Christa Wolfs durch Marcel Reich-Ranicki, erkläre ich: Ich bin nach wie vor Bürger der DDR, und alle zurückliegenden Konflikte zwischen mir und verschiedenen Institutionen meines Landes waren immer Konflikte über das Wie des Sozialismus, nie über eine Alternative zu ihm. Die so oft schmerzhaften Auseinandersetzungen, an denen auch Christa Wolf teilnahm, bedürfen so wenig des Kommentars des Literaturchefs der *FAZ*, wie ich dessen Schutzes bedarf.

Daß ich in West-Berlin lebe, heißt nicht, daß ich mich zum Anhänger der Geldgesellschaft zurückpervertiert habe, sondern daß ich wie viele Schriftsteller aus vielen Ländern den Ort meiner Jungend für eine Zeit verlassen habe, um nicht zu stagnieren. Wie Christa Wolf bin auch ich davon überzeugt, daß eine Gesellschaft, die sich unter großen Schwierigkeiten und in ständiger Veränderung der jahrhundertealten Last der Ausbeutung entledigt, die einzige produktive Möglichkeit in sich birgt.

Daß Christa Wolf mir in diesem Jahr den Kleist-Preis zusprach, ist eine große Ehre für mich. Daß der Obengenannte sie beleidigt, sollte eine Ehre für sie sein.«

Der Abdruck dieser Erklärung war umrahmt von einem Artikel des Feuilletonchefs der *Frankfurter Rundschau*, Wolfram Schütte. Während dieser vor allem Reich-Ranicki und die *FAZ* überhaupt attackiert, reagiert der für den Literaturteil verantwortliche Redakteur Volker Hage in der *Zeit* vom 20. November 1987 kritisch mit dem Versuch, die polemische Auseinan-

dersetzung um Personen in eine grundsätzlichere Debatte zu überführen, die »nicht allein Christa Wolf« betreffe. Die allgemeinere Frage, um die es allen Beteiligten und auch der umstrittenen Autorin ging, stand im Titel des Artikels: *Drüben bleiben?* Einer, der nicht drüben geblieben, sondern 1984 in die Bundesrepublik ausgereist war, der Schriftsteller und Publizist Martin Ahrends, kam mit ähnlicher Tendenz wie Volker Hage in der *Zeit* vom 9. Dezember 1988 noch einmal auf den Artikel Reich-Ranickis zu sprechen, nachdem Christa Wolfs Laudatio auf Thomas Brasch in ihrem Band *Ansprachen* nachzulesen war: »Wer Christa Wolf Opportunismus vorwirft, weil sie eine Chance wahrnimmt, die ohne die ›zweite Revolution‹ in Moskau nicht gegeben wäre, der muß sich fragen lassen, wer denn bitte an ihrer Statt Courage und Einfluß genug hätte, ein neues Denken auch den DDR-Mächtigen abzufordern?«
Ansprachen enthält auch die Dankrede für den Geschwister-Scholl-Preis, der Christa Wolf am 29. November 1987 für ihr Buch *Störfall* in München überreicht wurde. Die Rede kann zum Teil als Reaktion auf die erhobenen Vorwürfe gelesen werden. Daß sie diejenige Fraktion im »Historikerstreit« attackierte, die die Verbrechen der Nationalsozialisten »in ihrer Einzigartigkeit zur relativieren« sucht und damit »ein eindeutiges antifaschistisches Geschichtsbewußtsein denunziert und unterhöhlt«, war vor allem auch gegen die *FAZ* gerichtet, in der sich diese Fraktion vornehmlich artikulierte. Direkt an ihre Kritiker adressierte sie die Sätze: »Heute stehen wir, glaube ich, in einem heiklen geschichtlichen Augenblick, weil die Auflösung verhärteter Frontstellungen und Feindbilder in Gruppen und Menschen, denen diese Härte Halt gibt, Angst und Aggressivität freisetzt. Wer da zu vermitteln sucht, muß sich auf Haß und Beschimpfungen gefaßt machen.«
Die Rede, in der Christa Wolf ihr »eigenes Verhältnis zum deutschen Faschismus« überdenkt, enthält jedoch ebenfalls Ansätze zu einer Selbstkritik. Über die Generation derer, die wie sie selbst in ihrer Kindheit und Jugend vom Nationalsozialismus geprägt wurden, heißt es da: »Schneller, leichter konnten wir die Irrlehren, die Ideologie des Ungeistes durch-

schauen, als wir unsere tiefe Verunsicherung, die Verführbarkeit durch Macht, den Hang zu Schwarz-Weiß-Denken und zu geschlossenen Gedankengebäuden überwinden konnten.« Ihrer Generation sei »der Hang zur Ein- und Unterordnung« geblieben, »die Gewohnheit zu funktionieren, Autoritätsgläubigkeit, Übereinstimmungssucht, vor allem aber die Angst vor Widerspruch und Widerstand, vor Konflikten mit der Mehrheit und vor dem Ausgeschlossenwerden aus der Gruppe«. Christa Wolf nennt dies eine Erfahrung, die sie selbst »von innen her kenne und die noch nicht beschrieben ist, eine noch uneingelöste Schreib-Schuld«. Was Christa Wolf hier über die eigene Generation zu verstehen gibt, hat Frank Schirrmacher 1990 aufgenommen und zur Basis seiner Kritik an ihr gemacht. Der damit eskalierende Streit um Christa Wolf hat mithin im Jahr 1987 seine unmittelbare Vorgeschichte. Daß er zu diesem Zeitpunkt noch nicht mit der Heftigkeit geführt wurde wie drei Jahre später, liegt daran, daß die politische Geschichte damals noch nicht derart aufgeregt verlief. Doch schon 1987 zeigte sich, daß es um mehr als um ihre Person ging.

MARCEL REICH-RANICKI

Macht Verfolgung kreativ?

Polemische Anmerkungen aus aktuellem Anlaß: Christa Wolf und Thomas Brasch

Daß die in Ost-Berlin lebende Autorin Christa Wolf in der DDR ein hohes Ansehen genießt und auch viel Zulauf hat, ist nicht verwunderlich: Wo es an Wolle und Seide fehlt, da lassen sich auch mit Baumwolle und Kunstseide gute Geschäfte machen. Daß aber diese Schriftstellerin, deren künstlerische und intellektuelle Möglichkeiten eher bescheiden sind, im Westen ebenfalls nicht ohne Andacht behandelt wird, ja mittlerweile sogar als gesamtdeutsche Mahnerin vom Dienst gilt, ist schon weniger verständlich. Doch hat es Gründe - und sie sind keineswegs mysteriös.

Als die SED es 1976 für erforderlich hielt, den Sänger und Poeten Wolf Biermann auszubürgern, hat Christa Wolf einen unter den damaligen Verhältnissen in der DDR ganz ungewöhnlichen Protest zahlreicher Schriftsteller und Künstler sehr wohl unterzeichnet - und ihre Unterschrift rasch und in aller Form wieder zurückgezogen. Wir haben nicht das Recht, ihr dies vorzuwerfen, aber wir dürfen sagen, daß es eine für sie bezeichnende Handlungsweise war: Mit der einen Hand beanstandet sie (eher vorsichtig) gewisse Maßnahmen der SED-Kulturpolitik, mit der anderen beteuert sie (und zwar mit Nachdruck) ihre Treue und Zuverlässigkeit. Immer wieder bewährt sie sich als DDR-Staatsdichterin, die man schon zweimal mit dem Nationalpreis ausgezeichnet hat. Zugleich läßt sie gern durchblicken, sie sei gar nicht so linientreu, wie sie sich gibt, sie müsse nur - wie in Deutschland oft üblich - manches, was ihr mißfällt, hinnehmen, um Schlimmeres verhüten zu können. Mut und Charakterfestigkeit gehören nicht zu den hervorstechenden Tugenden der geschätzten Autorin Christa Wolf.

Indes sollten wir nicht vergessen, daß wir ihr eines der markantesten Bücher der sechziger Jahre verdanken – den Roman »Nachdenken über Christa T.«. Was sie später verfaßt hat (»Kindheitsmuster«, »Kassandra«, »Störfall«), wurde, so gut gemeint es auch war, zusehends blasser und geschwätziger: Es kam zu gewichtig daher, um wichtig zu sein. Nach Witz und Ironie werde man in ihrer Prosa (schrieb Uwe Wittstock in der *F.A.Z* vom 14. April 1987) vergeblich Ausschau halten. In der Tat, von Esprit spürt man hier kaum einen Hauch, vom Urbanen kann beim besten Willen keine Rede sein, unverkennbar bleibt vielmehr eine Mentalität, die sich noch am ehesten mit der (allerdings ungenauen) Vokabel »provinziell« andeuten läßt. Den Ruf, Deutschlands humorloseste Schriftstellerin zu sein, kann ihr niemand streitig machen.
Freilich hat das der erfolgreichen Erzählerin und Essayistin überhaupt nicht geschadet. Denn immer noch ist man in Deutschland bereit, den Mangel an Charme und Scharfsinn zu verzeihen, wenn man genießen (um nicht zu sagen: konsumieren) darf, wonach sich viele sehnen, heute wie eh und je: das Getragene und das Weihevolle, elegisches Pathos und priesterlicher Ernst, erhabene Klischees und erbauliche Banalitäten. So hat Christa Wolf auch in der Bundesrepublik eine ansehnliche Gemeinde gefunden, sie ist längst eine Kultfigur, verehrt von Feministinnen und DDR-Anhängern, von Linken ohne Heimat und Kritikern ohne Geschmack.
Die Darmstädter Akademie für Sprache und Dichtung hat früh die Zeichen der Zeit erkannt: Schon in den siebziger Jahren fragte man Christa Wolf (vertraulich, versteht sich), ob ihr der Georg-Büchner-Preis genehm wäre; sie jedoch ließ die Akademiker wissen, dies sei für sie angesichts der Spannungen zwischen Bonn und Pankow nicht opportun. 1980 war sie bereit, die Ehrung zu akzeptieren. Seitdem werden ihr westliche Preise in regelmäßigen Abständen verliehen, eben erst hat sie den Geschwister-Scholl-Preis erhalten. Es finden dann, wie es des Landes Brauch ist, würdevolle Feierstunden statt mit einer würdevollen Dankansprache der Preisträgerin: Sie wird nicht müde, uns zu belehren, daß es im Westen eher

scheußlich und schrecklich sei, in der DDR hingegen, allen Makeln und Schwächen zum Trotz, eher hold und hoffnungsvoll. Die alte Weise »Kein schöner Land« klingt, von Christa Wolf angestimmt, nicht nur traurig, sondern auch nachdenklich. Die Gemeinde jubelt allemal.

So war es auch unlängst in Frankfurt, als der Kleist-Preis vergeben wurde. Diesmal jedoch trat Christa Wolf in einer anderen Rolle auf - nicht als Preisträgerin, vielmehr als die von einer Jury ausgewählte Richterin, deren Aufgabe es war, den Träger der hohen Auszeichnung zu bestimmen und ihre Entscheidung in einer Lobrede zu begründen. Sie hat es sich nicht leichtgemacht. Denn ihre Wahl fiel auf einen Autor, der 1976 der DDR den Rücken gekehrt hat - auf Thomas Brasch. Wie das? Die Antwort lautet schlicht und einfach: Gorbatschow und die Folgen.

Eine Situation nicht ohne Pikanterie. Denn jedermann verstand, daß die Lobrede weniger an die in Frankfurt Versammelten gerichtet war als an die Genossen in Ost-Berlin. Um so bemerkenswerter die bedächtig zelebrierte Introduktion dieser Rede. Sie könne sich, berichtete Christa Wolf, sehr wohl an den Besuch Braschs in ihrer Wohnung erinnern. Damals, vor elf Jahren, habe er gesagt, »er wolle weggehen«. Und: »Er war nicht der erste, der da saß, aber er war der erste, dem ich nicht mehr abraten konnte.«

Insofern sei Thomas Braschs Schritt auch für sie, Christa Wolf, »ein Einschnitt« gewesen: »Plötzlich gab es eine neue Frage, die hieß: Warum bleiben?« Ja, in der Tat, warum? Sie begnügt sich mit dem Hinweis, daß eine solche Frage »hauptsächlich arbeitend beantwortet werden« mußte, »denn nur die Produktion kann jene innere Freiheit hervorbringen, die den Zweifel über die Wahl des Lebens- und Arbeitsortes aufhebt«. Das ist zwar umständlich, doch unmißverständlich. Sicher ist also, daß es bei Christa Wolf einen »Zweifel über die Wahl des Lebens- und Arbeitsortes« gab und offenbar noch immer gibt und daß nicht der real existierende Sozialismus zwischen der Elbe und der Oder diesen Zweifel aufzuheben vermag, sondern nur (auf dieses »nur« kommt es hier an) die eigene, die

schriftstellerische Produktion. Dies ist aber keine neue Einsicht unserer Autorin, das wußte sie schon vor zehn, vor zwanzig Jahren, neu ist bloß, daß sie sich dazu jetzt öffentlich bekennt. Wie gesagt: Gorbatschow und die Folgen.
Doch kaum hat sie ihren Zweifel vor dem westlichen Auditorium zu erkennen gegeben, da nimmt die Lobrednerin schon, gleichsam im selben Atemzug, den von ihr gewählten Preisträger für die DDR in Anspruch. Wie das? – fragen wir wieder. Nun, sie schlägt einen Haken, den man sich simpler kaum vorstellen kann: Brasch sei einer von denjenigen, »die nicht aufhören können, sich mit ihren Erfahrungen auseinanderzusetzen, nachdem sie das Land verlassen haben«.
Aber ja doch: Brasch hat seine ganze Kindheit und Jugend in der DDR verbracht, dort wurde er Kommunist, dort hat er gedichtet, gekämpft und im Gefängnis gesessen. Er war immerhin schon 31 Jahre alt, als er sich gezwungen sah, zu kapitulieren und in den Westen zu gehen. Natürlich kann er nicht aufhören, sich mit seinen Erfahrungen auseinanderzusetzen, und natürlich wird er an ihnen bis zum Ende seiner Tage leiden. Doch daraus abzuleiten, er sei im Grunde ein DDR-Bürger im Exil, ist so billig wie lächerlich.
Es kommt noch schlimmer: Brasch habe den Boden verlassen, »der ihn – sei es durch Engagement, Übereinstimmung, Mitarbeit, Anstrengung, Reibung, Widerspruch, Widerstand – kreativ gemacht« habe. Das, wahrlich, könnte einem die Stimme verschlagen. Was verbirgt sich denn hinter solchen hier undeutlich vielsagenden Worten wie »Reibung« oder »Widerstand«? Christa Wolf weiß es genau, und sie erwähnt auch einmal, daß Brasch in der DDR inhaftiert war. Dennoch ist ihre Wortkargheit erstaunlich. Daher müssen wir jetzt nachtragen, was die Rednerin ausgespart hat.
1961 wird dem (damals sechzehnjährigen) Brasch mit der Verweisung vom Gymnasium gedroht, weil er sich geweigert hat zu unterschreiben, er werde freiwillig in der Nationalen Volksarmee dienen. Nach dem Abitur arbeitet er als Setzer und Schlosser, hat aber »Schwierigkeiten in den Betrieben wegen Nichtteilnahme an paramilitärischen Übungen«. Dann stu-

diert er in Leipzig Journalistik, wird jedoch 1965 zwangsexmatrikuliert. Begründung: »existentialistische Anschauungen«. Er schlägt sich als Packer und Kellner durch und auch beim Straßenbau. Ein von ihm 1966 im Jugendtheater der Volksbühne Ost-Berlin inszeniertes Vietnamprogramm wird gleich nach der Generalprobe untersagt. Begründung: »linksradikale Tendenzen«. Braschs Studium der Dramaturgie an der Filmhochschule Potsdam-Babelsberg endet mit abermaliger Zwangsexmatrikulation. Kurz darauf verurteilt man ihn zu 27 Monaten Gefängnis. Begründung: »staatsfeindliche Hetze«. Auf Bewährung aus der Haft entlassen, muß Brasch in einem Transformatorenwerk als Fräser arbeiten.

Sein 1970 uraufgeführtes Stück »Sie geht, sie geht nicht« wird nach der zweiten Vorstellung verboten. Verboten werden auch (unmittelbar nach den Premieren) Braschs Stücke »Das beispielhafte Leben und der Tod des Peter Göring« und »Galileo Galilei - Papst Urban VIII.« Für seine nächsten Stücke gibt es keinen Bühnenverlag, sein Jazz-Oratorium hat der DDR-Rundfunk aufgezeichnet, aber nicht gesendet. Das Stück »Lovely Rita« wird vom Berliner Ensemble geprobt, doch müssen die Proben abgebrochen werden. Braschs Erzählungsband »Vor den Vätern sterben die Söhne« kann in der DDR nicht erscheinen (Begründung: »grobe Verzerrung der DDR-Arbeitswelt«), die Veröffentlichung des Buches außerhalb der DDR wird von den zuständigen Behörden verweigert. Im Dezember 1976 erhält Brasch die Genehmigung für eine »einmalige Ausreise zwecks Übersiedlung aus der DDR«. Reicht das?

Aber Christa Wolf erklärt uns, die DDR habe Thomas Brasch kreativ gemacht. Wie soll man das nennen: Zynismus, Heuchelei oder ganz einfach Unverfrorenheit? Auf komplizierten ästhetischen Wegen sei Brasch zu »höchst fragwürdigen Figuren« gekommen, mit denen »eine immer gefährdete Identifikation, Teilidentifikation« möglich geworden sei. Er habe keine Berührungsfurcht vor »kaputten Typen« gezeigt. Schon richtig, gerade sie ziehen ihn an, das hat jedoch nichts mit ästhetischen Wegen zu tun, sondern mit seinen Leiden in dem

Land, in dem man seine Arbeiten weder drucken noch spielen wollte, wo er schikaniert und tyrannisiert wurde und aus dem man ihn schließlich vertrieben hat.

Und was geschah mit ihm hierzulande? Frau Wolf teilt es uns mit: »Brasch trifft im Westen auf die Macht des Geldes, auf Konsumzwang, und er trifft auf den Markt.« Er habe vor der Frage gestanden, »ob er künstlerische Erkenntnis produzieren oder den Markt bedienen will«. Das trifft zu – und das eben ist einer der Unterschiede zwischen dem Leben in der Bundesrepublik und in der DDR: Hier kann er zwischen diesen beiden Möglichkeiten wählen, während beide ihm dort versperrt blieben.

Niemand hat ihm hier gesagt, was und wie er schreiben soll, wohl aber hat man dafür gesorgt, daß er sich frei entscheiden kann. Die Freiheit des Schriftstellers, des Künstlers beruht vor allem auf seiner Unabhängigkeit, nämlich von den Auftraggebern. Dazu benötigt er Geld. Um Brasch vom Markt, vom Konsumzwang unabhängig zu machen, hat man den Neuankömmling reichlich – und das war gut so – mit Preisen bedacht: In den ersten Jahren seines Aufenthalts im Westen erhielt er den Förderpreis zum Gerhart-Hauptmann-Preis, das Stipendium zum Lessing-Preis, den Ernst-Reuter-Preis, das Villa-Massimo-Stipendium, den *F.A.Z.*-Literaturpreis, die Fördergabe zum Schiller-Gedächtnispreis und den Bayerischen Filmpreis.

Es stimmt schon – so Frau Wolf –, daß sich Brasch mit seinen hier entstandenen Arbeiten »dem Bedürfnis des bürgerlichen Kunstkonsumenten nach Genuß« widersetzt habe. Aber wer hat ihm dies ermöglicht? Die westliche, die bürgerliche, die kapitalistische Gesellschaft. Thomas Brasch weiß es, auch wenn er es nicht öffentlich zugeben möchte. Und Christa Wolf? Sie sollte einmal darüber nachdenken.

Frankfurter Allgemeine Zeitung, 12. November 1987

VOLKER HAGE

Drüben bleiben?

Die Schriftsteller in der DDR und ihr Staat

Die DDR - immer noch eine Heimat für Literaten? Wie viele Enttäuschungen, Einsprüche und Kürzungen kann ein Autor, der sich treu bleiben will, ertragen? Da läßt sich leicht fordern, im anderen Deutschland müsse ein Schriftsteller bei einiger Selbstachtung längst mit der Partei gebrochen, am besten dem Staat ade gesagt haben. So jedenfalls ließ es der Frankfurter Kritiker Marcel Reich-Ranicki in einer Polemik gegen die DDR-Schriftstellerin Christa Wolf jüngst anklingen.

Doch ist alles wirklich so einfach: Hier der goldene Westen, dort der finstere Osten? Die DDR gibt sich jedenfalls große Mühe, dieses simple Schema zu bestätigen. Immer enger wird dort das Netz aus juristischen und ideologischen Fallstricken geknüpft, falls wieder ein Künstler den eigenen Kopf erhebt, wie gerade jetzt der Liedermacher Stephan Krawczyk. Abschiebung, verordnete Arbeit oder Gefängnishaft - an staatlichen Sanktionen fehlt es nicht. Natürlich gibt es auch sanftere Methoden: Striche im Manuskript, Veröffentlichung einer nur minimalen Auflage.

Viele haben aufgegeben, eine große Zahl der bedeutendsten Schriftsteller der DDR lebt heute in der Bundesrepublik, manche in West-Berlin (als sei damit der Bruch etwas gemildert). Die einen arbeiten hier mit einem DDR-Visum auf Zeit, andere wollen oder dürfen nicht zurück, haben den Bruch erklärt (oder erklärt bekommen).

Das ist die Situation, in der am nächsten Dienstag in Ost-Berlin der zehnte Schriftstellerkongreß der DDR beginnen wird. Die Obrigkeit kann kaum verhindern, daß sich die im sozialistischen Lande verbliebenen Autoren nach ihrem Verhältnis zu den abgewanderten Kollegen fragen werden. Schon im Oktober hat der Romancier Fritz Rudolf Fries im Ostberliner *Sonntag* auf eine Auseinandersetzung mit diesem Thema gepocht. Doch gleichzeitig wurde den Schriftstellern deutlich gemacht, daß eine allzu konkrete Diskussion höheren Ortes nicht erwünscht ist. Erich Loest, 1981 aus der DDR in die Bundesrepublik gekommen (mit einem Dreijahresvisum, das er nicht verlängern ließ), wollte als Mitglied des westlichen Verbands deutscher Schriftsteller anreisen und wurde demonstrativ ausgeladen; der VS hat daraufhin seine Teilnahme – zu Recht – ganz abgesagt.

Erst vor dem Hintergrund dieser rigiden Ausschluß- und Abgrenzungspolitik ist jene Entscheidung von Christa Wolf zu würdigen, der Schriftstellerin aus der DDR, die in Ost und West immer wieder nach ihrer Loyalität und Integrität gefragt wird: Ihr war aufgetragen worden, dieses Jahr den Träger des westdeutschen Kleist-Preises zu benennen, und ihre Wahl fiel auf Thomas Brasch.

In ihrer Laudatio, die sie kürzlich in Frankfurt am Main hielt, erinnerte sich Christa Wolf an eine Begegnung im finsteren Jahr der Biermann-Ausbürgerung, 1976, und sie fand deutliche Worte, gemessen an dem Umstand, daß sie wieder nach Ost-Berlin zurückkehren wollte: »Thomas Brasch sagte, er wolle weggehen. Er war nicht der erste, der da saß, aber er war der erste, dem ich nicht mehr abraten konnte. Insofern war sein Weggehen, das weiß er nicht, auch für mich ein Einschnitt, plötzlich gab es eine neue Frage, die hieß: Warum bleiben?«

Warum bleiben? Selbst Christa Wolf hat sich das also gefragt – eine Autorin, deren Bücher in der DDR erscheinen können, wenn auch immer wieder mit Verzögerungen, sogar mit Auslassungen (die sie freilich im Fall ihrer »Kassandra«-Vorlesung kenntlich machen ließ – eine Mächtige unter den Machtlosen). Immerhin hatte sie 1976 den Protest gegen die Ausbürgerung Biermanns unterzeichnet – und hat bis heute diese Unterschrift nicht zurückgezogen. Warum nahm Marcel Reich-Ranicki ausgerechnet diese Frankfurter Rede zum Anlaß, ihr »Mut und Charakterfestigkeit« abzusprechen?

Gewiß ist diese Autorin – und sie ist hier nur ein Beispiel – in

der Wahl ihrer Worte vorsichtig; gewiß ist es fragwürdig, sich auf einen Streit um Streichungen überhaupt einzulassen. Doch wir dürfen auch nach dem Gewinn des Kompromißkurses fragen. Was stehenbleibt, ist nämlich (wie im »Kassandra«-Fall) immer noch beachtlich genug. Man mag das eine Alibifunktion nennen - doch gibt es nur wenige Autoren wie Christa Wolf, die vom Staat umarmt (bisweilen erdrückt) werden und gleichzeitig den Unangepaßten eine Leitfigur bieten. Was diese Schriftstellerin - nicht allein, aber doch maßgeblich - bewirkt hat: daß das subjektive Moment in der Literatur über das Dogma eines »Sozialistischen Realismus« dominieren konnte. Heute wagt auch in diesem Staat kaum noch jemand, verbindliche ästhetische Normen auszugeben.
Beharren und Taubstellen, Nachgeben und immer wieder Ausprobieren - so lange nicht nur die Opportunisten und Mittelmäßigen, die Nachrücker und Anpasser das Wort führen und drucken lassen können, respektieren wir, daß Schriftsteller von Rang (und das ist in der DDR ja nicht allein Christa Wolf) sich immer wieder die eine Frage stellen - und bleiben.

Die Zeit, 20. November 1987

Der gestörte Konsens

Initiation des Streits

Noch bevor Christa Wolfs Erzählung *Was bleibt* im Buchhandel erhältlich war, erschienen in der *Zeit* vom 1. Juni 1990 und in der *FAZ* vom 2. Juni 1990, also fast zeitgleich, die Rezensionen Ulrich Greiners und Frank Schirrmachers (siehe S. 66 u. 77). Beide nahmen die Erzählung zum Anlaß, die politische Haltung der im Osten wie im Westen hochangesehenen Schriftstellerin einer grundsätzlichen Kritik zu unterziehen. Allein die Tatsache, daß in den beiden wohl einflußreichsten Feuilletons der Bundesrepublik zur gleichen Zeit zwei umfangreiche Artikel mit gleicher Tendenz erschienen, potenzierte die Wirkung jedes einzelnen. Die große Koalition, die der Feuilleton-Chef der *Zeit* und der Leiter des Literaturteils der *FAZ* hier einzugehen schienen, wurde offensichtlich als erhebliche Störung des Gleichgewichts im intellektuellen Kräftefeld der Bundesrepublik empfunden. Daß sich gerade auch im Streit um Christa Wolf die nach wie vor gravierenden Unterschiede zwischen den beiden Feuilletons von Beginn an deutlich zeigten, wurde von vielen übersehen. Während nämlich das der *FAZ* in dem Streit kontinuierlich und konsequent die gleiche Einstellung verfocht, entsprach es dem liberalen Diskussionsstil der *Zeit,* daß neben dem Artikel Greiners ein Gegenartikel von Volker Hage zu lesen war. Es war also auch ein redaktionsinterner Streit, den die *Zeit* vor der Öffentlichkeit führte, und in ihrem Feuilleton erschienen weiterhin völlig gegensätzliche Stellungnahmen.

Wie schon 1987 hatte auch diesmal Marcel Reich-Ranicki maßgeblichen Anteil an der Initiation des Streits. Er war es in der Tat, der, wie Günter Grass in einem in dem Heft vom 16. Juli 1990 veröffentlichten *Spiegel*-Gespräch feststellte, »das

Signal zur Attacke gegen Christa Wolf gab« (siehe S. 122). Drei Wochen nach der Öffnung der Grenze, am 30. November 1989, leitete er die Debatte in seiner Fernsehsendung *Das Literarische Quartett* mit folgenden Worten ein: »In Deutschland hat eine Revolution stattgefunden. Und wann immer auf dieser Erde eine Revolution stattfindet, erzählen Schriftsteller gern, sie, die Schriftsteller, hätten dazu wesentlich beigetragen. Wie ist das, haben eigentlich in der DDR die Schriftsteller gesiegt oder versagt?« Die Diskussion zwischen Reich-Ranicki, Klara Obermüller (*Weltwoche,* Zürich), Sigrid Löffler (*Profil,* Wien) und Hellmuth Karasek (*Spiegel,* Hamburg) nahm den später in den Feuilletons ausgetragenen Streit in vieler Hinsicht vorweg. Schon hier ging es nicht allein um Christa Wolf, sondern ihr politisches Verhalten wurde neben dem Stephan Hermlins oder Stefan Heyms unter allgemeineren Fragestellungen diskutiert:

1. Waren und sind die Schriftsteller der DDR als führende Kräfte an den revolutionären Veränderungen beteiligt?
2. Ist die DDR-Literatur im Westen lediglich wegen systemkritischer Inhalte und unter Mißachtung ästhetischer Maßstäbe überbewertet worden?
3. Ist das Verhalten der Schriftsteller im SED-Staat angemessen mit moralischen Kategorien zu bewerten?
4. Ist es nach den Erfahrungen mit dem real existierenden Sozialismus noch zu rechtfertigen, an Ideen des Sozialismus und dem Versuch, sie zu verwirklichen, festzuhalten?
5. Ist die Situation der literarischen Intelligenz in der DDR mit der im Nationalsozialismus vergleichbar?

1. Die »Motoren« dieser »Revolution« in der DDR, so Klara Obermüller, »das waren doch nicht die Schriftsteller, das waren die Evangelische Kirche und das Demokratische Forum, das waren die demokratischen Kräfte. Und ich sehe da keine Figur wie Václav Havel, der sich vor diese Bewegung gestellt hat.« Es sei nicht wahr, replizierte Hellmuth Karasek, »daß es die Evangelische Kirche allein war. Es waren die Theater genauso. Es war [Christoph] Hein. Es waren seine Dresdner Stücke. Es waren die verschlüsselten Anspielungen in den

Theatern. Es waren die Diskussionen nach dem Theater.« Die Evangelische Kirche sei auch deshalb »zum Hort der Opposition«, zu einer Art »Sammelbecken geworden, weil sie den Schriftstellern und Künstlern eine Auftrittsplattform geschaffen hat, wenn sie sie woanders nicht hatten«. Bei der großen und denkwürdigen Demonstration auf dem Alexanderplatz am 4. November 1989 waren Stefan Heym und Christa Wolf, so Karasek, »zumindest für ein paar Stunden die geistige Führung der DDR«, da waren »Schriftsteller und Revolution eins«, und Christa Wolf habe dort »nichts für sich in Anspruch genommen«, sondern »die Parolen von den Spruchbändern abgelesen und den Begriff von den ›Wendehälsen‹ in die Diskussion gebracht«. Reich-Ranicki insistierte dagegen darauf, daß es eine Figur wie Havel in der DDR eben nicht gegeben habe. »Es ist nicht wahr, daß die Bevölkerung, daß jene, die auf die Straßen gegangen sind, und das sind ja Millionen, hierzu von den Schriftstellern aufgerufen wurden, daß die Schriftsteller hier einen nennenswerten Einfluß ausgeübt haben. Das stimmt nicht. Deswegen finde ich das ganze Gerede von der Synthese von Geist und Tat, diese alte Heinrich Mann-Formulierung, falsch. Und der Hauptgrund, warum sich die Schriftsteller so verhalten haben: [...] Sie sind von den dortigen Behörden schikaniert worden. Viele ihrer Arbeiten konnten nicht erscheinen, viele ihrer Stücke konnten nicht gespielt werden. Und sie sind gleichzeitig von den Behörden der DDR privilegiert, außerordentlich privilegiert worden. Die Behörden haben es seit Jahren geduldet, daß Bücher vieler DDR-Autoren im Westen erschienen, auch haben sie es diesen Schriftstellern erlaubt, sehr häufig in den Westen zu reisen und einen Teil ihrer Honorare in Westmark zu behalten. Diese Ambivalenz zwischen Schikane und Privilegierung, das ist das entscheidende Element. Und das hat diese Schriftsteller gebremst. Sie wurden im gewissen Sinne dort alle, mehr oder weniger, korrumpiert.«

2. Daß an dieser »Korruption« die literarischen und literaturkritischen Institutionen der Bundesrepublik einen maßgeblichen ideologischen Anteil hatten, konstatierte Sigrid Löffler.

Die DDR-Autoren seien »ununterbrochen dazu verführt« worden, »doch in der BRD ihre ach so kritischen Sachen zu veröffentlichen«. Sie konnten »für jede noch so verschlüsselte kritische Bemerkung hier auf Applaus, und zwar auf ideologischen Applaus rechnen«. Oft habe man aus solchen Gründen »jeden Mist gelobt«, bestätigte Klara Obermüller; es sei wünschenswert, meinte Karasek, die Romane von Stefan Heym »wirklich auf ihre literarischen Qualitäten« hin zu untersuchen; Reich-Ranicki modifizierte dies mit dem Hinweis, er sei in etlichen Kritiken durchaus »auch auf den literarischen Wert, den sehr geringen dieser Romane, eingegangen«. Das später von Ulrich Greiner artikulierte Unbehagen an der »Gesinnungsästhetik« der Literatur und Literaturkritik der Nachkriegszeit äußerte sich also schon in dieser Debatte und verband sich hier mit grundsätzlichen Zweifeln am ästhetischen Wert der in der Bundesrepublik mit viel Wohlwollen aufgenommenen DDR-Literatur.

3. Daß die Frage nach der Mitverantwortung der DDR-Schriftsteller am SED-Regime allerdings keine ästhetische ist, darüber war man sich in der Diskussionsrunde einig. Gestritten wurde dagegen über die Angemessenheit moralischer Urteile. Daß eine »moralisierende« Kritik bei denen, die nie auf vergleichbare Weise vor politischen und moralischen Entscheidungen standen wie die Autoren in der DDR, leicht »den üblen Beigeschmack von Selbstgerechtigkeit und Überheblichkeit« bekomme, gab Klara Obermüller zu bedenken. Es sei niemandem vorzuwerfen, »daß er nicht im Gefängnis war oder verfolgt wurde«. Und Karasek befand: »Wir haben ja nicht darüber zu rechten, ob Menschen Helden oder ängstlich oder sonst was sind.« Sigrid Löffler plädierte dafür, in dieser Diskussion den »moralischen Blick« durch einen soziologischen und politischen zu ersetzen, der nach der angemessenen politischen Position der Kritiker und der Kritisierten fragt. Einzig Reich-Ranicki reklamierte für die Kritik nachdrücklich das Recht auch einer moralischen Beurteilung, zumal sich »das Politische« hier »vom Moralischen nicht ganz lösen« lasse. Als Beispiel dafür führte er wieder Christa Wolfs Verhalten

in der Biermann-Affäre an. Hier habe sie sich »sehr merkwürdig, um nicht zu sagen fragwürdig« verhalten: »Sie war mit die berühmteste Autorin der DDR, aber sie folgte dem Beispiel der Anna Seghers [...], die in den letzten 15 Jahren ihres Lebens auf schändliche Weise feige war. [...] Damals hätte Christa Wolf, ohne etwas zu riskieren, die Partei verlassen können. Sie hätte den Parteiausweis zurückgeben sollen und sagen sollen: ›Ich will nicht! Nachdem andere für dieselbe Verschuldung [d. i. die Unterzeichnung des Protests gegen die Ausbürgerung Biermanns] wie ich rausgeschmissen wurden aus dem Schriftstellerverband und der Partei, da kann ich nicht bleiben!‹ Sie ist in der Partei geblieben. Ist ihre Sache. Und jetzt, wo die SED an Einfluß und Macht sehr, sehr viel eingebüßt hat, jetzt geht sie aus der Partei raus. Ein bißchen zu spät! Jetzt ist es eine lächerliche Geste!«

4. Löfflers Forderung nach einer politischen Beurteilung der umstrittenen Autoren zielte auf eine Verteidigung ihrer sozialistischen Einstellung. Sehr viele DDR-Autoren, darunter auch Christa Wolf, hätten noch immer »die ›Unverschämtheit‹ [...], an einen zukunftsträchtigen Kern des Sozialismus zu glauben« - was Reich-Ranicki mit dem Zwischenruf: »Das ist nicht unverschämt, das ist töricht!« quittierte -, und diese Ansicht müsse man den Schriftstellern schon zubilligen: »Man kann ihnen doch nicht vorwerfen, daß sie sich nicht gewendet haben!« Es sei zu akzeptieren, daß die in der DDR gebliebenen Autoren »im Grunde Sozialisten sind«, und daher sei von ihnen nicht zu verlangen, daß sie »die SED und ihr System von Grund auf verwerfen. Sie tun es nicht.« Im Verlauf der Debatte ergänzte Löffler dies mit der Bemerkung, »daß es im Augenblick kein großes Risiko ist, den Sozialismus totzusagen. Es gehört vielleicht mehr Mut dazu, ihn nicht totzusagen.«

Daß dies keine Frage des Mutes sei, meinten Reich-Ranicki wie Karasek. Reich-Ranicki gab zu erkennen, daß er von Autoren wie Stefan Heym und Christa Wolf ein ausdrückliches Bekenntnis vermißt, daß die DDR im Vergleich zur BRD nicht der »bessere«, sondern der »schlechtere Staat« gewesen sei. Die Möglichkeit, den Sozialismus zu renovieren, sah er durch

die historischen Erfahrungen widerlegt: »Die Sowjetunion existiert nun wirklich schon sehr lange, und es gibt andere kommunistische Länder seit über 40 Jahren. Wie lange soll das noch dauern, das Experimentieren? Das System ist blamiert.« Auch Karasek fiel es »leicht zu sagen, der Sozialismus, wie er ist, ist korrumpiert«, doch artikulierte er zugleich sein Unbehagen an den »Muskelspielen hier«, die in ihrer Überheblichkeit andauernd demonstrieren, »daß wir in der besten aller möglichen Welten leben«. Verständlich sei auch »die Angst vor einem deutschen Revanchismus«, wenn das Verlangen nach der deutschen Einheit sich nicht mit der Anerkennung der polnischen Grenze verbindet.
5. Reich-Ranicki stellte schließlich die Frage, »ob die Rolle der Schriftsteller in der DDR in den vergangenen Jahren in irgendeinem Sinne verglichen werden kann mit der Rolle von Schriftstellern oder Künstlern im Dritten Reich. Und man hat schon den Begriff ›innere Emigration‹ wieder ausgegraben und versucht auf die jetzige Situation anzuwenden. Ich glaube, daß der Vergleich vollkommen falsch ist. Er ist vollkommen falsch, weil jeder Schriftsteller im Dritten Reich, der irgendeinen Widerstand gewagt hat, sein Leben oder zumindest die Haft, KZ und Ähnliches riskiert hat. Immerhin, in der DDR ist in den letzten 10 Jahren kein einziger Schriftsteller verhaftet worden. So groß war das Risiko nicht, dort in Ungnade zu fallen. Und dies spricht nicht für diese Schriftsteller.« Dem wurde heftig widersprochen, zunächst von Sigrid Löffler: »Aber, Herr Reich-Ranicki, es steht uns doch nicht zu, abzuwägen und zu beurteilen und Noten dafür zu verteilen, wie groß das persönliche Risiko dieser Leute war. Vielleicht wollten sie einfach nur das Land nicht verlassen oder wollten ihr Haus nicht verlieren oder ihre Familie nicht verlassen und ihre Kinder. Auch das ist doch legitim, und es steht uns doch nicht zu zu sagen: ›Wenn ihr dort nicht veröffentlichen könnt, dann geht doch in die ....‹ « Karasek verwies auf »Schriftsteller in Jena, die vom Stasi verhaftet worden sind«, die »unmenschlichen Verhören ausgesetzt waren«. Es habe sehr wohl ein »Risiko der Existenzvernichtung« gegeben; man müsse nur an

die »Filmemacher denken, die einfach ihre Posten verloren haben, deren Filme eingestampft wurden, die nicht mehr drehen durften, die abgeschoben wurden«. Sigrid Löffler erinnerte an Walter Janka: »ein aufrechter Kommunist, der schon '56 verurteilt worden ist« und dessen »berufliche Existenz vernichtet ist, und zwar bis heute«.

Im *Literarischen Quartett* mußten, »wie üblich«, »alle Fragen offen« bleiben; ein wichtiger Anstoß für den im Juni 1990 endgültig ausbrechenden Literaturstreit war dennoch gegeben. Prototypisch für ihn war an der Fernsehsendung sogar noch die unerwartete Publikumsbeteiligung: Ein unnachgiebiger Zwischenrufer protestierte dagegen, »daß die Schriftsteller in der DDR, die für die Leute, die sich für die Umwälzungen eingesetzt haben, so eine Art Lichtblick waren, in den Schmutz gezogen werden«. Der Tenor des Zwischenrufs wiederholte sich in empörten Leserbriefen in der *Zeit* vom 29. Juni 1990 und im *Sonntag* vom 5. August 1990, die die staatskritische Rolle Christa Wolfs hervorhoben und sich verärgert über die westliche Selbstgerechtigkeit im Umgang mit DDR-Autoren zeigten.

Schon vor dem Erscheinen von Greiners und Schirrmachers Artikeln waren in westdeutschen Zeitungen Beiträge zu lesen, die deren Kritik an Christa Wolf in wesentlichen Punkten vorwegnahmen und die dabei die gewohnten Rechts-Links-Schemata und Fraktionierungen im kulturellen Bewußtsein der Bundesrepublik irritierten. Am 7. April 1990 veröffentlichte die *taz* unter dem Titel *Unter Linden* einige »Unfreundliche Bemerkungen zum Aufruf *Für unser Land* , den DDR-Autoren im November 1989 lancierten«, wie es im Untertitel heißt. Die Initiatoren dieses Aufrufs vom 26. November 1989, der zuerst im *Neuen Deutschland* vom 28. November , dann u.a. in der *Frankfurter Rundschau* vom 30. November erschien, waren Christa Wolf und Stefan Heym. Der Aufruf warnt davor, daß »die Deutsche Demokratische Republik durch die Bundesrepublik vereinnahmt wird« und fordert, »eine sozialistische Alternative zur Bundesrepublik zu entwickeln«. In der *taz* vom 7. April 1990 nahm deren Redakteur Arno Widmann den Aufruf zum Anlaß, einige innerhalb der intellektuellen Linken

kursierende Denkmuster aufzubrechen. Den Verfassern des Aufrufs bescheinigt er eine »kriminelle Überheblichkeit«. Sie drücke sich darin aus, »die Erfahrungen von siebzig Jahren ›Sozialismus‹ einfach wegzuwischen und zu sagen, wir machen es jetzt aber richtig«. Die Autoren des Aufrufs hätten Zeit ihres Lebens »den unterdrückten Massen der kapitalistischen Länder klarzumachen« versucht, wie sehr sie in ihren Betrieben ausgebeutet werden. »Sie vergaßen dabei, daß auch noch der unwichtigste Angestellte eines der Betriebe von Krupp und Mannesmann unvergleichlich viel mehr – so verschwindend wenig es auch ist – über die Geschicke des Konzerns mitzubestimmen hat als sein Kollege bei den Leunawerken.« Der Aufruf spricht davon, daß das Volk der DDR durch Massendemonstrationen »den Prozeß der revolutionären Erneuerung erzwungen« hat. Arno Widmann hält dem eine andere Version entgegen: »Die DDR ist das SED-Regime nicht losgeworden, weil ein heldenhaftes Volk den friedlichen Aufstand geprobt hat. Das Volk war dabei, der Führung davonzulaufen. In die BRD. Erst als Gorbatschow in der Hauptstadt der DDR erklärte: ›Wer zu spät kommt, den bestraft das Leben‹, da wurden aus Demonstrationen von Tausenden von Jugendlichen die von Hunderttausenden von Bürgern der DDR. Erst als der Zar der Rebellion seinen Segen gab, da empörten sich die Untertanen.« Die Autoren des Aufrufs appellieren an »die antifaschistischen und humanistischen Ideale, von denen wir einst ausgegangen sind«. Widmann nennt diese Konstruktion, nach der die DDR humanistisch begonnen habe, um diktatorisch zu enden, eine »so faustdicke Lüge«, daß er an »die Unschuld der Autoren nicht glauben« könne: »Die DDR ist ein Produkt der nach zig Säuberungen ausgefilterten stalinistischen Clique um Ulbricht, die die KZs der Nazis nicht eine Woche ruhen ließ. Der stalinistische Antifaschismus gab seinem Gegner – nach 1941 – in nichts nach. Die ›Unfähigkeit zu trauern‹ – das lehrt uns die Lektüre des Aufrufs *Für unser Land* auch – ist kein Spezifikum des BRD-Bürgers.«
Der Artikel mündet in einen Appell an die Linke, ihre Glaubwürdigkeit durch eine konsequent antistalinistische und anti-

totalitäre Position zu bewahren: »Es gibt keine Linke, sie sei denn antistalinistisch. Die DDR ist ein Produkt des Stalinismus.« Und: »Wer glaubt, vor die Wahl gestellt zu sein, eine Parteidiktatur mittragen zu müssen, um den Kapitalismus bekämpfen zu können, ist schon verloren.« Dem Artikel sind zwei Dokumente beigefügt, die beispielhaft für das in diesem Sinne falsche Bewußtsein vieler DDR-Schriftsteller stehen: ein 1954 publizierter Kommentar Stefan Heyms zu den Ereignissen des 17. Juni 1953 und ein 1968 im *Neuen Deutschland* erschienener Kommentar Christa Wolfs zu der neuen Verfassung der DDR, die die Führungsrolle der SED festschrieb.

Neben der Diskussion im *Literarischen Quartett* und dem *taz*-Artikel gehören einige Reportagen und Aufsätze in der *Welt* in das unmittelbare Vorfeld des im Juni 1990 eskalierenden Literaturstreits. Daß sie eine in mancher Hinsicht ähnliche Tendenz wie die Kritik an Christa Wolf und Stefan Heym in der *taz* hatten, ergab das Bild einer irritierenden Allianz zwischen einer »linken« und einer »rechten« Zeitung.

Jürgen Serke berichtet in zwei Artikeln am 24. und 26. April 1990 über den Exil-Griechen und Schriftsteller Thomas Nicolaou, einen Freund Christa Wolfs, der zusammen mit seiner Frau zu jenem Kreis gehörte, über den Christa Wolfs *Sommerstück* erzählt. Nicolaou war es auch, der Christa Wolf 1980 auf jener Reise durch Griechenland begleitete, der sie maßgebliche Anregungen zu ihrer Erzählung *Kassandra* verdankt. Daß dieser Mann ein Stasi-Spitzel gewesen sei, behaupteten zwei ehemalige Stasi-Häftlinge, der Schriftsteller Siegmar Faust in seinem Buch *In welchem Lande lebt Mephisto* und der Maler Sieghard Pohl. Pohl schrieb am 20. Dezember 1989 an Christa Wolf einen Brief, in dem es heißt: »Es wird Sie jetzt schwer treffen, wenn Sie durch mich erfahren, daß einer Ihrer engsten Freunde, Thomas Nicolaou, seit über drei Jahrzehnten ein aktiver und besonders hinterhältiger Mitarbeiter des DDR-Staatssicherheitsdienstes war.« Daß Christa Wolf auf diesen Brief zunächst gar nicht, sondern erst nach dem Bericht in der *Welt* antwortete, macht ihr Jürgen Serke in den beiden Artikeln und einem weiteren vom 3. Mai 1990 zum Vorwurf.

In diesem beruft sich Serke bei seinen verschärften Angriffen gegen Christa Wolf auch auf Hans Noll. Dieser hatte 1987, in der Vorgeschichte des Streits, bereits eine wichtige Rolle gespielt. So wie er schon damals die Attacke Reich-Ranickis auf Christa Wolf in etlichen Punkten vorbereitete, so antizipiert er auch 1990 mit einem Artikel in der *Welt* vom 12. Mai die knapp drei Wochen später erscheinenden Artikel in *Zeit* und *FAZ* in einigen zentralen Argumenten. Und noch eine Woche vor dem Erscheinen dieser Artikel erhält Noll in der *Zeit* vom 25. Mai eine Antwort: »Einige derer um die vierzig, die in den achtziger Jahren aus der DDR in den Westen kamen, glauben, es sich mit ihrer Abrechnung bequem machen zu können. Ich bin 39 und kam 84 in den Westen, und ich erlaube mir, ihnen zu widersprechen.« Diese Sätze schrieb Martin Ahrends unter dem Titel *Stunde der Abrechnung.* Sie zeigen, daß der Fall Christa Wolf auch jene jüngere Generation der in der DDR aufgewachsenen Autoren entzweite, die ihr Land verlassen hatten. Ahrends gibt gegenüber der »wahllosen Denunziation von Geistesarbeitern, die drüben das Mögliche getan haben«, zu bedenken: »Freya Klier hat DDR-Jugendliche befragt nach ihren Kenntnissen über die Heroen unter den Dissidenten, nach Biermann, Havemann, Fuchs, nach emigrierten Autoren wie Becker, Kunze, Schädlich. Mit dem Ergebnis: ›Null‹ , man kannte sie nicht; wenn sie ein Zeichen gesetzt haben, dann war es zumindest für die DDR-Jugend überhaupt keines. Unter diesem Aspekt ist die Frage nach wie vor offen, ob es denn in jedem Fall ehrenvoller war, sich aufzuwerfen, zu kollidieren oder das jeweils Mögliche zu bewirken.« Mehr als von den Dissidenten habe die lesende Bevölkerung der DDR von einer in Maßen kritischen Literatur gehabt, die, wie in den anderen osteuropäischen Ländern auch, den Umbruch vorbereitet hat. »Ich stelle mir eine DDR vor ohne Christa Wolf [...]. Eine DDR ohne Strittmatter oder de Bruyn, ohne Heym, Plenzdorf oder Fühmann.« Diese Autoren waren für die jüngere Generation zum Verständnis der historischen Situation, in die sie hineinwuchsen, unersetzbar.

Das alles wurde öffentlich gesagt und geschrieben, bevor *Was bleibt* erschien, und es zeigt daher einmal mehr, daß Christa Wolfs Erzählung nur der Anlaß zur Eskalation eines Streites war, der vorher schon in allen wesentlichen Aspekten in Gang gesetzt worden war. Doch erst die Artikel von Greiner und Schirrmacher vermochten jene Vielzahl heftiger Gegenreaktionen zu provozieren, die den Streit ins Bewußtsein einer breiten literarischen Öffentlichkeit brachten.

HANS NOLL

Das lächerliche Pathos alter Schwärmer

Jede Annäherung an die Literatur der DDR geschieht im blendenden Licht des Wohlwollens, das sie umgibt. Die apologetische Sekundärliteratur zählt nach Hunderten von Titeln. Allein über Christa Wolf ist so viel geschrieben worden wie kaum jemals über einen Schriftsteller. In der Masse der Lobpreisungen im westdeutschen Feuilleton - nach meiner vorsichtigen Schätzung etwa 1000 Texte - verlieren sich die vier oder fünf Gegenstimmen.

Ein Christa-Wolf-Biograph konnte 1986 befriedigt feststellen, die Rezeption der Autorin sei »übereinstimmend positiv« - ein deutsches Glücksgefühl wurde erreicht: die Einmütigkeit, der einstimmige Jubel. Selten sind Literaten in Deutschland mit so viel Respekt behandelt worden wie die anerkannten Schriftsteller der DDR. Das betraf, mit gewissen Schwankungen, ihr eigenes Land, bis sie Ende der 60er Jahre von den Rezipienten der Bundesrepublik entdeckt wurden.

Hier war nun, so erfahren wir aus den Spezialuntersuchungen und dickleibigen Kompendien, endlich eine deutsche Literatur im Entstehen, die Großes versprach: kritisch, anspruchsvoll und progressiv, in freiem Flug über die Niederungen des kommerziellen Literaturbetriebs segelnd, würdige Fortsetzerin des »literarischen Erbes«. Die Republik, in der sie entstand, war ein »Leseland«, man wußte es aus den Statistiken.

Es ist interessant, daß die führenden Promotoren der DDR-Literatur in der Bundesrepublik zumeist selbst aus der DDR stammten, das Land rechtzeitig verlassen hatten, und zwar - was die »Sache« als solche betrifft - unbelehrt. Man kann über ihre tiefenpsychologische Motivation an Ort und Stelle nachlesen, etwa in Fritz J. Raddatz' autobiographischen Eröff-

nungen. Man findet dort neben Schuldgefühlen eine alte deutsche Sehnsucht wieder; die Sehnsucht, alles besser zu machen, zunächst besser als westlich der Mauer.
Dieser »DDR-Stolz«, wie ihn ein westdeutsches Standardwerk nennt, machte einen guten Teil der Faszination jener Literaten auf westdeutsche Intellektuelle aus. Wir hören davon noch fünf Minuten nach zwölf, noch inmitten der Trümmer beteuern Stephan Hermlin, Christa Wolf und Stefan Heym, im moralisch edleren, zukunftsträchtigeren deutschen Staat zu leben. Sie gehören zu den letzten, die an einem kleindeutschen Separatismus festhalten und behaupten, darin bestünde die Alternative zu einer großdeutschen Gefahr.
Auf den ersten Blick liegt dem eigentlich nur der Trugschluß zugrunde, ein Deutschland mit Grenzen, Wächtern und Stacheldrahtzäunen wäre gefahrloser und friedlicher als eines, das auf diese altbekannten Bilder verzichtet. Nicht selten fallen Schriftsteller den Schreckensbildern, die sie verbreiten, selbst zum Opfer. Und Heym, Hermlin und Wolf haben die traumatischen Ängste ihres Lebens in der DDR jederzeit auf die Bundesrepublik projiziert.
Ich verstehe sehr gut, daß Stephan Hermlin den Antisemitismus in Deutschland fürchtet, nur will er ihn bisher ausschließlich in der Bundesrepublik gefunden haben, während er doch in seinem eigenen Land ganz handfeste Ausmaße angenommen hat. Die jüdischen Gemeinden haben hierzulande ein weitaus vitaleres Dasein führen können als in der DDR, wo sie verschüchtert, fast ohne Geld, immer im Schatten des staatlichen »Antizionismus« dahindämmern mußten.
Und mir ist nicht bekannt, daß Heym oder Hermlin jemals öffentlich daran Anstoß genommen hätten. Wir dürfen also vermuten, daß sich hinter den moralischen Skrupeln gegen ein Ende der deutschen Spaltung etwas anderes verbirgt: der verzweifelte Abwehrkampf einer Provinzliteratur gegen die Öffnung, gegen den Abriß des Treibhauses, in dem sie gedieh.
Es war immer verfehlt, die anerkannten Literaten der DDR für »freie Schriftsteller« zu halten. In Wahrheit haben wir es bei ihnen mit einer in beiden deutschen Staaten einzigartigen

sozialen Gruppe zu tun. In einer Umgebung, die von Einheitsgehältern und Mangelwirtschaft bestimmt war, lebten sie mit prozentualer Beteiligung am Verkauf ihrer Bücher, darüber hinaus als Teilhaber an Nomenklatura-Vergünstigungen und den monatlichen Salärs der Akademie der Künste vom traurigen Alltag ihrer Leser kosmisch weit entfernt.

Zum Verkauf der Bücher sei angemerkt, daß er sich niemals nach dem Geschmack der Leser richtete: Begehrte Bücher wurden, sobald der Autor unliebsam aufgefallen war, aus dem Verkehr gezogen. Andere, die niemand lesen wollte, von der Partei aufgekauft und als »Buch-Prämie« massenhaft unters Volk gebracht.

Kein prominenter DDR-Schriftsteller ist mit den Unwägbarkeiten einer freien Literaten-Existenz vertraut. In diesem Land gab es für anstellige Schriftsteller so sichere Pfründe, wie man sie bisher in der Literaturgeschichte kaum kannte. Und das um so mehr, wenn noch westliche Tantiemen als Rückhalt hinzukamen; Einnahmen, die von den Lebenshaltungskosten westlicher Kollegen unbelastet blieben, von denen man aber einen Anteil an den Staat abführte, in die geheimen Schatzkammern, aus denen die Partei ihre Projekte bestritt.

Schon von daher sind die prominenten DDR-Schriftsteller außerstande, sich zu den neueren Ereignissen in Deutschland anders zu äußern als durch Beschwörung des »Bewahrenswerten« an ihrem Staat. Sie fühlen sich ganz zu Recht einem »Sozialismus« verpflichtet, dem sie alles verdanken, was sie sind.

Des weiteren wäre das Eingeständnis, daß jener Staat zusammenbrechen mußte, auch das Eingeständnis ihres eigenen Versagens. Sie haben dort geschwiegen, wo ein Schriftsteller sprechen mußte, sie haben Worte gefunden, wo degoutiertes Schweigen angebracht war. Die Berliner Mauer, das Elend ihrer Mitmenschen, der Jammer einer jungen Generation, die in Gefangenschaft aufwuchs – wir fanden in ihren Büchern kaum etwas davon. Wir mußten uns mit Anspielungen begnügen, mit flauen Scherzen, »Verschlüsselungen« und Unsichtbarem zwischen den Zeilen. Es hieß in den Kompendien der wort-

führenden westdeutschen Sekundärliteratur, das wäre die hohe Kunst, die literarische Umsetzung, die Erhöhung des Kritischen über den Tag hinaus.
Nur war die Sprache viel deutlicher, wenn Staat und Staatspolitik »parteilich« gerechtfertigt wurden, Mauerbau und Einmarsch in Prag, sowjetische »Friedensoffensive« samt Afghanistan-Krieg, allerlei »Maßnahmen«, auch die gegen ihre Kollegen. Und wenn es Grenzen, »höhere Notwendigkeiten«, endgültige Trennungen zu erklären galt, fanden sie immer die landesüblichen Worte, etwa Hermann Kant oder Christa Wolf in ihren Romanen, die heute in beiden deutschen Staaten Schullektüre sind.
Die Literatur der privilegierten DDR-Schriftsteller wurde in der Bundesrepublik für eine glaubhafte, authentische Quelle gehalten, aus der man Wahrheiten über die Lebenssituation, den Alltag und die Stimmungen im anderen Deutschland schöpfen konnte.
Die Aussagen Stephan Hermlins, Hermann Kants und Christa Wolfs wogen allemal schwerer als die der Opfer und Emigranten. Der Schüler der Bundesrepublik lernen aus dem »Geteilten Himmel«, der »Aula« und anderen Büchern der Ulbricht-Zeit, was deutsche Nachkriegsgeschichte ist, wer die »reaktionären Kräfte« waren und wer die »fortschrittlichen«.
Zur Interessengemeinschaft DDR-Literatur gehören mittlerweile unzählige westdeutsche Literaturwissenschaftler, Kulturverwalter und Schulmeister, die sich ebenso hartnäckig gegen die Korrektur ihrer verjährten Urteile sträuben wie die tonangebenden DDR-Schriftsteller selbst. Darin liegt ein ganz landläufiger Vorgang, die Trägheit deutscher Schulweisheit, das Beharren akademischer Lehrgebäude gegen jede Belehrung durch den Augenschein. Und darin liegt noch etwas anderes: die Besorgnis, es könnte jetzt die Frage auftauchen, ob die staatlich geförderte DDR-Literatur nicht seit langem fehleingeschätzt wurde und warum.
Denn dieser Literaturbetrieb war ein Phantom. Die DDR-Literatur ist künstlichen Ursprungs, sie entstand nicht, wie westdeutsche Germanisten behaupten, »aus sich selbst« oder

aus »innerem Drängen«, sondern durch massive kulturpolitische Förderung im neuen Staat. Der Grund war noch nicht die Parteiprogrammatik späterer Jahre, es war zuerst die Gläubigkeit kommunistischer Führer in die Macht der Literatur.
Man hatte Majakowskijs enorme Massenwirkung in der frühen Sowjetzeit vor Augen und die literarische Rechtfertigung Stalins durch Alexej Tolstoi. Man glaubte, was die Wirksamkeit der Literatur auf das »Bewußtsein der Menschen« betrifft, an unbegrenzte Möglichkeiten, getreu Stalins simplem Muster vom Schriftsteller als »Ingenieur der Seele«. Hinzu kam, daß die Bedingungen für das Entstehen von Literatur nach 1945 in der östlichen Besatzungszone weitaus günstiger waren als in den westlichen; einmal, weil dort weitblickende sowjetische Kulturoffiziere walteten, und zum anderen, weil der größere Teil der literarischen Emigration auf das Gebiet der späteren DDR zurückgekehrt war.
Mit aller Macht wurde Nachwuchs gefördert, generös, wie kommunistische Herrscher sein können, wenn es um ein »Hauptanliegen« geht. Es galt, Treue zur Sowjetmacht in die Herzen zu senken und den Neuaufbau zu propagieren, überhaupt die neue Macht plausibel zu machen.
Also debütierte Christa Wolf mit einer »Moskauer Novelle«, andere nahmen ihren Einstand mit Reportagen aus dem Braunkohlen-Tagebau, Hoheliedern auf Stachanow-Arbeiter oder lyrischen Darstellungen der Kollektivierung der Landwirtschaft.
Dann folgten Bekenntnisse zur deutschen Teilung und zur Abgrenzungspolitik. Das »Hauptanliegen« hieß nun: »Schaffung einer sozialistischen Nationalliteratur der DDR«. Wäre es dabei geblieben, hätten die DDR-Schriftsteller niemals gesamtdeutsche Wirkung erlangt. Spätestens Ende der 60er Jahre tauchte ein neuer Ton auf, eine für deutsche Intellektuelle entscheidende Mentalität: schuldhaftes Mitwirken und seine Verdrängung, die Schizophrenie im Verhältnis zur Macht.
Die neue Schreibweise, die »Wiederentdeckung des Subjektiven«, der Christa Wolf, Stephan Hermlin, Hermann Kant und andere ihren Erfolg bei den Intellektuellen der Bundesrepu-

blik verdanken, entstand nach dem Scheitern des »Bitterfelder Wegs«. Dabei war in den Debatten der späten 60er Jahre der »Bitterfelder Weg« nur die Attrappe, dahinter stand das Unbehagen der Schriftsteller, die endlich nicht mehr über »Typen« schreiben wollten, sondern über das, was sie wirklich beschäftigte.

Dem damaligen Kurs der Partei zu folgen war kaum noch menschenmöglich, selbst linientreue Literaten begriffen, daß sie ein Innenleben und eine Vergangenheit hatten. Sie wußten, wovon sie nachts träumten, in welchem Maße sie von verdrängten Bildern heimgesucht wurden, von Erinnerungen an die Angst, an eine Niederlage schon in frühester Jugend, an eine Mitschuld und Scheitern, an den Zusammenbruch ihrer Kinderwelt.

Die Legitimation der DDR im deutschen Geistesleben war der staatliche Antifaschismus. Hier soll nicht davon die Rede sein, wie fragwürdig er von Anfang an war, wie sehr mit neuerlicher Verdrängung verbunden, wie oberflächlich und von außen dekretiert. Auch nicht davon, daß sich die neue Herrschaft von der alten gar nicht so wesentlich unterschied, etwa im Fall des neuen, diesmal stalinistischen Antisemitismus, um ein einziges Beispiel zu nennen.

Viel wichtiger ist, daß dieser Antifaschismus mit der Siegermacht verbunden war, mit der Sowjetunion, an deren unüberwindlicher Stärke kaum jemand zweifelte: »Mit der Sowjetunion im Bunde sein, heißt zu den Siegern der Geschichte gehören.« Bei vielen »alten Genossen« vollzog sich ein Identitätswechsel, sie waren nicht mehr gegen die Mächtigen, sondern gehörten zu ihnen, und der aufrichtige Antifaschismus ihrer Jugendjahre verwandelte sich in ein Instrument, in eine pragmatische Parole zum Erhalt ihrer Macht.

Monica Huchel, die Witwe des aus der DDR ausgebürgerten Dichters, besinnt sich auf eine erstaunliche Äußerung von Stephan Hermlin: Er hätte, als er einst in Chemnitz vor seinem Haus SA vorbeimarschieren sah, »traurig hinter seinem verdunkelten Fenster gestanden und diese kräftigen, jungen Männer beneidet«. Hermlin belegt diese Sehnsucht selbst in

dem Prosatext »Erich M.«: »Unbezähmbar ist der Drang, bei den Stärkeren zu sein.«
Monica Huchel erinnert sich auch an die »schwärmerische Begeisterung«, mit der Christa Wolf noch Ende der 50er Jahre ihrer Zeit im »Bund deutscher Mädchen« gedachte, wo es ihr »so gut gefallen« und wo sie »Disziplin gelernt« hätte. Christa Wolf schrieb wenig später die Erzählung »Der geteilte Himmel«, in der sie ihren Lesern Disziplin und Unterwerfung nahelegte, diesmal unter die schicksalhafte Allmacht der Sowjetunion. Und als sich, nach dem Zusammenbruch von Ulbrichts Konzeptionen, auch in der DDR erstmals das Scheitern bemerkbar machte, stimmte sie in »Nachdenken über Christa T.« ihre Klage an, »diese Klage«, wie ein westdeutscher Rezensent dazu schrieb, »um das Individuum, das unterging in einer Gesellschaft, die trotzdem bejaht bleibt«.
Das ist eine Mentalität, die sich seit Ehrenburgs Roman »Der zweite Tag« durch faschistische und kommunistische Literaturen fortsetzt: die Unterwerfung, das Opfer des einzelnen als Kompost für das neue Leben. Sie bildete die Grundlage für das Erdulden mafiöser Parteicliquen durch Millionen Gutgläubige, die sich heute fragen, warum sie das so lange hingenommen, ja mitgetragen haben.
Die führenden DDR-Schriftsteller haben ihren Lesern das »Dulden« und »Ausharren« allzeit nahegelegt und die Macht einer längst deformierten Partei bis zum letzten Augenblick literarisch gefestigt. Wer ihre Bücher kennt, weiß, daß sie ihre Mitschuld schon lange nicht mehr verbargen, im Gegenteil, sie haben sie literarisch verwertet, und sie hat zu jenem weinerlichen und preziösen Grundton geführt, der nach weitverbreiteter Meinung ein entscheidendes Indiz für ihre literarische Größe darstellt.
Sie leiden gegenüber der Macht, dem »Stärkeren«, der »Gruppe« an einem Zugehörigkeits-Trauma, das einmal kommunistisch, zum anderen ganz und gar deutsch ist. Heym schrieb in seiner Autobiographie von der »Angst vor dem Bannfluch, der ihn ausschließen würde aus der Geborgenheit der Gemeinschaft, so jämmerlich diese auch sei«. Christa Wolf nannte es

»Übereinstimmungssucht«, »die Gewohnheit zu funktionieren«, »die Angst vor dem Ausgeschlossenwerden aus der Gruppe«.
Sie wurden nicht ausgeschlossen, blieben geborgen, haben bis zuletzt funktioniert. Die Geschichte der DDR-Literatur endete eigentlich zu Beginn der 80er Jahre, als die meisten Schriftsteller, weil sie beim Ruin des Landes nicht mitwirken wollten, den Staat DDR verlassen hatten. Letzte Getreue blieben zurück wie in einer zur Festung erklärten Stadt, und von den Zinnen ihrer bröckelnden Mauern sandten sie den »Davongelaufenen« ihre Schmähungen nach.
Der Ton war verschieden je nach Geschmack: Hermlin sprach unumwunden von »Kriminellen«, Dieter Noll von »kaputten Typen«, Christoph Hein widmete einem jungen Mann, der dem Gefängnis entfliehen wollte, die Sätze: »Weil er ein Versager ist. Er taugt nur dazu, davonzulaufen.« Christa Wolf wählte Verschlüsselungen, ihr Symbol für heldenhaftes Ausharren war die Stadt Troja, ihre Ich-Figur die seherische Königstochter und »Angst« das Wort, das am häufigsten auftauchte.
Eine ausgetüftelte Prosa-Technik erlaubte der Autorin das Einschieben tagespolitischer Botschaften in den Text: »Wer jetzt nicht zu uns hält, arbeitet gegen uns.« Wieder zeigte sich eine deutsche Seelenverfassung, bewahrt in der Tiefe, geprägt in den letzten Tagen des Dritten Reichs: Entfernung von der Truppe ist Verrat. Die Abkehr von der schützenden Formation war das Wagnis, das diese Schriftsteller nicht eingehen wollten.
Wer es doch riskierte wie Stefan Heym, fand in diesem Hin und Her erst recht seine feste Bindung an die Partei: Vielleicht haßt er sie, vielleicht liebt er sie, jedenfalls ist er auf sie fixiert wie in einer alten, zerrütteten Ehe. Er hat sich mit ihr gestritten und seinen Burgfrieden geschlossen, die Kräche und Versöhnungen mit ihr waren sein Leben. Nun soll sie auf einmal nicht mehr da sein. Der Verlust der Zentrale ist für ihn und die anderen der Verlust der Spannung, in der sie gelebt und geschrieben haben, der Verlust ihrer Bezüge in jeder Hinsicht.
Was deutsche Intellektuelle an ihren Texten und Auftritten

verlockte, war der Unterton der Selbstbezichtigung – »Mag sein«, um es mit Christa Wolf zu sagen, »der halbbewußten Schläue wegen, deren ich mich schämte.« Das öffentliche Beichten hatte für sich, daß einem das Publikum auch gleich Absolution erteilte, und zwischen Schriftstellern und Lesern entstand die Kumpanei des gegenseitigen Verzeihens. Wie sollte man sonst weitermachen, noch dazu als Mitwisser, woher die Kraft nehmen, den Eingesperrten weiterhin Verzicht und Bleiben zu empfehlen? Sie mußten sich die Bestätigung von außerhalb holen, ihr eigenes Leben gab sie nicht mehr her, denn sie selbst verzichteten nicht und blieben auch immer nur vorübergehend.

Vor allem wollten sie nicht auf das einzigartige Privileg verzichten, das der Kommunismus seinen Schriftstellern verliehen hat, auf das leninsche Prinzip von der »Führung der Unwissenden durch die Wissenden«. Man gehörte zu den geistigen Führern der Nation und mußte nicht einmal lesenswerte Bücher schreiben, man gehörte einfach deshalb dazu, weil einen die Partei zum Schriftsteller ernannt hatte.

Fast müßig ist es, an die Treuebekundungen zu erinnern, mit denen die Zugehörigkeit zum Kreis der »Wissenden« immer wieder erneuert wurde – feste Sicherungen wie Korsett-Stangen, während man gleichzeitig halbkritische Bücher schrieb. Das ist höhere Diplomatie, Diplomatie der Macht, und wenn die führenden DDR-Schriftsteller überhaupt irgendwo zur Meisterschaft gelangten, dann in diesem Metier.

So lebten ihre Bücher vom Zwiespalt, vom Nichtausgesprochenen, von der »Ästhetik des versteckten Zeigens, der verschwiegenen Mitteilung«, wie ein Germanist über Hermlin geschrieben hat. Das schien lange gutzugehen, jedoch am Ende führte die Sprachsubversion zu einem Kollaps, der nichts zurückließ als leere Worthüllen und das lächerliche Pathos alter Schwärmer. Zuletzt besingt noch Stefan Heym den »edlen Blick« der DDR-Bürger, um den er jetzt bangt, er hat sich dabei versehentlich der Lingua Tertii Imperii bedient, weil er die Sprachen deutscher Durchhalte-Literaturen offenbar selbst nicht mehr auseinanderhalten kann.

Ihre westdeutschen Leser folgten geduldig und gläubig den Botschaften von der »Vergangenheitsbewältigung«, von einem besseren Deutschland, von der »Wiederfindung des Subjektiven«, von der »Betroffenheit«. Wir wissen, daß es in der Bundesrepublik alte und neue Nazis gibt, Bedrückendes und Ungerechtes, Umweltzerstörung, Machtmißbrauch und Korruption. Nur war nicht ganz einzusehen, warum die Belehrung darüber aus einem Staat kommen mußte, der sich unterderhand in ein Schattenreich verwandelt hatte, und von Schriftstellern, die ihm die Treue hielten bis zum Schluß.

Anderswo haben Schriftsteller die Reformbewegungen angeführt oder, wie in der Sowjetunion, seit 20 Jahren vorausgedacht. Auch viele Leser der DDR hofften auf ein klärendes Wort von ihren Großschriftstellern, doch es kamen nur sentimentale Reminiszenzen an den Staatssozialismus, an Gefahren, die draußen lauern, an das »Bleibende« und »Bewahrenswerte« des Ancien régime. Und noch später, in Heyms Beschreibung von den Tagen der Mauer-Öffnung, die unfreiwillige Enthüllung dessen, was ihnen vor Augen schwebte: »Grabbeltische«, »Begrüßungsgeld«, »List und Tücke«, »Strategen«.

Sie waren, zwischen Macht und Literatur, ein Leben lang auf der Suche nach dem, was sie eigentlich sein wollten. Schriftsteller? Oder doch lieber um jeden Preis, wie Christa Wolf verklärend in »Kassandra« schreibt, »zum Palast gehören«? Es war übrigens keiner. Und sie selbst keine Seherin.

Die Welt, 12. Mai 1990

ULRICH GREINER

Mangel an Feingefühl

Das ist ja ein Ding: Die Staatsdichterin der DDR soll vom Staatssicherheitsdienst der DDR überwacht worden sein? Christa Wolf, die Nationalpreisträgerin, die prominenteste Autorin ihres Landes, SED-Mitglied bis zum letzten Augenblick, ein Opfer der Stasi? Sie berichtet es uns in ihrer neuen Erzählung. »Ende der siebziger Jahre«, so teilt der Verlag uns mit, sei sie »wochenlang« überwacht worden. Aufgeschrieben habe sie den Text 1979, überarbeitet »im Herbst 1989«. Wann genau? In diesem Herbst ist viel passiert, da kommt es auf das Datum an. Christa Wolf ist ein bißchen genauer. Am Ende der Erzählung steht: Juni-Juli 1979/November 1989.

Nun gut. Was will die Dichterin uns damit sagen? Will sie sagen: Die Stasi war so blöde, daß sie sogar eine Staatsdichterin bespitzelt hat? Oder will sie sagen: Seht her, ihr armen, von der Stasi um Ansehen und Zukunft gebrachten Mitbürger und ehemaligen Genossen, auch ich wurde überwacht, auch ich war ein Opfer, ich bin keine Staatsdichterin, ich bin eine von euch?

Das Unglück will es, daß wir inzwischen sehr viel über die Stasi wissen, daß wir sozusagen täglich mehr über diesen monströsen Apparat erfahren, über seine Rolle als Staat im Staat und über die Opfer, manchmal waren es Leichen, über die er hinwegging. Daran gemessen ist die Nachricht, Christa Wolf sei »wochenlang« überwacht worden, einigermaßen komisch. Es mag zwar die Tatsache, daß damals ein Wartburg mit drei jungen Staatssicherheitsbeamten vor ihrer Wohnung in der Ostberliner Friedrichstraße stand, durchaus lästig und vielleicht bedrückend gewesen sein, aber wäre es nicht richtiger gewesen, eingedenk des wirklich lebensbedrohenden Terrors der Stasi, über diese Bagatelle stillschweigend hinwegzugehen? Vor allem jetzt? Denn der 9. November ist doch mindestens in dieser Hinsicht eine historische Wasserscheide. *Davor* wäre die Publikation dieses Textes eine Sensation gewesen, die sicherlich das Ende der Staatsdichterin Christa Wolf und vermutlich ihre Emigration zur Folge gehabt hätte. *Danach* ist die Veröffentlichung nur noch peinlich. Peinlich wie ihr Parteiaustritt zu einem Zeitpunkt, der keine Risiken mehr barg.

Christa Wolf erzählt uns, wie sie am Bahnhof Friedrichstraße vorbeigeht, »in dem die Umwandlung von Bürgern verschiedener Staaten, auch meines Staates, in Transitäre, Touristen, Aus- und Einreisende vollzogen wurde«. Sie sagt uns, sie habe »den Argwohn« gegen diese »Objekte« lernen müssen (und meint offenbar die Amtsgebäude staatlicher Kontrolle), sie habe begriffen (und nun bitte genau hinhören), »daß sie alle dem Herrn gehörten, der unangefochten meine Stadt beherrschte: der rücksichtslose Augenblicksvorteil«.

Ist das nicht schön gesagt? Ja, es ist dieser angenehme Christa-Wolf-Sound, diese flaue Unverbindlichkeits-Melodie in der apart formulierten Sprache, es ist diese für Christa Wolf typische Unschärfe-Relation zwischen der wirklichen Welt, die als ferne Ahnung herüberschimmert, und der poetischen Welt ihrer Texte. Aus dieser Unschärfe-Relation hat sie schon immer ästhetischen Mehrwert geschlagen, nur war der Mehrwert noch nie so gering und so schäbig erkauft wie in diesem Text. Erkauft durch vorgebliches Nichtwissen, durch sträflich naives Erstauntsein. Denn hat nicht, soweit müßte Christa Wolf doch ihren Brecht kennen, das Verbrechen Namen und Anschrift? Der »Herr«, der ihre Stadt beherrscht, hat einprägsame Namen: Vopo, Stasi, SED. Sie weiß es, und sie schreibt »der rücksichtslose Augenblicksvorteil«. Und was heißt »Umwandlung von Bürgern«? Sollen wir auch diese Wendung als Mittel ironischer Distanzierung betrachten? Eine miese Ironie, die von »Umwandlung« spricht, wo es die Wahl gab zwischen Ausbürgerung und Ausreiseverbot.

Aber mißachten wir nicht, wenn wir so mit Christa Wolf ins

Gericht gehen, ein elementares Gebot, das wir schon im Proseminar gelernt haben? »Was bleibt« nennt sich Erzählung, soll also Literatur sein, Fiktion, die wir nicht verwechseln sollten mit einem wahrheitsgetreuen Bericht. In der Tat: Der vorliegende Text vermeidet jede Konkretion. Weder von Stasi ist die Rede noch von Berlin. Terror findet statt. Aber kein Ort, nirgends. Eine Frau, offenbar Schriftstellerin, allein in ihrer Wohnung. Der Mann befindet sich einer Operation wegen im Krankenhaus. Und auf der Straße vor dem Haus drei Männer in einem Auto, Tag und Nacht, wartend, Kaffee trinkend, Bockwürste kauend. Das ist die Situation.
Ein literarischer Stoff, in der Tat. Zwar haben wir ihn schon häufiger gelesen, aber das macht nichts. »Nur keine Angst.« So beginnt die Erzählung. Viel später wird die Frau von sich sagen: »Ich - habe - Angst.« Dazwischen sagt sie: »Also nun mal der Reihe nach, und keine Hektik.« Das sagt sie noch zweimal. Wir begreifen: Die Frau gerät in Panik. Wir begreifen noch mehr. Auf Seite 26 heißt es: »Ich hatte schon ziemlich lange nicht mehr geweint.« Auf Seite 43 lesen wir: »Ich weinte.« Es bleibt uns nichts erspart. Das etwa wären die dramatisch-literarischen Höhepunkte dieser »Erzählung«. Inhaltlich gibt es noch eine kleine Steigerung: Die Autorin soll eine Lesung abhalten. Die Geheimpolizei hat den Saal mit Spitzeln besetzt, das Publikum vor dem Gebäude, so berichtet man es der Autorin später, wird mit Gewalt auseinandergetrieben. Wie so oft nutzt Christa Wolf auch hier den scheinbaren Vorteil der Fiktion, nämlich im Ungefähren bleiben zu dürfen, und beansprucht zugleich die Dringlichkeit der harten Fakten. Nein, es hat keinen Zweck, so zu tun, als wüßten wir nicht, wer da spricht und wovon er spricht. Es ist Christa Wolf, es ist der SED-Staat. Sie entdeckt auf einmal, erfährt es am eigenen Leib, daß es das wirklich gibt: Terror und Repression. Als hätte sie nicht längst gewußt, daß Lesungen kontrolliert, daß Leser und Autoren drangsaliert, daß harmlose Bürger überwacht und inhaftiert wurden. Niemand verlangt von ihr, daß sie diese ihr offenbar spät zuteil gewordene Erkenntnis hinausposaunt. Sie hätte ja leicht Unterkunft im Westen finden kön-

nen. Sie ist dageblieben, hat am Projekt des Sozialismus festgehalten. Ein Irrtum, den ihr niemand vorwerfen darf, denn auch wir (das heißt, von wenigen Ausnahmen abgesehen, die Literaturkritiker) haben uns geirrt, und das mit geringerem Einsatz und mit geringeren Risiken.

Unbegreiflich aber bleibt, daß sie jetzt, zehn Jahre danach, ein solches Getöse um traurige Geläufigkeiten veranstaltet. Gleich am Anfang heißt es: »In jener anderen Sprache, die ich im Ohr, noch nicht auf der Zunge habe, werde ich eines Tages auch darüber reden.« Von dieser »neuen, freien Sprache« schwärmt sie insgesamt fünfmal, und sie fragt sich: »Wieviel Zeit will ich mir noch geben?« Wir kennen die Antwort: bis zum November 1989. Immer wieder verblüfft sie uns mit ihrer Entwaffnungstechnik, indem sie alle Einwände schon gegen sich selber vorbringt: »Mein beschämendes Bedürfnis, mich mit allen Leuten gut zu stellen.« Oder: »Mit simplen Selbstbezichtigungen würde ich diesmal nicht davonkommen.« Wohl wahr.

Ach ja, diese anmutige Melancholie Christa Wolfs, diese zarte Entsagung! Der Tag beginnt, sie tritt ans Erkerfenster, »durch das zwar keine Morgensonne hereinfiel, denn es war ein sonnenarmes Frühjahr, aber doch Morgenlicht, das ich liebe, und von dem ich mir einen gehörigen Vorrat anlegen wollte, um in finsteren Zeiten davon zu zehren«. Kennen wir das nicht? Wie klang es in der Erzählung »Sommerstück« (1989): »Ein Alleinsein würde kommen, gegen das wir einen Vorrat an Gemeinsamkeiten anlegen wollten.«

Hier begegnen wir der inneren Logik des Wolfschen Erzählens. Es ist die altbekannte machtgeschützte Innerlichkeit, die sich literarische Fluchtburgen baut. Das erklärt zugleich den ungeheuren Erfolg Christa Wolfs: Sie ist die Malerin des Idylls. Mit süßer Wehmut beschwört sie die Natur (»Sommerstück«) oder das unbeschädigte Leben (»Störfall«, 1987) oder die Wonnen eines leckeren Frühstücks (»Was bleibt«). Das Idyll aber gewinnt seine Leuchtkraft erst vor dem schwarzen Himmel. Allgegenwärtig lauert eine dunkle Gefahr, die nirgends konkret und namhaft gemacht wird. Dagegen stimmt

Christa Wolf ihre trauten Gesänge an, und Lieder im finsteren Wald klingen allemal eindrucksvoller als auf dem Marktplatz. Sie singt ja immerzu: Volkslieder aller Art, auf der Wiese, unter der Dusche, im Garten. Märchen fallen ihr ein. Und das summt so schön und leuchtet so schön, wenn diese kleinen Inseln flüchtiger Glückseligkeit in einem Meer grauer Melancholie schwimmen. Und insofern ist die Publikation dieses Textes doch nicht unbegreiflich. Sie entspricht dem literarischen Kalkül Christa Wolfs, einer Autorin, die sprachliche Intelligenz mit schwermütiger Sentimentalität zu paaren weiß. Das kommt gut an.

Es ist ja nicht so, daß es keine deutschen Schriftstellerinnen gäbe, die so gut schreiben könnten wie Christa Wolf. Mir fallen Katja Behrens oder Keto von Waberer ein, vergleichsweise unbekannt natürlich, denn ihnen fehlt die real existierende Bedrohlichkeit, die Christa Wolf ebenso virtuos wie verlogen literarisch immerzu verwertet hat. Jetzt aber rückt ihr die Stasi auf die Pelle. Da schrumpft das Idyll auf das Erkerfenster zusammen. Da wächst das Rettende nicht mehr. War Christa Wolf vordem als Staatsdichterin wirklich machtgeschützt, so erlebt sie nun, wie die Macht sich gegen sie kehrt: »Ich – habe – Angst.«

Ein trauriger Fall. Ein kleines Kapitel aus der langen Geschichte »Deutsche Dichter und die Macht«. Mut zu haben ist schön, aber niemand darf verurteilt werden, ihn haben zu müssen. Daß Christa Wolf diesen Text in der Schublade behielt, ist ihr gutes Recht. Daß sie ihn jetzt veröffentlicht, verrät einen Mangel nicht an Mut, denn Gefahren drohen keine mehr, sondern an Aufrichtigkeit gegen sich selbst und die eigene Geschichte, einen Mangel an Feingefühl gegenüber jenen, deren Leben der SED-Staat zerstört hat.

Die Zeit, 1. Juni 1990

VOLKER HAGE

Kunstvolle Prosa

Ihr ist nichts vorzuwerfen. Sie hat nie ein Amt bekleidet, sie hat sich nie danach gedrängt, in einem Verband den Vorsitz zu führen, sie hat sich nicht einmal um die Rolle beworben, die Grand Lady der Literatur zu werden. Sie ist berühmt geworden, weltberühmt. Durch öffentlich Auftritte? Durch politische Parolen? Durch üble Nachrede? Nein, nur durch eines: durch ihre Arbeit, durch die Literatur.

Christa Wolf wurde zur wichtigsten Schriftstellerin der DDR und so - nolens volens - zu einer moralischen Instanz. Wo sie las, waren die Säle voll, wenn sie auf Fragen antwortete, lauschte das Publikum begierig, wenn die Menschen nicht weiterwußten, schrieben sie ihr Briefe. Sie hatte keine Antworten zu bieten. Aber sie ließ Fragen zu. Und sie selbst öffnete sich immer mehr dem Fragen, auch und gerade in ihrer Literatur. Die »richtigen Fragen«, heißt es in dem neuen (alten) Prosatext »Was bleibt«, erkenne man daran, »daß sie einem außer Schmerz auch eine gewisse Befriedigung bereiteten«.

Einige Worte über Christa Wolf und ihre Rolle in der DDR, ein paar Überlegungen zu ihrem Werk sind angebracht, bevor ich auf diese Erzählung eingehe. In der berühmten Rede »Öffentlichkeit als Partner« - sie entstand 1958 - wies Max Frisch auf ein Problem hin: »Plötzlich soll man etwas zu sagen haben, bloß weil man Schriftsteller ist.« Und weiter: »So rächt sich die Öffentlichkeit dafür, daß wir sie angesprochen haben!« In der Tat, ein Paradox: Ausgerechnet der Schriftsteller, der doch ein unsicherer Kantonist ist, der die direkten Aussagen scheut, der lieber umschreibt und umkreist, dessen Domäne das Fragen, die Andeutung, die Aussparung ist, er, der

Schwierigkeiten mit der Sprache und dem Sprechen hat (warum sonst sollte er schreiben, vor allem: immer wieder schreiben?) – er ausgerechnet soll dazu taugen, in schwieriger Zeit den Weg zu weisen, sich klar auszusprechen, die richtige Parole des Tages zu finden?

Das mag ja vorkommen. Es hat in unserem Kulturkreis mehr als einmal die bewunderungswürdige Doppelbegabung gegeben oder den noch bewunderungswürdigeren Sprung über den eigenen Schatten. Ich klage an! Ich greife ein! Ich fordere! Gut, daß es diese Reden und Zeitungsartikel, diese Debatten und Beiträge zum politischen Geschehen gibt, die in den besten Beispielen um so vieles luzider sind als alles, was die Politiker, Redenschreiber und, ja, Journalisten zuwege bringen. Aber kann man, darf man deshalb einen Schriftsteller danach beurteilen, ob ihm derlei gelingt oder nicht?

Daß Dichter im Alltag keineswegs immer die Heldenrolle spielen, daß sie für Ideologien anfällig, für Versprechungen zugänglich sind, das weiß man doch nicht erst seit dem Abbau der Mauer. Was man auch wissen kann: daß die Schriftsteller in ihren Texten oft um vieles klüger als im Leben sind – in ihren literarischen Texten nämlich. Und um die geht es.

Seit Ende der sechziger Jahre (seit »Nachdenken über Christa T.«) entstand ein großes, großartiges erzählerisches Mosaik mitsamt Ergänzungen und Randglossen, das auf stille, oft still verzweifelte Art mit den Verhältnissen in der DDR zu tun hat. Doch es wäre klein gedacht von diesem Werk der Christa Wolf, es hieße dessen Rang völlig zu unterschätzen, wollte man die Texte lediglich auf Einblicke ins Getriebe dieses Staates hin lesen.

Zu lesen ist ihre Prosa vielmehr im Zusammenhang mit der internationalen Literatur unseres Jahrhunderts, im Sinn etwa des fundamentalen Satzes von Octavio Paz: »Der Schriftsteller spricht nicht vom Nationalpalast, vom Volksgerichtshof oder von den Büros der Zentralkomitees aus; er spricht nicht im Namen der Nation, der Arbeiterklasse, der Parteien. Er spricht nicht einmal im Namen seiner selbst: das erste, was ein wahrhaftiger Schriftsteller tut, ist, an seiner Existenz zu zweifeln.

Literatur beginnt, wenn einer sich fragt: wer spricht in mir, wenn ich spreche?«

Diese Frage, und keine andere, ist es, die (von den Anfängen abgesehen) das Werk der Wolf im Innersten zusammenhält – und immer wieder aus der Form bringt, über die Grenzen treten läßt. »Wer spricht?« so lautet die Frage gleich zu Beginn des erfundenen Treffens von Kleist und der Günderrode (»Kein Ort. Nirgends«) – eine Antwort auf diese Frage findet sich in dem großartigen Buch nicht. Es kann sie nicht geben, weil ein organisierendes Ich in Zitaten, Überschneidungen, Anverwandlungen gewissermaßen *aufgehoben* ist. »Unentschieden war, ob ich – wer: ich? – wieder aufsteigen würde«, so spricht die Seherin aus Troja (»Kassandra«). »Alles, was ich habe denken und empfinden können, ist über den Rand der Prosa hinausgetreten«, so heißt es im »Störfall« – ein Titel, der mehr meint als allein die Atomkatastrophe von Tschernobyl. »Auffallend ist«, so lautet die warnende Formel im »Kindheitsmuster«, »daß wir in eigener Sache entweder romanhaft lügen oder stockend und mit belegter Stimme sprechen. Wir mögen wohl Grund haben, von uns nichts wissen zu wollen (oder doch nicht alles – was auf das gleiche hinausläuft).«

Wie unbeschwert naiv dagegen die Forderung, da müsse sich nun endlich jemand bekennen, von sich sprechen und Niederlagen offenlegen! Im Prosawerk (und in Essays und Gesprächen) geht es seit den Tagen der »Christa T.« bei Christa Wolf um nichts anderes als um die »Schwierigkeit, ich zu sagen« – und um die »Unfähigkeit, die Dinge so zu sagen, wie sie sind«. Also doch? Gewiß ist da auch der Mut gefordert, über die Bedingungen im eigenen Land zu reden, doch die Frage im »Störfall«, »ob ich nicht seit langem schon diejenigen Bilder, die in mir auftauchten, greller und gegen mich selbst rücksichtsloser hätte beschreiben müssen«, ist die Frage einer Literatur, die sich mit Fiktionen, mit Verkleidungen nicht mehr abfinden will – nicht etwa ein spezifisches DDR-Problem, sondern eines moderner Prosa schlechthin. »Die Abneigung gegen das Erfinden zum Zwecke der Selbst-Schonung kann wachsen bis auf den Punkt, da sie unüberwindlich wird und die Selbstachtung davon abhängt, daß man mit offenem Visier vor die Leser tritt«, schrieb Christa Wolf 1975 über Max Frisch.

Wie erklärt sich der weltweite Erfolg? In Amerika, Japan, Schweden – überall Leser, die sich all die Jahre für nichts brennender interessiert hätten als für die Probleme des angeblich real existierenden Sozialismus? Das kann wohl nicht sein. Christa Wolf hat früh damit begonnen, die thematische Hinwendung zu Problemen des Schreibens durch einen entschiedenen Zugriff auf den Alltag aufzulockern und dieser Hinwendung durch Öffnung ins Autobiographische die theoretische Schwere zu nehmen. Das beginnt – zunächst noch versteckt – schon in den sechziger Jahren, parallel zu den ersten Büchern: in kurzen Prosastücken wie »Dienstag, der 27. September« oder »Juninachmittag«.

Der Verlauf weniger Stunden, eines einzigen Tages wird geschildert – und das sich in diesem Zeitraum bewegende und verändernde Ich mit seinen flüchtigen Gedanken, raschen Gesprächen, Erinnerungen und Assoziationen: ein Ich, das sich nur mühsam seine Identität buchstabiert. Der »Störfall« (Untertitel: »Nachrichten eines Tages«) gehört hierher, mit Einschränkungen auch »Kein Ort. Nirgends« – und nun »Was bleibt«, jene Erzählung, die Christa Wolf im Sommer 1979 geschrieben, im November 1989 überarbeitet hat und die in der nächsten Woche erscheinen wird.

Endlich also: Was ist davon zu halten? Um mit dem zur Zeit vielleicht Uninteressantesten zu beginnen: Das ist eine wunderbare, kunstvolle Prosa. Hier gelingt (was im »Störfall« bisweilen mißriet): das sanfte Ineinander von Tageslauf und Bedrohung, von Alltag und Ausnahme. Die Situation: Eine Schriftstellerin, unverkennbar Christa Wolf, wird überwacht, auffällig überwacht. Vor ihrer Wohnung parken Autos, darin jeweils »zwei, drei kräftige, arbeitsfähige junge Männer in Zivil, die keiner anderen Beschäftigung nachgingen, als im Sitzen zu unserem Fenster herüberzublicken«.

Schon am Morgen nach dem Aufwachen der Sog zu diesem Fenster hin. »Übrigens standen sie nicht da.« So fängt das im

Text an, so raffiniert inszeniert sich diese Erzählung, als wollte sie sich nicht unterkriegen lassen. Später stehen *sie* doch da. »Es war neun Uhr fünf.« Hilflose Suche nach Geborgenheit im Blick auf die Uhr, Zeit: das einzige noch funktionierende Ordnungssystem. Einmal hat die Ich-Erzählerin gewunken, die anderen betätigten die Lichthupe; einmal wurde eingebrochen, es soll gar nicht verheimlicht werden. »Auffälliges Vorhandensein« sei das, erklärt tröstend ein Freund, der sich auskennt: die erste Stufe des Stasiterrors.

Wie diese Bewachung das Ich verändert, es aufzulösen droht, das ist es, was diese Geschichte erzählt – und was sie über den bloßen Bericht von einer Überwachung hinaushebt. Und so fügt sich »Was bleibt« wie ein fehlendes Mosaiksteinchen in die erzählerische Welt dieser Autorin. Was nicht heißen soll, daß das kurze Prosastück etwa nicht taugt als präzise Beschreibung einer historischen, einmaligen Situation (deren Nähe zum Terror der Gestapo deutlich genug ausgesprochen wird): Ganz im Gegenteil, gerade die Konzentration auf den einen, den eigenen Fall macht diese Prosa mustergültig. Wie da ein Mensch unfähig (gemacht) wird, vertrauliche Briefe zu schreiben, unverstellt am Telephon zu sprechen, den Tagebüchern ungeschützte Formulierungen anzuvertrauen – das wird unaufgeregt, aber eindringlich und unerbittlich festgehalten. Auch die heimliche Kumpanei, der verquere Stolz auf die aufwendige Bewachung, die ja auch Beachtung ist: »Eitelkeit, Zorn, Enttäuschung und Selbstmitleid«. Kein selbstausgestelltes Ruhmesblatt, kein Heldenbericht: »Was bleibt« zeigt ein Ich in seiner Hilflosigkeit und Ratlosigkeit.

So weit die Prosa. Nun werden manche fragen, war sie, die Autorin, denn hilflos? Und warum erscheint das Buch erst jetzt? Wird es dadurch nicht entwertet, verliert es nicht an Brisanz? Daß Christa Wolf nicht in den Westen gegangen ist (eine Entscheidung, die sie sich schwergemacht hat, wie man aus Reden und Gesprächen weiß), dafür gibt es manche, wie ich finde, akzeptable Gründe. Daß sie nichts im Westen veröffentlichen wollte, was nicht auch in der DDR erscheinen konnte, ist für mich schon schwerer zu verstehen (das Risiko, das sie einge-

gangen wäre, allerdings schlecht einzuschätzen). Gut - aber die Qualität eines Textes hängt wohl nicht von seinem Erscheinungstermin ab? Vielleicht hätte es das Buch früher geben können. Schön, daß es jetzt endlich da ist.
Was also wirft man Christa Wolf vor? Daß sie trotz aller Erfahrung (selbst der Bespitzelung) noch zu den gläubigen Sozialisten zählt, ihre zweiflerische, unentschiedene, widersprüchliche Haltung, das Ängstliche und Tastende? Das eben ist zugleich der Boden, auf dem ihre Literatur entstanden ist. Christa Wolf hat nun einmal auf diese Weise die Entwicklung zu einer großen Schriftstellerin erlebt. Ihrer literarischen Texte seit »Christa T.« muß sie sich nicht schämen, ebensowenig ihrer theoretischen Überlegungen oder Essays. Wenn jetzt, in Anspielung auf den Titel ihrer nachgereichten Erzählung, gefragt werden sollte: Was bleibt von Christa Wolf?, so kann sie dem gefaßt entgegensehen. Besser allerdings wäre die Frage: Was wird von Christa Wolf noch kommen?

Die Zeit, 1. Juni 1990

FRANK SCHIRRMACHER

»Dem Druck des härteren, strengeren Lebens standhalten«

Auch eine Studie über den autoritären Charakter: Christa Wolfs Aufsätze, Reden und ihre jüngste Erzählung »Was bleibt«

Sechs Bücher von und über Christa Wolf sind seit dem November 1989 erschienen. Gesammelte Essays und Reden, Briefe, Aufsätze, eine Erzählung, eine Festschrift - im Augenblick, da die DDR untergeht, scheint ihre berühmteste Dichterin präsent wie nie zuvor. Doch mit dem Ende des Staates hat sich auch der Gegenstand des Interesses gewandelt. Man kann sich diesen Publikationen nicht zuwenden, ohne die beunruhigende und in vielem exemplarische Biographie dieser Schriftstellerin zu betrachten.

Sie erhielt die höchsten Auszeichnungen, die DDR und Bundesrepublik an Schriftsteller zu vergeben haben. In der DDR galt sie als die angesehenste Autorin des Landes. Als einzige zeitgenössische deutschsprachige Autorin wurde sie im Osten wie im Westen mit Beifall bedacht. Amerikanische Hochschulen verliehen ihr seltene akademische Würden. Ihr Wort hatte Gewicht, konnte Funktionäre und Minister stützen, die Öffentlichkeit mobilisieren und erreichte ohne Umwege selbst den Generalsekretär der Partei.

Das sind Daten einer Erfolgsgeschichte, auch wenn man zugibt, daß ihr schriftstellerischer Rang weit überschätzt wird und mehrere ihrer Bücher jetzt schon vergessen sind. Doch Christa Wolf interessiert nicht als künstlerischer Fall. Die Fakten verschweigen die ungewöhnliche Ambition, die diese Karriere von Anfang an begleitet hat und der sie bis zuletzt, noch bis einen Tag vor Öffnung der Mauer, gehorcht hat: Christa Wolf war die einzige Intellektuelle, die die geistige Souveränität und Selbständigkeit der anderen deutschen Republik zu bezeugen schien. Als sie am 8. November 1989 über Fernsehen, Rundfunk und Presse den Bürgern fast flehentlich zurief:

»Bleiben Sie doch in Ihrer Heimat, bleiben Sie bei uns!«, da waren dies aufgeregte, aber nicht überraschende Worte. Im Grunde hat sie von Anfang an, seit der 1963 erschienenen Erzählung »Der geteilte Himmel«, zum Bleiben aufgefordert, und sie hat das, was ein an Minderwertigkeitsgefühlen und Rivalitätskomplexen leidendes Regime von ihr erwartete, wohl auch über Jahrzehnte und bis zum Schluß als wirklichen Auftrag empfunden: die DDR zu retten.

Im Rückblick wirkt es makaber, daß ihre literarische Biographie mit einer Mutmaßung beginnt, die sechsundzwanzig Jahre später als politische Katastrophe über die DDR hereinbrechen wird. Christa Wolfs erstes Buch, »Der geteilte Himmel«, handelt von der Republikflucht und davon, daß es anstrengender und schwieriger, aber auch ehrenvoller und süßer ist, im sozialistischen Vaterland auszuharren. Die Erzählung, die sie über Nacht berühmt machte, beschreibt die unglückliche Liebesgeschichte von Manfred und Rita: Manfred glaubt nicht an den Sozialismus und begeht Republikflucht; Rita hätte die Chance, ihm zu folgen, aber sie bleibt in der DDR. Die Wahl zwischen Ost und West ist schon im Verlauf des Romans fiktiv. Denn kurz nach Manfreds Flucht, der sich bald schon Vorwürfe macht, »dem Druck des härteren, strengeren Lebens nicht standgehalten zu haben«, wird die Mauer gebaut. Der Staat muß sich davor schützen, daß ihm die Menschen davonrennen. Am Tag des Mauerbaus versucht Rita, sich das Leben zu nehmen. Im Zeichen dieses »Fluchtversuchs« ist die ganze Erzählung der Genesungsprozeß eines in der DDR gebliebenen Menschen.

»Wenn er hier geblieben wäre, und sei es durch Zwang: Heute müßte er ja versuchen, mit allem fertig zu werden. Heute könnte er ja nicht mehr ausweichen.« Dieser unscheinbare Satz protokolliert, ohne daß die Autorin es ahnte, die gnadenlose Wirklichkeit einer dreißig Jahre lang eingesperrten Gesellschaft. Es ist kein Zufall, daß sie die Flucht vor dem totalitären Zugriff, die Angst vor Gefängnis und Verfolgung als ein »Ausweichen« umschrieb, geradeso, als handele es sich bei dem stacheldraht- und minenbewehrten Staat nur um eine be-

sonders sensible Variante der machtgeschützten deutschen Innerlichkeit. Denn vieles spricht dafür, daß Christa Wolf jahrelang die Abneigung ihrer Bürger gegen den Staat als Ausdruck einer allgemeinen Lebenskrise deutete, bei der die Flucht nur ein irrationaler Reflex auf eine psychische Verweigerung war.
Nahezu dreißig Jahre später taucht dieses Erklärungsmuster wieder auf. Anfang November 1989 verspricht der Appell Christa Wolfs denen, die in der DDR bleiben, »kein leichtes, aber ein nützliches und interessantes Leben«, »keinen schnellen Wohlstand, aber Mitwirkung an großen Veränderungen«, den »Aufbau einer wahrhaft demokratischen Gesellschaft« – kurz: all das, was sich schon Rita im »Geteilten Himmel« versprach. Und wiederum läßt die Sprache ahnen, daß sie diese Flucht nicht für das hält, was sie ist, nämlich für Verzweiflung, sondern für ein feiges »Ausweichen« derjenigen, die den Wohlstand und die Freiheit dem härteren und strengeren Leben vorziehen. Das ist die immer wiederkehrende Behauptung. »Die Fruchtbarkeit unserer Gesellschaft für die Literatur«, so äußert sie 1964, »scheint mir nicht darin zu bestehen, daß sie es ihr leichter macht; nicht darin, daß sie ihr abgeschliffenere oder kleinere Konflikte anbietet; sondern darin, daß sie neuartige Konflikte produziert, produktive Konflikte.« Mit dieser Begründung wird sie bis zuletzt das Leben im sozialistischen Staat rechtfertigen. Christa Wolf scheint nicht einmal zu ahnen, daß diese Konflikte keine Literatur sind und daß die sozialistische Unterdrückung nicht mit einem gruppentherapeutischen Selbsterfahrungszirkel bekämpft werden kann.
Doch sprach sie ohne demagogische Absicht. Vielmehr äußerte sich schon damals jene Mischung von Illusionsbereitschaft, Wunschdenken und bigotter Zustimmung, die es fraglich erscheinen läßt, ob Christa Wolf überhaupt jemals begriffen hat, daß sie in einem totalitären System lebte. »Lebendige Auseinandersetzung«, »konstruktive Konflikte«, »produktive Widersprüche«, »notwendige Streitgespräche« und wie die Phrasen sonst heißen mögen, mit denen sie jahrelang immer wieder den Konfrontationen auswich – sie lassen vermuten, daß die

Geschichte von Manfred und Rita mehr war als ein literarischer Einfall. Christa Wolf hat, so scheint es, über die Gesellschaft der DDR, über das System, seine Unfähigkeit zur Freiheit und zum Recht, stets nur in den sentimentalen Kategorien einer privaten Beziehungskrise mit all ihren weitreichenden Schuldkombinationen reflektieren können. Von den Revolutionstagen des Jahres 1989 wußte sie denn auch vor allem zu berichten, daß sich »wildfremde Menschen auf der Straße zulächelten« und man sich vorkam, als befinde man sich »in Brechts Stück von der Pariser Kommune«.

Christa Wolf hat wie viele andere Intellektuelle ihrer Generation ein familiäres, fast intimes Verhältnis zu ihrem Staat und seinen Institutionen aufgebaut. Wie für viele andere hatte dies vielleicht auch mit den in der Tat gewaltigen Privilegien zu tun, die das System der ihm ergebenen und nützlichen Intelligenz einräumte. Aber die Intensität der Bindung läßt sich durch Privilegien alleine nicht erklären. Das Verhältnis war auch von Repressionen und Zurückweisungen bestimmt und schien gerade darin seine demonstrativen Bewährungsproben abzugeben. So hat sie sich nicht nur freiwillig selber zensiert, in der Bundesrepublik und in der DDR zwei Versionen des gleichen Buches erscheinen lassen. In einem bemerkenswerten Redebeitrag im Jahre 1975 hat sie, unbewußten Regungen folgend, den Sachverhalt so dargestellt, als müsse zunächst der Zensierte sich Rechenschaft von seiner Haltung ablegen und nicht etwa jene, die Zensur üben. Goethe, so berichtet sie, habe den »Tasso« auch erst nach Jahrzehnten aufführen können. »Er hat sich auch nicht siebzehn Jahre lang ergrimmt, ist böse umhergegangen und hat gesagt: Ich kann den ›Tasso‹ nicht aufführen!... Man kann leicht sagen: Jetzt werde ich die aber strafen, jetzt mache ich nichts mehr. Viel schwieriger ist etwas anderes: produktiv bleiben und gerecht.«

Nichts unterstreicht ihre Haltung deutlicher, als daß ihr in einer zentralen Frage gesellschaftlicher Freiheit nur die Trotzreaktion in den Sinn kommt, mit der der Zensierte, wie ein Kind seine Eltern durch beleidigtes Verstummen, die Behörden strafen könne. Auf den ahnungslosen Betrachter wirkt

dies – wie fast alles, was sie aus der DDR berichtet – wie ein Genrebild häuslichen Friedens. Man streitet sich zwar, aber man ist auch unter sich und weiß Bescheid, läßt sich jedenfalls »nicht auf Dauer entmutigen von meist vorübergehenden Dummheiten, die auftreten und die auch zeitweise sehr mächtig sein können, auch bösartig«.
Tatsächlich spricht denn auch alles dafür, daß sie unfähig war, die moderne Gesellschaft als kompliziertes System konkurrierender Gruppen zu verstehen. Sie hat die Gesellschaft, in der sie lebte, allem Anschein nach immer nur als größere Variante der kleinbürgerlichen, autoritär aufgebauten Familie verstanden. Seine Familie kann man sich nicht aussuchen, man bleibt selbst dann ihr Mitglied, wenn man mit ihr bricht, und die Loyalitäten, die sie fordert, sind rational nicht begründbar.
Die Paradoxie liegt darin, daß Christa Wolf, wie so viele andere Intellektuelle ihrer Generation, eben dies tat: sie wählte die authentische, bürgerliche Familie ihrer Herkunft gleichsam ab und ersetzte sie durch den Staat und seine bedingungslosen Treueforderungen. Die Ursache dieser Fixierung lag in dem Selbstverständnis des SED-Staates selber: Er war nach den Erfahrungen der Nazi-Zeit angetreten, ein für allemal das bessere Deutschland zu werden. Alles Selbstbewußtsein und aller Anspruch auf moralische Gefolgschaft, den das Regime zwei Generationen lang erhoffen konnte, kam aus der Katastrophenerfahrung des Nationalsozialismus.
Christa Wolf gehört zur mittleren Generation der DDR. Sie war, anders als Stephan Hermlin, Franz Fühmann oder auch Anna Seghers, zu jung, um im Nazi-Staat eine wirklich politische Haltung einnehmen zu können. Sie war aber alt genug, um entscheidende Prägungen zu erhalten. Deutet man ihre vielfach dunklen Anspielungen richtig, dann hat sie starke Schuldgefühle entwickelt, die sich in unverbrüchlichen Loyalitäten gegenüber jenen alten Kommunisten äußern, die sich in den Gefängnissen, den Konzentrationslagern oder in der Emigration befanden. Es ist gewiß keine übertriebene Psychologisierung, wenn man vermutet, daß die mit einem ganzen Volk schuldhaft sich verstrickt wissende junge Frau in den Protago-

nisten des neuen Regimes wirkliche Helden und neue Väter sah, die das verworfene Volk und sie selber wieder annahmen. Sie hat denn auch im Zusammenhang mit dem Ende des Krieges kaum zufällig davon gesprochen, daß sie zu einer Generation ohne leibliche Eltern gehöre.

Der Prozeß, in dem Schuldgefühle wie Erlösungshoffnungen sich mischen, hat einer ratlosen Generation Erlösung, moralische Kompensation, neue Väter verschafft, mit deren Hilfe man die verlorene Integrität zurückzugewinnen hoffte. Anders als fast alle mitteleuropäischen Intellektuellen von Rang, die die grausamen Züge eines Stalin und seiner Statthalter seit Mitte der fünfziger Jahre durchschauten und sich in ihrer Mehrheit künftig nie wieder mit dem sozialistischen Regime identifizierten, blieben viele junge ostdeutsche Intellektuelle auch nach dem 17. Juni auf seiten des Staates. Bezeichnenderweise trug der zynische Aufruf, mit dem der Deutsche Schriftstellerverband am 17. Juni 1953 die Aufständischen als Kriegstreiber und undankbare Söhne der Sowjetarmee beschimpfte, die Überschrift »Wie ich mich schäme!«.

Familienverhältnisse von Anfang an. Scham, Schuld, Wiedergutmachung – diesen Imperativ und die Einsicht in die Konsequenz der ungeheuren Verbrechen scheint in Ost und West jene Generation am tiefsten verinnerlicht zu haben, die das Dritte Reich noch als Jugendliche erlebt hat. Das Schlüsselwort, mit dem Christa Wolf immer wieder politische Sachverhalte interpretiert, heißt denn auch »Generation«. Es hat in allen ihren Essays und all ihren Romanen und Erzählungen eine zentrale Bedeutung, und man darf in ihren wiederholten Beteuerungen, daß gerade ihre Generation die historische Bedeutung des ersten sozialistischen deutschen Staates erfaßt habe, eine unbewußte Ahnung von den fragilen, fast individuellen und unwiederholbaren biographischen Voraussetzungen der sozialistischen Loyalitäten sehen. Tatsächlich hat schon die nächste Generation, sobald sich ihr die Chance dazu bot, das System unbarmherzig zerstört. »Eine schwer beschädigte Identität«, so erklärte sich Christa Wolf im Februar 1990 die unbewußten Antriebe der jungen Leute, die in den Westen gingen, »will sich an einer wirklich oder scheinbar intakten Identität halten und stärken«. In Wahrheit hat gerade diese Generation ihre eigene Identität gefunden; Christa Wolf sprach von sich selbst.

Auch in den Momenten der Selbsterkenntnis verhüllt ihre Sprache wieder alles, was das Gewissen freigibt: jene Mischung aus Selbstlosigkeit und folgenloser Selbstbezichtigung, die noch im Schuldbekenntnis die Märtyrerhaltung sucht und mit der die gleiche Generation auch in der Bundesrepublik vierzig Jahre lang den Widerstand gegen Hitler nachholte. Die Attraktion, die Christa Wolf im Westen besaß, hatte ohne Zweifel mit dieser gesamtdeutschen Rhetorik zu tun, die noch den Besetzern eines Feldwegs die Aura des Widerstandskämpfers verlieh und die Herkunft aus dem protestantischen Gemeindehaus nie verleugnen konnte. Es ist nicht unbegreiflich, daß der Roman »Kindheitsmuster«, die verständnisvolle Darstellung des kleinbürgerlichen Milieus zur Zeit des Dritten Reichs, in West wie Ost bei einem bestimmten Leser-Typus so ein außerordentlicher Erfolg wurde.

Doch jener öffentliche Mut, der in der Bundesrepublik fast immer folgenlos blieb, stand in der DDR vor seinem Offenbarungseid. Denn in Wahrheit war das Verhältnis des Intellektuellen zum SED-Staat in vielem eine fast tragikomische Wiederholung der Fehler von einst, und jene »Strukturen«, von denen man in aller Unklarheit so gerne sprach, lebten hier vor aller Augen greifbar fort. Gewiß entbehrte das System jener entfesselten, zerstörerischen und dämonischen Energien, die das Dritte Reich in einem Mordrausch untergehen ließen. Gewiß war es im Vergleich zum Nazi-Staat das kleinere Übel, aber ein Übel, das die Menschen zur Verzweiflung brachte, war es doch. Auffallend ist, daß jene autoritäre Struktur des Charakters, die oft nichts anderes war als Opportunismus und die man den Intellektuellen von Kaiserzeit und Drittem Reich attestierte, hier ungebrochen fortwirkte – so sehr, daß die vierzig Jahre DDR das längst abgeschlossen geglaubte Unglücksverhältnis des deutschen Intellektuellen mit der Macht bis in die Gegenwart fortschrieben.

So hat Christa Wolf das couragierte Verhalten gegenüber den Institutionen des Staates, das die Rhetorik versprach, öffentlich nie demonstriert, obgleich bei dem wachsenden Ruhm das Risiko für die Schriftstellerin außerordentlich gering gewesen wäre, die Chance, etwas zu bewirken, aber vermutlich nicht ganz aussichtslos. Daß sie oft schwieg, hat nicht nur damit zu tun, daß sie von Anfang an die Interessen des anderen deutschen Staates zu ihrer Sache gemacht hat, sondern auch mit der zwanghaften Angst, dem ideologischen Gegner zu dienen. Die Konsequenz war, daß es weder zum Aufstand vom 17. Juni noch zum Mauerbau, weder zum Einmarsch in die Tschechoslowakei und in Afghanistan noch zum Kriegsrecht in Polen oder überhaupt zur Sache der mitteleuropäischen Dissidenten buchenswerte Äußerungen von ihr gibt.

Immerhin hat sie sich dem Protest gegen die Ausbürgerung Wolf Biermanns angeschlossen und dafür Nachteile in Kauf genommen. Doch sind bis heute die Gerüchte nicht verstummt, daß sie sich später in einem Akt der Unterwerfung einer Selbstkritik unterzogen hat. Nichts ist davon bekannt, daß sie das Spitzel- und Terrorisierungssystem der Staatssicherheit, den Schießbefehl, die jahrzehntelange Einmauerung des Landes kritisiert hätte. Sie hat den Kampf zwischen Zensur und Selbstzensur mit Worten wie »Gerangel« belegt, geradeso, als gelte es auch hier den Familienfrieden zu bewahren. »Es hindert doch keiner einen, zu schreiben«, hat sie denn auch einmal mit gouvernantenhaftem Beschwichtigungseifer auf entsprechende Klagen von Schriftstellern geantwortet. Ihre Freunde verließen das Land und siedelten in den Westen über, sie blieb allein, leidend, Erinnerungen aufzeichnend, und spielte nicht zufällig die Rolle einer düsteren, unverstandenen, doch die Wahrheit sagenden Kassandra.

Sie war einst angetreten, die geistige Souveränität der sozialistischen Gesellschaft und die Entwicklung einer zweiten deutschen Kultur zu demonstrieren – nun blieb sie dieser Berufung bis zuletzt, noch als Prophetin des Unheils, die alles schon immer kommen sah, treu. Bei den Leipziger Montagsdemonstrationen hat man sie auch zu der Zeit nicht gesehen, als dort noch nicht von Einigkeit die Rede war. Ohnehin schwieg sie im Herbst 1989 lange Zeit sehr vernehmlich. Auch auf Appelle westlicher Medien, sich zu äußern, hat sie nicht reagiert. Erst als ihre Tochter im Umkreis der Demonstrationen vom Oktober mißhandelt wurde, beschwerte sie sich telefonisch bei Erich Honecker. Daß sie bei der Demonstration auf dem Alexanderplatz, wo sie den Begriff »Wendehals« prägte, sich selbst als eine von vielen Betrogenen und mit keinem Wort auch als Repräsentantin des Systems darstellte – immerhin war sie von 1963 bis 1967 Kandidatin beim ZK der SED –, berührt merkwürdig. Im November 1989 gab sie bekannt, daß sie »im Sommer« aus der SED ausgetreten sei, ließ aber das genaue Datum im dunkeln.

Angesichts ihrer Biographie stellt sich ein zweites Mal in der Geschichte dieses Jahrhunderts die Frage, wie blind Denken und Tat, Literatur und Welt füreinander sein können. Man hat mit Recht darauf hingewiesen, daß der Nazi-Staat die intellektuelle Klasse nicht zuletzt durch suggestive Kategorien wie Ordnung, Preußentum, nationale Selbstzucht auf sich verpflichten konnte. Um so erstaunlicher, daß die Dienstverpflichtung der Intellektuellen trotz dieser Erfahrung noch einmal gelang: Sozialismus, Solidarität, schöpferischer Widerspruch, das waren nur andere Worte für Unterwerfungs- und Gleichschaltungsprozesse. Gewiß läßt sich, anders als bei Hitler, nicht von einem »tödlichen Versagen« des Geistes reden, denn dazu war die verbrecherische Energie bei jenem gewaltiger und die Vernichtungsspur verheerender. Aber ein Versagen war es ohne Zweifel. Es überrascht nicht, zu jenem berühmten, Gerhart Hauptmann zugeschriebenen »Ich sage ja!« ein Äquivalent auch hier zu finden: in einer Anzeige des »Neuen Deutschland« vom Jahre 1972 sagt Christa Wolf »Ja!« zur neuen Verfassung – nicht zuletzt, um einer, wie es sinngemäß heißt, ihr faschistisches Antlitz immer deutlicher zeigenden Bundesrepublik zu begegnen.

Wußte sie wirklich bis zum Schluß nicht, in welcher Tradition sie sich befand? Ahnte sie nie, daß sie zu dem wurde, was sie doch als großes Haßbild immer wieder mit Unverzeihen strafte, der versagende Intellektuelle im Angesicht totalitärer Herrschaft? Einmal zumindest hat sie sich doch erklärt, und zwar bezeichnenderweise in ihrer Dankrede zur Verleihung des Geschwister-Scholl-Preises vom November 1987. »Mir scheint, daß vielen Angehörigen meiner Generation... von ihren frühen Prägungen her der Hang zur Ein- und Unterordnung geblieben ist, die Gewohnheit, zu funktionieren, Autoritätsgläubigkeit, Übereinstimmungssucht, vor allem aber die Angst vor Widerspruch und Widerstand, vor Konflikten mit der Mehrheit und vor dem Ausgeschlossenwerden aus der Gruppe.« Genauer kann man es nicht sagen.

Das sozialistische Regime hat Freiheit, Rechtlichkeit, Demokratie, kurz: den Geist verachtet. Keinem mitteleuropäischen Schriftsteller und Künstler ist dies entgangen. Keinem der relevanten Autoren der DDR ist das entgangen; viele haben die Konsequenz gezogen und dem Regime so oder so den Rücken gekehrt. Andere, wie Stephan Hermlin, haben ohne jede Rücksicht auf die Realität dem militanten Kommunismus ihrer Jugendzeit gehorcht, das System verteidigt und den Flüchtlingen Drohungen und Verwünschungen hinterhergerufen. All dies hat Christa Wolf nicht getan. Ihre Leidensmiene ließ viele Deutungen zu: nie wußte man in den letzten Jahren, ob sie am Sozialismus, am drohenden Atomkrieg oder an der flächendeckenden Stasi-Überwachung litt. War es Furcht vor dem globalen Zusammenbrechen, angesichts dessen die tägliche Repression in der DDR nur eine Lappalie war? Nur wegen dieser Unklarheiten, wegen der Allgemeinheit ihrer Trauer und ihrer Ängste konnte sie zum Träger aller möglichen Erwartungen und Hoffnungen werden – vom Feminismus über Umweltschutz und Friedensbewegung bis hin zum Eurokommunismus.

Pünktlich zum Ende des SED-Staates publiziert Christa Wolf nun eine Erzählung mit dem Titel »Was bleibt«, die eigentlich 1979 geschrieben, aber erst jetzt, gleichsam als erste gesamtdeutsche Veröffentlichung, zum Druck gebracht wird. 1979 wurde ihr Haus rund um die Uhr vom Stasi bewacht. Die Autorin beschreibt das Trauma dieser Überwachung. Zum er-

stenmal taucht in ihrer Prosa die Staatssicherheit auf, die Angst vor dem totalitären Staat.
Dieses Buch, das eine Verfolgungsangst schildert, hätte vor zehn, ja vor fünf Jahren der Staatssicherheit wohl Schaden zufügen können. Jetzt ist es bedeutungslos, anachronistisch und hat Züge des Lächerlichen. »Eine Geschichte des schlechten Gewissens«, so schreibt sie an einer Stelle, »wäre einzubeziehen in das Nachdenken über die Grenzen des Sagbaren; mit welchen Wörtern beschreibt man die Sprachlosigkeit des Gewissenlosen, wie geht, fragte ich mich, Sprache mit nicht Vorhandenem um, das keine Eigenschaftswörter, keine Substantive an sich duldet...«
Befremdlich genug. Wenn eine Diktatur zu Ende ist, reden die Beteiligten nicht von Schuld und Mitverantwortung, sondern von der Notwendigkeit einer neuen Sprache. Vor der Gewissensnot in die diffusen Räume des Unsagbaren zu flüchten, das war allerdings schon die Übung der vom Nationalsozialismus belasteten Intellektuellen der Nachkriegszeit - Wiederholungszwang der Geschichte.
Dieses neue Buch Christa Wolfs ist nicht nur literarisch apokryph, es ist eine apokryphe Widerstandshandlung und damit wieder jenem nachgeholten Widerstandsethos der Bundesrepublik sehr nahe. Es ist sentimental und unglaubwürdig bis an die Grenzen des Kitsches. Über die Stasi-Bewacher, die sie von ihrem Fenster aus beobachtet, heißt es etwa: »Suchte ich nicht nur nach Vorwänden, jene vielleicht doch nicht eigenschaftslosen jungen Männer aus meinem Mitgefühl auszustoßen, weil sie mich aus dem ihren ausgestoßen hatten? ... Meine neue Sprache, dachte ich gegen mich selbst, müßte auch von ihnen sprechen können, wie sie sich jeglicher Sprachohnmacht annehmen sollte.« Jedermann erkennt: dies alles sind Sätze des Jahres 1989, nicht des Jahres 1979. So redet nicht, wer ständiger Observation durch ein undurchsichtiges Ministerium ausgesetzt ist. So redet, wer sich mütterlich der Verwundungen der DDR-Gesellschaft annehmen möchte - die Rolle wohl, die sich Christa Wolf für die Zukunft vorgenommen hat.
Wie weit kann folgenlose Selbsbezichtigung gehen? »Wir,

angstvoll doch auch, dazu noch ungläubig, traten immer gegen uns selber an, denn es log und katzbuckelte und geiferte und verleumdete aus uns heraus, und es gierte nach Unterwerfung und Genuß. Nur: die einen wußten es, und die anderen wußten es nicht.«

»Was bleibt« ist ein Buch des schlechten Gewissens. Das »nie sich abnutzende Schuldgefühl« der Autorin wächst angesichts von Kaffee, selbsteingekochter Konfitüre und Schwarzbrot (»Luxus! Luxus! dachte ich wie jeden Morgen«). Vergangenheitsbewältigung und Opfertum aus der Wohnküchensicht: »Ich setzte Wasser auf. Das mea culpa überlassen wir mal den Katholiken. Wie auch das pater noster. Lossprechungen sind nicht in Sicht.«

Aber die Schriftstellerin Christa Wolf bekommt Schuldgefühle nicht nur beim Kaffeekochen. Sie hat sie bei der jungen Dichterin, die um Hilfe bittet, sie spürt sie beim Gang durch die Stadt, sie empfindet sie bei der Lesung, wo sie glaubt, kritischen Fragen ausweichen zu müssen, um die Menschen vor sich selber zu schützen. Sie sieht ihr Schreiben allen Ernstes, und übrigens in schlechtem Deutsch, als eine Art halber Republikflucht: »Jeden Tag sagte ich mir, ein bevorzugtes Leben wie das meine ließe sich nur durch den Versuch rechtfertigen, hin und wieder die Grenzen des Sagbaren zu überschreiten, der Tatsache eingedenk, daß Grenzverletzungen aller Art geahndet werden.«

Genauer konnte sie ihre eigene Wirklichkeitsferne nicht ausdrücken. Und nichts kennzeichnet die Paradoxien dieser Schriftstellerin deutlicher als die Umstände dieser Veröffentlichung selber: »Was bleibt« ist ein Buch aus dem Jahre 1979, das im Jahre 1989, wie es heißt, »überarbeitet« wurde. Was da überarbeitet wurde, wissen wir nicht; doch gerade, daß es im dunkeln bleibt, macht dieses bislang letzte Buch der bekanntesten Schriftstellerin der DDR so ungemein symbolisch. Seine schmale Wahrheit ist schon die überarbeitete Fassung von Wahrheit. Sein Mut ist schon die revidierte Form von Mut. Seine Selbstbezichtigungen sind schon die korrigierte Form von Selbstbezichtigungen.

Was aber tatsächlich bleibt, ist ein weiteres Kapitel in dem sehr deutschen Traktat von Gedanke und Tat und eine trübselige Fallstudie in der Schule des »verführten Denkens«. Liebgewonnene Legenden, auch der westdeutschen Identität, sind zerstört. Daß der Schriftsteller nach der Erfahrung des Nationalsozialismus über eine stabile, antiautoritäre, kritische Gesinnung verfüge, die sich im Zweifelsfall bewährt, ist die Nachkriegslegende vieler deutscher Schriftsteller, Künstler und Gelehrter. Der exemplarische Fall Christa Wolf lehrt nicht nur, daß die Prägung nie überwunden wurde. Er lehrt auch, wie perfekt der Intellektuelle sich über die Wirklichkeit betrügen kann. Wer dies erkennt, muß von unserer routinierten geistigen Praxis alarmiert sein. Es spricht manches dafür, daß viele von dem zweiten totalitären Sündenfall im zwanzigsten Jahrhundert nichts wissen wollen. Sie scheinen, wie das Schicksal Christa Wolfs zeigt, nicht einmal zu begreifen, daß er sich ereignet hat.

Frankfurter Allgemeine Zeitung, 2. Juni 1990

Mord im Feuilleton?

Eskalation des Streits

Die Reaktionen auf Greiners und Schirrmachers Artikel vom 1. und 2. Juni 1990 ließen nicht lange auf sich warten. In den folgenden Wochen erschien eine bald kaum mehr überschaubare Flut von Stellungnahmen. Auch die Zeitungen aus der Provinz und noch der *Bayernkurier* sahen sich dazu aufgefordert, den Fall Christa Wolf zu kommentieren. Ein Streit war initiiert, von dem sich in der BRD und der sich auflösenden DDR kaum ein Intellektueller unberührt zeigte.

Wolfram Schütte war einer der ersten, die öffentlich reagierten. Er schrieb am 8. Juni in der *Frankfurter Rundschau* von einem »Eil-Verfahren beim Umgang mit der DDR-Literatur«, das der »menschlichen, politischen und ästhetischen Komplexität« des Phänomens nicht gerecht werde (siehe S. 112). Dem Artikel Schüttes folgte eine Vielzahl von Stimmen, die Christa Wolf gegen ihre Kritiker vehement verteidigten oder sich zumindest über die Art der Kritik empört zeigten. Gewichtigen Beistand erhielt sie von prominenten Opfern des stalinistischen Systems. Lew Kopelew, der 1945 in der Sowjetunion zu zehn Jahren Straflager verurteilt, 1956 rehabilitiert, 1968 aus Partei und Schriftstellerverband ausgeschlossen und 1981 ausgebürgert worden war, schrieb einen offenen Brief an die *Zeit,* die *FAZ* und die *Welt,* den die *taz* am 14. Juni veröffentlichte (siehe S. 117). Die Form eines offenen Briefes wählte später auch Walter Janka, der 1957 in einem Schauprozeß – bei dem sich die damalige Präsidentin des Schriftstellerverbandes Anna Seghers durch ihr Schweigen schuldig machte – zu fünf Jahren Zuchthaus verurteilt, 1960 vorzeitig entlassen, doch erst nach dem Sturz Honeckers rehabilitiert worden war. Der Brief ist auf den 24. August 1990 datiert und erschien im

Oktoberheft der Zeitschrift *europäische ideen.* Christa Wolf sei zu groß, als daß sie einer Verteidigung bedürfe, erklärt er hier. »Keiner von denen, die sie beschuldigen oder angreifen, kann ihr literarisch oder moralisch das Wasser reichen. Und warum verschweigen alle ihre ›Kritiker‹, daß Frau Wolf schon scharfe Kritik an dem mißbrauchten SED-Staat übte, als noch Herr Kohl dem Herrn Honecker einen aufwendigen Staatsempfang bereitet hat – und die SPD-Führung mit den miserabelsten SED-Politbüro-Mitgliedern über Verständigung und Zusammenarbeit in schöner Harmonie konferierte?« Auch in der DDR diskutierten viele »Wendehälse« darüber, ob ihre Erzählung zur »Unzeit« gekommen sei. »Und in der vergangenen Nacht haben sie stehend dem Untergang der DDR in der ›Volks‹-Kammer applaudiert. Ich kann mich diesem Applaus und Jubelgeschrei nicht anschließen. Eine reformierte DDR, frei von korrupten Bonzen, wäre als Alternative zur Bundesrepublik für unsere Menschen und für die Wahrung des Friedens in Europa besser gewesen als eine neue großdeutsche Republik.«
In den ersten Reaktionen auf die Artikel Greiners und Schirrmachers wurden deren Schärfe und Schonungslosigkeit vielfach noch überboten, und zwar auf beiden Seiten. Günter Grass benutzte am 16. Juni 1990 die Einleitung einer Rede im Berliner Reichstag anläßlich der konstituierenden Sitzung des »Kuratoriums für ein demokratisch verfaßtes Deutschland« dazu, seine Empörung über die »Hinrichtungsvorbereitungen« zu äußern, die ihm »als Rituale der Kulturszene geläufig« seien und mit denen diesmal Christa Wolf »fertiggemacht werden« sollte. Die Rede wurde am 30. Juni in der *Frankfurter Rundschau,* später in der Zeitschrift *europäische ideen* und der folgende Auszug auch im *Neuen Deutschland* vom 11. Juli abgedruckt: »Dabei sind die professionellen Strickedreher in der Regel nette, allzeit schreibfertige Enddreißiger bis Mittvierziger, denen ideologische Verführung ernsthaft nie widerfahren ist; vielleicht haben sie im Stichjahr achtundsechzig versuchsweise ein wenig mit der Mao-Fibel gewedelt, doch dann schrieb das Leben ihnen Karriere vor. Und nun urteilen sie,

urteilen eine große Schriftstellerin ab, deren Bücher Gewicht haben, weil aus ihnen gebrochene Existenz spricht, weil ihr Thema von der Verführung durch Ideologie bestimmt wird. Christa Wolf hat lange gebraucht, um sich von einer Partei zu lösen, die mir immer zuwider gewesen ist. Dieser erklärte Gegensatz hindert mich nicht, heute an ihrer Seite zu stehen, wissen wir doch, wie althergebracht in Deutschland mit Schriftstellern verfahren wird: die Strickedreher betreiben eine Zunft mit Tradition. Wenn aber die Einigung Deutschlands mit Hinrichtungen eingeleitet werden soll, wird sie sich ohne Schriftsteller vollziehen müssen.«

Wenige Tage vor dieser Rede fand in Potsdam ein von der Bertelsmann-Stiftung veranstaltetes Kolloquium zum Thema »Kulturnation Deutschland« statt. Dort sahen sich etliche Protagonisten des Streits in einem Raum versammelt. Walter Jens sprach von einer »großen Treibjagd«, vom »Halali« der (anwesenden) Kritiker Christa Wolfs; das Großwild sei zum Abschuß freigegeben; das »Spruchkammer-Denken« aus der Entnazifizierungskampagne nach 1945 werde nun auf die Intellektuellen und Bürger der DDR übertragen (siehe S. 167). Christa Wolf selbst konstatierte, sie sei bisher nur im *Neuen Deutschland* einer solchen »Hetzkampagne« ausgesetzt worden. Stefan Heym unterstützte seine Kollegin mit der Bemerkung, er sei amerikanischer Nachrichtenoffizier gewesen und wisse daher, wie man solche Kampagnen organisiere.

Spätestens in Potsdam eskalierte die Auseinandersetzung um Christa Wolf zu einem Streit, in dem sich die Intellektuellen der »Kulturnation Deutschland« mitten im Prozeß der politischen Vereinigung so gespalten wie lange nicht zeigten. In Potsdam wurde deutlich, so Ulrich Greiner in seinem Bericht in der *Zeit* vom 22. Juni 1990, »daß es gerade noch die deutsche Grammatik ist, die prominente Intellektuelle der DDR mit der Kultur der Bundesrepublik verbindet. Zwischen den Denkmustern, Mentalitäten und historischen Erfahrungen stehen Mauern, die einzureißen mehr Mühe kostet als die jetzt begonnene Beseitigung der Mauer in Berlin.« Der Feuilleton-Redakteur der *FAZ* Jens Jessen hatte schon am 16. Juni

in seinem Bericht über die Potsdamer Tagung eine von langjährigen Erfahrungen in der Diktatur geprägte Mentalität dafür verantwortlich gemacht, daß die Kritik an Christa Wolf von DDR-Intellektuellen nur als »Verschwörung« oder »Kampagne« begriffen werden konnte: »Tatsächlich scheinen mehr als vierzig Jahre Erfahrungen mit einer Diktatur einen Argwohn zu schärfen, der den Gedanken an Zufälle verbietet und bis hin zum Verfolgungswahn in jeder Kritik nur Strategien der Bedrohung zu sehen vermag. Christa Wolf und Stefan Heym kommen aus einer Welt, in der Kritik eine Existenz vernichten konnte; und manches spricht dafür, daß sie in dieser Welt noch immer leben. Um das zu verstehen, muß man sich nur daran erinnern, wie die Hatz auf Wolf Biermann, die später zu seiner Ausbürgerung führte, 1965 mit einer ganzseitigen Kritik Klaus Höpckes im *Neuen Deutschland* eröffnet wurde.«
Als Kampagne und Verschwörung begriffen indes auch Schriftsteller, die nicht in der Diktatur groß geworden waren, die diversen Angriffe auf Christa Wolf. In Potsdam zeigte sich, daß jetzt ebenso zwischen westdeutschen Intellektuellen Mauern existierten, die eine Verständigung untereinander kaum noch zuließen. Der kulturelle Riß lief im sich vereinenden Deutschland nicht nur der alten Grenze zwischen Ost und West entlang, sondern kreuz und quer durch die Bundesrepublik. Die in Potsdam anwesenden und heftig attackierten Kritiker Ulrich Greiner und Frank Schirrmacher sowie der ihnen sekundierende Jens Jessen sahen durch »Tötungsmetaphern« (Schirrmacher) wie »Treibjagd« und »Hetzkampagne« das Recht auf Kritik, die westliche Meinungsfreiheit und die Offenheit einer pluralistischen Gesellschaft infrage gestellt. Vehement wandten sie sich gegen die »Leichtfertigkeit, mit der hier der kritische Geist einer pluralistischen Öffentlichkeit mit geheimdienstlichen Lenkungsmechanismen oder der Parteipresse eines totalitären Staates in eins gesetzt wurde« (Jessen); gegen den »Versuch, die Verhältnisse im demokratischen Westen gleichsam als die andere DDR, als Unfreiheit mit anderen Mitteln erscheinen zu lassen« (Schirrmacher); und gegen die Lächerlichkeit, »daß auf dieser Potsdamer Tagung die

DDR-Autoren Christa Wolf und Rainer Kirsch von Zensur sprechen, aber damit *nicht* meinen, daß Bücher in der DDR nicht erscheinen durften und Kollegen das Land verlassen mußten«, sondern »daß Texte von ihnen im Westen von schlampigen oder absichtsvollen Redakteuren und Lektoren hie und da gekürzt worden sind.« (Greiner)
Greiner und Schirrmacher berichteten, daß ihnen das Recht auf ihre Kritik mit dem Argument streitig gemacht würde, sie hätten die Verhältnisse in der DDR nicht miterlebt, sie »seien unbelehrt über die Schwierigkeiten des Lebens und des Schreibens in der Diktatur« (Greiner), sie verhielten sich wie verhinderte Widerstandskämpfer. Schirrmacher hielt dem die rhetorischen Fragen entgegen: »Muß man seine Bewährungsprobe als Widerstandskämpfer abgegeben haben, um über den SED-Staat zu urteilen? Muß man dabei gewesen sein? Und wie steht es dann mit jenen Urteilen, die man jahrelang hierzulande über China und Chile, über Kambodscha und Südafrika hörte?«
Die gescholtenen Kritiker Christa Wolfs reagierten ihrerseits mit einer Ausweitung des Streits, der jetzt immer weniger um sie geführt wurde, sondern vor allem um den angemessenen Umgang mit der kulturellen Vergangenheit des zusammenbrechenden SED-Staates. Für Greiner und Schirrmacher wurde gerade auch die Tagung in Potsdam zum exemplarischen Fall für die mangelnde Bereitschaft, sich mit einem totalitären Erbe in der Weise auseinanderzusetzen, wie es die linke Intelligenz im Blick auf den Nationalsozialismus über Jahre hinweg gefordert hatte. »Auffallend« fand es Schirrmacher, »daß jene, die jahrzehntelang die Bundesrepublik ans totalitäre Erbe erinnerten, nun Verhaltensweisen an den Tag legen, die sie jahrzehntelang attackierten«. Die »Erziehung nach Auschwitz«, von der Adorno schrieb, habe die deutschen Intellektuellen, die so überzeugt von ihren kritischen Fähigkeiten seien, offenbar »nicht dazu befähigt, nun offen über die Verhältnisse in der kriminellen DDR zu reden«. In Potsdam habe man sich eher mit den Tätern und Mitläufern des SED-Regimes solidarisch gezeigt als mit den Opfern. Die im Saal Versammelten

hätten nicht gelacht, konstatierte Greiner, »als der frühere Literatur- und Zensurminister Klaus Höpcke, den einzuladen Bertelsmann die Schamlosigkeit besaß, schamlos den Autoren Wolf und [Rainer] Kirsch beisprang. Es war kein Zufall, daß nicht einer der aus dem Lande gejagten oder gegangenen Autoren, heißen sie Biermann oder Kunert, in dieser Halle der neuen deutschen Eintracht saß.«

Der Schlagabtausch zwischen den Kritikern Christa Wolfs und den Kritikern dieser Kritik wiederholte sich zu gegebenen Anlässen. Anfang Juli 1990 sah sich das deutsche PEN-Präsidium zu einer offiziellen Erklärung zum Streit veranlaßt. In einem kritischen Kommentar dazu zitiert Johannes Willms in der *FAZ* vom 4. Juli folgende Passage: »Das Präsidium des PEN-Zentrums Bundesrepublik Deutschland begrüßt engagierte und scharfe Diskussionen unter den Schriftstellern beider deutscher Staaten, verwahrt sich aber zugleich gegen jene selbstgerechte moralische Abqualifizierung, die in zahlreichen Feuilletons mittlerweile modisch geworden ist als Spielart eines postmodernen McCarthyismus. Im Sinne seiner Charta verweist das PEN-Zentrum darauf, daß leidenschaftliche Kritik und Toleranz, harte Sachdebatte und Urbanität einander nicht ausschließen, sondern bedingen.« Mit Hinweisen auf McCarthy hatten schon am 25. Juni in Antworten auf eine Umfrage der *Süddeutschen Zeitung* Rainer Kirsch vom Schriftstellerverband der DDR und Herbert Heckmann von der Akademie für Sprache und Dichtung in Darmstadt die Kritik an Christa Wolf disqualifiziert. »Ich weiß nicht«, schrieb Heckmann, »woher bundesrepublikanische Kritiker die moralische Souveränität haben, um in dieser McCarthy-Manier die Schriftsteller in der DDR zu verfolgen.« In einer *Zeit*-Glosse vom 13. Juli zur Erklärung des PEN-Präsidiums nannte Ulrich Greiner dieses »dumm und dämlich« und sah sich, um die Absurdität solcher Vergleiche zu belegen, zur Erklärung genötigt, was »McCarthyismus« war: »Der republikanische Senator Joseph Raymond McCarthy wurde 1953 Vorsitzender jenes Ausschusses, der Bürger vorladen und ihrer politischen Ansichten wegen verurteilen durfte. Die Verweigerung der Aussage wurde mit Gefängnisstrafen geahndet. Es handelte sich also um die legislativ sanktionierte Einschränkung der Meinungsfreiheit auf dem Höhepunkt des amerikanischen Antikommunismus.«

Daß mit dem Streit um Christa Wolf immerhin ein neuer Höhepunkt deutscher Aggression gegen die intellektuelle Linke erreicht wurde, geht besonders deutlich aus einem Bericht der *FAZ* vom 28. November 1990 über das Erich-Fried-Symposion in Wien hervor. Was in den Artikeln Schirrmachers eher zwischen den Zeilen zu lesen war, nennt sein Redakteur Jens Jessen hier ganz offen beim Namen. Sein Bericht ist die Beschreibung eines Kampfes, an dem er selbst in der Diktion eines Kriegsberichterstatters teilnimmt: »Der öffentliche Kampf um Einfluß und Ansehen, den die deutsche Linke seit Öffnung der Mauer führen zu müssen glaubt, ist offenbar in die Phase eines verbitterten Rückzugs geraten.« In Wien hätten sich »die Getreusten der Getreuen um den toten Helden der politisch engagierten Literatur« geschart, um Erich Fried. »Die Schriftsteller und die Restauration« hieß das Thema des Symposions. Walter Jens erklärte hier dem Bericht zufolge die deutschen Feuilletons zu »Hauptanwälten der Restauration«. Und Adolf Muschg, der die Angriffe auf die DDR-Autoren mit der *FAZ*-Position im Historikerstreit in Verbindung brachte, beklagte in seiner Rede, die am 8. Dezember 1990 in der *Frankfurter Rundschau* abgedruckt wurde, »die einigermaßen bestürzende Bereitschaft in den deutschen Feuilletons zu treten und nachzutreten«. Jessens Kommentar dazu ist vor allem deshalb aufschlußreich, weil er sich darüber bewußt ist, daß die Kritik deutscher Feuilletons an den Linksintellektuellen deren eigenes Instrumentarium benutzte. Das Provozierende der »Kritik an linken Autoren« sei vor allem, daß sie sich »eines Arguments bedient, das bis dahin als Privileg der linken Autoren galt: sie hat moralisch und politisch argumentiert, nach der gesellschaftlichen Rolle der Autoren gefragt [...]. Eine Wende hat stattgefunden. Der Vorwurf der Staatstreue, der Anpassung, des autoritären Denkens, der stets nur von links gegen das bürgerliche Lager gerichtet werden durfte, wurde gegen die linken Intellektuellen gewendet.« Dem entsprechend hatte schon, wenn auch auf der anderen Seite der Streitenden, Uwe Koch in der *Volkszeitung* vom 22. Juni 1990 bemerkt, daß Schirrmachers Wolf-Kritik bereits im Untertitel an traditionsreiche Bestandteile der »Kritischen Theorie« anknüpfte, der die intellektuelle Linke in Deutschland so viel verdankte: »Er nennt sein Dossier, das im wesentlichen ein politisches Sündenregister ist, eine ›Studie über den autoritären Charakter‹, eine Tradition zu der berühmten Untersuchung des Frankfurter Instituts für Sozialforschung suggerierend.«

Jens Jessens Artikel hatte den Titel *Mord im Feuilleton.* Das richtete sich ironisch gegen den Vorwurf, Christa Wolf und die DDR-Intellektuellen seien Opfer einer vernichtenden Feuilletonkampagne geworden. Dem hatte auch Ulrich Greiner in seiner Glosse zur Erklärung des PEN-Präsidiums noch einmal widersprochen. Ein Blick ins Zeitungsarchiv könne zeigen, »daß den inkriminierten Kritikern Christa Wolfs ebenso viele Verteidiger gegenüberstanden, teilweise sogar (wie mehrfach in der *Zeit*) im selben Blatt«. Diese Einschätzung spielte indes die überwältigende Medienmacht herunter, die seit Juni 1990 die auch im Westen immer noch hoch angesehene Christa Wolf auf eine für sie und ihre Verehrer verheerende Weise disqualifizierte. Was da ablaufe, so konstatierte Günter Grass in dem *Spiegel*-Gespräch vom Juli 1990 doch wohl mit Recht, »geht über übliche Kritik hinaus und hat durch Massierung den Charakter einer Kampagne« (siehe S. 122). Auf die Seite des Feuilleton-Chefs der *Zeit* und des stets einstimmigen *FAZ*-Feuilletons trat auch noch, etwas verspätet, der *Spiegel.* Hellmuth Karasek schloß sich in dem Heft vom 25. Juni über weite Passagen der polemischen Analyse Schirrmachers an, gab sich jedoch noch vergleichsweise moderat: Christa Wolf sei »weniger eine Opportunistin, kaum eine engagierte Schriftstellerin, mehr eine ins Innerliche emigrierte Autorin« gewesen. Verglichen auch mit seinen Äußerungen im *Literarischen Quartett* zeigte sich Karaseks Kritik an Christa Wolf wenig später, in dem *Spiegel*-Gespräch mit Günter Grass, sehr viel ent-

schiedener. Und auch als das Magazin am 6. August in einem Interview mit Herrmann Kant auf den Fall Wolf zu sprechen kam, nahm es eine Position ein, die ganz auf der Linie der *FAZ* lag. Auch *Die Welt* hakte noch einmal in verschärftem Ton nach: Jürgen Serke schrieb am 23. Juni über die »Beweihräucherer von Leben und Werk der Christa Wolf«, über den »Selbstbetrug der DDR-Intellektuellen«, die »Schande der Intellektuellen in der Bundesrepublik«, und er nannte die Werke der »in Ost und West bestverdienenden Dichterin« das »Gejammer einer Heuchlerin für Heuchler«. Christa Wolf habe nicht wissen wollen, »daß sie einer kriminellen Vereinigung angehörte«. Zwei Tage vorher hatte der *Stern* in die gleiche Kerbe geschlagen. Matthias Altenburg titulierte in dem Heft vom 21. Juni Christa Wolf als »gesamtdeutsche Heulsuse« und als eine »Verführerin, die sich sowohl mit ihren Lesern als auch mit ihren Gegnern gemein macht«.
Die Mehrzahl der Artikel und Rezensionen, die über Christa Wolf und *Was bleibt* in kleineren und regionalen Zeitungen erschienen, schlossen sich der Tendenz nach den Kritiken in der *Zeit,* der *FAZ,* dem *Spiegel,* der *Welt* und dem *Stern* an. So verbreitete zum Beispiel Peter Mohr gleich viermal, in der *Eßlinger Zeitung* vom 16./17. Juni, der *Hannoverschen Allgemeinen Zeitung* vom 28. Juli, der *Rhein-Neckar-Zeitung* vom 4./5. August und, in erweiterter Form, im *General-Anzeiger* vom 28./29. Juli mit dem Hinweis auf den Publikationstermin der Erzählung seine Kritik an der »Märtyrerlegende« und dem »selbstgeworfenen Rettungsring«, mit dem die zuvor staatstragende Christa Wolf sich »wacker in Richtung ›Dissidenten-Ufer‹ freischwimmen« wolle.
Die Verteidiger Christa Wolfs und die Kritiker der Kritik an ihr kamen im Westen Deutschlands vor allem in der *Frankfurter Rundschau* und in der *Süddeutschen Zeitung* zu Wort, zumindest als Interviewpartner auch im *Spiegel.* In der *Welt* erschien immerhin eine Stimme, die Christa Wolfs literarisches, politisches und persönliches Verhalten sehr viel positiver beurteilte als Hans Noll und Jürgen Serke. In ihrem Land, so schrieb Karin Struck – eine der wenigen Frauen, die sich an dem Streit

beteiligten – in der Ausgabe vom 10. November 1990 über die Schriftstellerkollegin, habe man »die Kassiberbotschaften ihrer Werke« gebraucht. »Und mit keiner dieser Arbeiten hat sie das SED-Regime stabilisiert. Im Gegenteil.« Sie habe das Sterben dieses Systems beschleunigt. Es »war Mut, daß sie blieb«. Und die damit verbundenen Konflikte habe sie nie verleugnet. Im gespaltenen *Zeit*-Feuilleton hatte Christa Wolf in Volker Hage schon seit den Anfängen des Streits einen engagierten Fürsprecher. In einem umfangreichen, die Buchmessenbeilage vom 5. Oktober 1990 eröffnenden und die am 3. Oktober offiziell gewordene Einheit Deutschlands bedenkenden Artikel gab er einige Antworten auf Fragen, die den Streit um Christa Wolf in zunehmendem Maße begleiteten. Welchen Wert hatte die »DDR-Literatur« und was bleibt von ihr im vereinten Deutschland? Um den Stellenwert von Hages Antworten einzuschätzen, empfiehlt es sich, sie Karl Heinz Bohrers Glosse *Kulturschutzgebiet DDR?* gegenüberzustellen, die etwa zur gleichen Zeit im *Merkur* erschien. Bohrer, der hier namentlich Frank Schirrmacher und Ulrich Greiner wohlwollend erwähnt, läßt keinen Zweifel daran, daß die DDR-Kultur im vereinten Deutschland des Schutzes nicht wert ist. »Ich glaube nicht, daß die verlorenen Leben und Karrieren der DDR-Intellektuellen zu mehr ausreichen als einer schmerzvollen und notwendigen psychologischen Einzel- oder Gruppenanalyse.« Und direkt auf den Streit um Christa Wolf bezogen heißt es später: »Dem Wehgeschrei über eine westdeutsche Kampagne gegen die berühmte Autorin entspricht die Empörung über Baselitz' salopp-lakonische Bemerkung, Ostdeutschlands Künstler seien alle ›Arschlöcher‹. Damit ist nur ausgesprochen, daß abgesehen von den frühen Dissidenten, Prototyp Penck, keine ostdeutsche Malerei existiert, die es im Rang mit der westlichen aufnehmen könnte.«

Man halte dagegen die Überschrift von Hages Artikel *Da war was, da bleibt was* und den Ton, mit dem er ihn enden ließ: mit einem »Abschied von der DDR« und einem »Willkommensgruß«. Es sei nicht zu vergessen, »daß es eine Reihe hervorragender Schriftsteller gibt, die vor langer Zeit, bis vor kurzem oder bis zuletzt in der DDR gelebt haben [...]. Es ist zu erwarten und zu wünschen, daß diese Autoren auch in Zukunft die deutsche Literatur mitschreiben werden.« Der die Debattenbeiträge der vorangehenden Wochen und Monate abwägende Artikel ging in einer längeren Passage auch auf Christa Wolf ein und versuchte dabei nachträglich einiges zurechtzurücken: »Man wird vielleicht gewisse Mutlosigkeiten von Christa Wolf milder beurteilen, wenn man weiß, wie gerade sie sich in diesem - von heute aus betrachtet - aberwitzigen Kampf verschlissen hat. Vom Bitterfelder Weg führte eben so leicht kein Seitenpfad zum Autor-Ich, keine Brücke vom Sozialistischen Realismus zum künstlerischen Subjekt. Ein Vierteljahrhundert ist es her, daß sich Christa Wolf, damals Kandidatin des ZK, auf einem Plenum des Zentralkomitees der SED für einen Roman des jungen Schriftstellers Werner Bräunig einsetzte und dabei die ketzerische Bemerkung riskierte, ›daß die Kunst sowieso von Sonderfällen ausgeht, und daß Kunst nach wie vor nicht darauf verzichten kann, subjektiv zu sein, das heißt, die Handschrift, die Sprache, die Gedankenwelt des Künstlers wiederzugeben‹. Das Ergebnis: Die Schriftstellerin wurde zwei Jahre später von der Kandidatenliste gestrichen (aber noch heute wird mit dieser Kandidatur gelegentlich die Behauptung begründet, sie sei eine Art Staatsdichterin der DDR gewesen), der Roman von Bräunig erschien nie. Als Christa Wolf 1968 *Nachdenken über Christa T.* veröffentlichte, die literarische Bekräftigung ihres Subjektivitätsanspruchs, spürte sie erst recht den Gegenwind der offiziellen DDR-Kulturpolitik. Das Buch konnte zwar erscheinen, provozierte aber eine Kampagne der DDR-Presse gegen die Autorin; ihre Heldin, hieß es, sei kein sozialistisches Vorbild.«

Bei den Kritikern der Kritik an Christa Wolf war die angemessene Einschätzung ihrer literarischen und politischen Position nur ein Aspekt unter mehreren. Ein zweiter betraf ihre Bedeutung für die Leser und Schriftstellerkollegen in der DDR, ein dritter das angemessene Verständnis ihrer Erzählung, ein vierter den angemessenen Umgang der Westdeutschen mit der DDR-Kultur. Zwei weitere zentrale Aspekte werden in diesem

Band gesondert dokumentiert. Ähnlich wie Volker Hage, Karin Struck und etliche andere betonte Günter Grass in dem *Spiegel*-Gespräch, »welch eine kritische, wenn auch verschlüsselt kritische Funktion Literatur in der DDR hatte, und welche Rolle Christa Wolf in diesem Zusammenhang spielte«. Selbst Hermann Kant, der zu Christa Wolf erklärtermaßen kein gutes Verhältnis hat, meinte in dem *Spiegel*-Gespräch vom 6. August 1990: »Aber ich weiß, daß sie in den Jahren, in denen es schwierig für viele Leute war, diesen Leuten ihre Schwierigkeiten gemindert hat, wo sie konnte.« In einem der ganz wenigen Artikel aus der DDR, die *Was bleibt* literarisch »wenig überzeugend« finden und die in Übereinstimmung mit westlichen Kritikern die Frage stellen, warum Wolf so lange, bis zum Sommer 1989, Mitglied der SED geblieben ist, bescheinigt Sabine Neubert in der *Neuen Zeit* vom 17. Juli 1990 der Autorin doch, sie habe »Wirklichkeiten thematisiert, die es in unserer Gesellschaft nicht geben durfte«, und sie sei mit ihrem Entschluß zum Bleiben »hilfreich« für jene gewesen, die ebenfalls blieben. »Ich entsinne mich an den Tag (wenig vor dem 4. November), als sie ihren Text zu Walter Jankas Lesung in der Erlöserkirche vorlas. Damals erlebte ich, daß mehrere Leute auf der Straße mir - aus purer Angst - den Weg zur Erlöserkirche nicht sagen konnten. Diese Leute sind jetzt besonders anfällig für solche Vorwürfe wie ›Staatsdichterin‹.« Wie die Verfasserin dieses Artikels gehört auch Grass mit seinen vorsichtigen und differenzierenden Äußerungen zu denen, die sowohl gegenüber dem Buch *Was bleibt* als auch gegenüber der Autorin Vorbehalte artikulieren und sie dennoch gegenüber ihren Kritikern verteidigen.

Daß Christa Wolfs »verhältnismäßig schmales Büchlein«, wie Grass konstatiert, »lediglich zum Anlaß genommen« wurde für allgemeinere Anliegen, wird durch die Tatsache bestätigt, daß sich kaum ein Teilnehmer an dem Streit mit der »Erzählung« - warum eigentlich »Erzählung«? - genauer auseinandergesetzt hat. Selbst Volker Hage nicht, obwohl er derjenige ist, der von Beginn an darauf insistierte, nach der literarischen Qualität von Christa Wolfs Werk zu fragen. Kaum einer läßt sich in dem Streit so detailliert und reflektiert auf den literarischen Text ein und dabei auch auf Greiners und Schirrmachers Artikel wie Uwe Koch in der *Volkszeitung* vom 27. Juni 1990. Erst im März 1991 erscheint in den *Weimarer Beiträgen* eine Analyse des in den USA lehrenden Literaturwissenschaftlers Herbert Lehnert, die noch genauer ist und zeigt, was ein wirklich fundierter Streit um diesen perspektiven- und anspielungsreichen Text alles zu beachten hätte. Ein Ergebnis dieser genaueren Lektüre ist schon bei Uwe Koch, daß diese Erzählung kaum als Versuch einer Autorin gelesen werden kann, sich zu rechtfertigen - in dem Tenor: Auch ich bin von der SED verfolgt worden! -, sondern weit eher als Selbstanklage. Der Text, so lautet Kochs Befund, reflektiert mit vollem Bewußtsein einen inneren Konflikt, den Schirrmacher der Autorin »allenfalls auf unbewußter, vorrationaler Ebene« zubilligte. Schirrmacher habe die in der Erzählung artikulierte Selbstkritik der Autorin übernommen und sich dabei »oft nicht einmal die Mühe des Umformulierens« gemacht: » ›Eine Geschichte des schlechten Gewissens‹, schreibt Christa Wolf. ›*Was bleibt* ist ein Buch des schlechten Gewissens‹, entdeckt Schirrmacher. ›Ach scher dich doch zum Teufel mit deiner bigotten Moral‹, ruft sich die Erzählerin zu; Bigotterie wiederholt Schirrmacher.« Koch war allerdings nicht der erste, der mit dem Hinweis auf die literarische Selbstkritik der Autorin deren Kritiker kritisierte. Heimo Schwilk nannte im *Rheinischen Merkur* vom 22. Juni 1990 die Erzählung eine »Bekenntnisschrift«; mit *Was bleibt* gestehe Christa Wolf ein, »als Künstlerin *und* als Mensch versagt, die bedrückende Realität des SED-Staates wortreich zugedeckt statt sein alltägliches Unrecht aufgedeckt zu haben«. Doch kritisiert Schwilk auch den Artikel Volker Hages in der *Zeit* vom 1. Juni 1990, der eine »leichtfüßige Überführung eines Terror-Protokolls ins literarische L'art pour l'art« unternehme und dem Text so die »gesellschaftspolitische [...] Relevanz« abspreche.

Manche mochten es bedauern, daß Christa Wolfs Erzählung zwar zum Anlaß des Streits wurde, doch dabei meist nur oberflächlich gelesen und bald fast ganz aus dem Auge verloren wurde. Seine Bedeutung erhielt der Streit aber gerade, weil sein Gegenstand nicht ein einzelner Text und auch nicht eine einzelne Schriftstellerin blieb. Wie viele andere sah der Feuilleton-Redakteur der Bayerischen Staatszeitung Hans Krieger in den Reaktionen auf *Was bleibt* einen »Testfall für den Umgang mit DDR-Literatur«. Zur Verteidigung der Autorin gibt er am 31. August 1990 zu Bedenken, daß 1989, als Christa Wolf ihren Text überarbeitete, die Entwicklungen in der DDR noch viel offener waren als beim Erscheinen der Erzählung: »Wäre es in jenem Herbst der deutschen Freudentränen nur zur kritischen Selbstreinigung und behutsamen Liberalisierung des SED-Staates gekommen, so wäre Christa Wolfs eher als Selbstbefragung denn als Systemkritik formulierter Bericht über eine Bespitzelung als Teil der zu leistenden Aufklärungsarbeit mit Respekt zur Kenntnis genommen worden.« Krieger plädiert nicht für Tabuzonen oder Schonzeiten, fordert indes von den heute erneut durch die Geschichte begünstigten Westdeutschen einen anderen Beitrag zur Einheit, als ihn die Kritiker Christa Wolfs geliefert haben: »Jetzt nicht das hohe Roß besteigen, sondern sich selber in Frage stellen zu lassen – das wäre der geistige Beitrag der Bundesrepublik zur Wiedervereinigung.«

Schon am 4./5. August 1990 hatte Herbert Riehl-Heyse in der *Süddeutschen Zeitung* mit einer langen Reportage in ähnlichem Tenor zu begründen versucht, »warum wir es uns nicht leisten können, die gesamte DDR-Literatur ins moralische Abseits zu stellen«. Er wies dabei vor allem auch auf die verheerende Wirkung hin, die die Angriffe auf Christa Wolf in der DDR haben mußten: »Wer immer wieder über sich lesen muß, er sei – wie Christa Wolf, die ja nur eine Chiffre ist – allein dadurch schuldig geworden, daß er zuhause geblieben ist und veröffentlicht hat, der fühlt sich irgendwann auch noch moralisch von der Bundesrepublik überrollt, die ohnehin gerade dabei ist, das Land mit bundesdeutschen Zeitungs-Giganten, Parteien und Marlboro-Reklamen zu überziehen. Und er versteht die Welt nicht mehr: Erinnert er sich denn falsch an die zahllosen Schriftstellertreffen zwischen Ost und West, bei denen nie über solche Themen geredet wurde, aber umso mehr über den Nato-Doppelbeschluß, an dem sie sowieso nichts ändern konnten? Ist es denn nicht wahr, daß ungefähr jeder westliche Intellektuelle, mit dem er in den achtziger Jahren geredet hat, seine Hoffnung genau darauf gesetzt hat, daß die besten Köpfe im Lande bleiben und die DDR von innen heraus reformieren? Und jetzt soll jeder, der hiergeblieben ist, ein moralischer Versager sein?«

Kein Wort könne man, so berichtet Riehl-Heyse, »in diesen Tagen öfter hören als das von der ›Kolonialisierung‹ «. Wenn Uwe Koch in der *Hamburger Volkszeitung* vom 22. Juni 1990 - die sich später mit der DDR-Zeitung *Sonntag* zum *Freitag* vereinigte - die Verrisse von *Was bleibt* schon in der Überschrift als *Literaturkritik im Zeichen der Sieger* charakterisierte, dann traf dies zumindest einen Eindruck, den die westdeutschen Angriffe auf Christa Wolf in der ehemaligen DDR hinterließen. Im Oktoberheft der Zeitschrift *neue deutsche literatur* konstatierte Werner Liersch, daß Christa Wolfs Erzählung in den westdeutschen Verrissen »nichts mehr als eine Stasi-Geschichte« sei. An der DDR interessiere jetzt die Westdeutschen eben vor allem die Stasi. »Von ihrer Geschichte, von der Geschichte, bleibt, was interessiert. Gewisse Sieger gehen so mit Geschichte um. Es gibt nur eine Legitimität, und das ist die historische Legitimität des FAZ-Siegers Schirrmacher. Er weiß, daß das andere Deutschland von Anfang an und in allen Details null und nichtig war« und daher Christa Wolfs Aufforderung zum Bleiben ebenfalls. Außerhalb dieses Sieger-Interesses liege es, daß »Christa Wolf sich in den Entwurf eines anderen Deutschland stellte, dem Brecht, Arnold Zweig, die Seghers, F.C. Weiskopf, Bodo Uhse, Ludwig Renn zuzogen, für den Heinrich Mann sich eine Passage gebucht hatte«, und daß »den FAZ-Bereich Leute wie Döblin oder Fritz von Unruh wegen des Überlegenheitsgefühls - was ist denn schon passiert, warum soll denn der Kommentator der faschistischen Rassengesetze kein Staatsamt einnehmen? - wieder verließen«. Diesem reduzierten Interesse an der Geschichte der DDR müsse entgehen, was Wolfs Erzählung schildert: »das tödliche Auseinanderfallen von sozialistischer Intention und realisiertem Sozialismus. Was Christa Wolf beschreibt, sind Akte der Vernichtung eines Entwurfs, die Akte der Vernichtung von Menschen waren; was sie beschreibt, ist *einer* der Akte von Zerstörung, denen sie ausgesetzt war.« Und jetzt treffe die Schilderung einer Ausgrenzung auf eine neue Ausgrenzung. »So kleinlich das im einzelnen läuft, so groß ist das Bewußtsein. Das Ende der Geschichte ist erreicht. Die Kapitalwelt hat triumphiert. Für alle Zeiten und seit allen Zeiten. Vergessen die Katastrophen, die sie allein in zwei Weltkriegen auslöste.« Daß hier in alter vulgärmarxistisch geschulter Optik Kaiserreich, Drittes Reich und westliche Demokratien unterschiedslos unter »Kapitalwelt« subsumiert werden, ist für die Stimmen in der (ehemaligen) DDR nicht typisch; wohl aber der Vorwurf, die West-Presse arbeite jetzt auch an der Entwertung der kulturellen Identität der DDR. »Wer Christa Wolf demontiert, demontiert das Selbstbewußtsein der Bürger der anderen deutschen Republik gleich mit.« Mit diesem Satz brachte im *Sonntag* vom 22. Juli 1990 Fritz-Jochen Kopka, der ebenfalls vor der Siegermentalität der Westdeutschen warnte, die fatale Wirkung der Angriffe gegen Christa Wolf in der DDR auf den Punkt. Hermann Kant zitierte im *Neuen Deutschland* vom 21./22. Juli 1990 aus dem *Spiegel*-Gespräch mit Günter Grass die Bemerkung der Redakteure: »Wir alle, das heißt die westdeutsche Kritik, haben jahrelang auf DDR-Bücher einen Bonus angewandt.« Deutlicher, so Kant, lasse sich »der Vorsatz schwerlich formulieren, jetzt müsse aber – wie mit der übrigen DDR – mit der Vorstellung aufgeräumt werden, es habe dieses Land eine Menge achtbarer Bücher, achtbarer Literatur, achtbarer Kunst, achtbarer Kultur, achtbarer Schreiber und achtbarer Leser hervorgebracht. Es war alles nur eine Bonus-Frage, und die internationale Fachwelt irrte, als sie DDR-Literatur für bemerkenswert genug hielt, um ihr Zeitschriften, Institute, Kolloquien, Seminare und Ausstellungen zu widmen. Jetzt kommt auch hier der Anschluß nach Artikel 23, jeder Bonus entfällt, Christa Wolf kann eigentlich nicht schreiben ...« Mit etwas anderen Worten formulierte Oskar Neumann in *Unsere*

Zeit vom 3. August 1990 denselben Vorwurf: »Die Entwertung der Ost-Mark konnten Bundesregierung und Bundesbank in eigener Regie festlegen und durchsetzen. Bei anderen Werten verläuft das Anschlußverfahren zum Glück komplizierter, widerspruchsvoller - vom Recht der Frauen auf selbstbestimmte Schwangerschaft bis zu der Frage, wie denn nun künftig Kultur und Kunst behandelt und gehandelt werden sollen. Auch da hatte man in bundesdeutschen Zentren der Macht und der Meinungsmache erst einmal ganz einfache Lösungen parat: den Wert gegen Null ansetzen und mißliebige Autoren und Werke dahin verweisen, wo der Pfeffer wächst.« Im Novemberheft der *neuen deutschen literatur* schrieb Antje Janssen-Zimmermann unter dem Titel *Plädoyer für einen Text - Christa Wolf: »Was bleibt«* in ähnlichem Tenor, daß »jetzt auch auf dem Terrain der Kultur der Preis für den ›Anschluß‹ heruntergehandelt werden soll«. Sie spricht ebenfalls von einem Urteil durch die »Sieger der Geschichte«, doch wehrt sie die Angriffe westdeutscher Kritiker auf Christa Wolf und ihr Buch vorrangig auf andere Weise ab: Einem literarischen Werk sei Unrecht geschehen. »Es sollte - gründlich - gelesen werden.« Das Ergebnis der gründlichen Lektüre, die vor allem die poetologische Bedeutungsdimension des Textes herausarbeitet, verweise auf symptomatische Defizite des westdeutschen Umgangs mit der DDR-Literatur: »DDR-Literatur, in der Vergangenheit von der offiziellen Rezeption im Westen häufig mißbraucht, wird noch einmal - von der Intention her endgültig - zum bloßen Politikum degradiert.« Auch Klaus-Dieter Schönewerks Rezension im *Neuen Deutschland* vom 11. Juli 1990 holte vor allem das nach, was die westdeutsche Literaturkritik, als sie neben der intellektuellen Redlichkeit der Autorin auch ihr künstlerisches Vermögen infrage stellte, versäumt habe: »Da machte man sich eben nicht die Mühe, dem ästhetischen Geflecht der Erzählung nachzuspüren.« Und ähnlich wie Janssen-Zimmermann weist auch Schönewerk daraufhin, daß die Erzählerin im Text nicht nur den Observationen des Stasi, sondern auch dem eigenen kritischen Blick ausgesetzt ist. »Schonungslos zeigt sie ihre Schwäche, die Punkte, an denen

Gutgemeintes in Versagen umschlägt, [...] wo Mut und Feigheit ineinanderstürzen.« Der Text mache damit etwas von der Situation der Literatur in der DDR sichtbar: »er weist auf das so charakteristische Wechselverhältnis von Übereinstimmung und Widerspruch hin, in dem so vieles in den vergangenen vierzig Jahren ablief.«

Die in dem Artikel nur mit wenigen Zeilen vorgebrachte Kritik an den westdeutschen Verrissen von *Was bleibt* ergänzte das *Neue Deutschland* auf derselben Seite mit dem Abdruck von Auszügen aus Günter Grass' Rede am 16. Juni 1990 im Berliner Reichstag (siehe S. 92f). Dies war symptomatisch dafür, daß sich in dem Streit eine Art Koalition zwischen Intellektuellen über die alten Grenzen hinweg bildete. Bezeichnend dafür war auch, daß im *Sonntag* vom 1. Juli 1990 der 1984 in die Bundesrepublik ausgereiste Publizist Martin Ahrends die Verteidigung Christa Wolfs und die Kritik ihrer Kritiker übernahm (vgl. S. 135).

Daß die Koalitionsbereitschaft zwischen Intellektuellen in Ost und West bei dem Streit allerdings ihre Grenzen hatte, zeigte sich in Hermann Kants Reaktion im *Neuen Deutschland* vom 21./22. Juli 1990 auf das *Spiegel*-Gespräch mit Günter Grass. Der hatte trotz seiner Vorbehalte gegenüber der »Konfliktscheu« Christa Wolfs konstatiert, daß diese Autorin das falsche Objekt der westdeutschen Kritik sei, wenn man sie etwa mit Hermann Kant vergleiche, »der verantwortlich oder zumindest mitverantwortlich für die SED-Kampagne während der Ausbürgerung von Wolf Biermann war«. Kant versuchte in seiner Replik, die in der *FAZ* vom 24. Juli 1990 von Sibylle Wirsing in einem für diese Zeitung erstaunlich moderaten und versöhnlichen Ton kommentiert wurde, sein Verhalten in der Biermann-Affäre ins rechte Licht zu rücken. Doch bemerkenswerter an dem Artikel war in diesem Zusammenhang anderes. Zum einen sagt er einiges über die erheblichen Differenzen auch unter den DDR-Intellektuellen aus: »Christa Wolf und ich stehen leider nicht so zueinander, daß ich mir eine Äußerung über die höchst merkwürdige Kampagne gegen sie erlauben dürfte, ohne eine schneidende Zurückweisung zu riskieren.« Zum anderen bestätigt dieser Artikel Grass' Behauptung, daß die westdeutsche Kritik an den in der DDR gebliebenen Schriftstellern mit Christa Wolf die falsche Person getroffen hatte. Er könne es Grass nicht verargen, schrieb Kant durchaus selbstkritisch, »daß er gleich zweimal anregt, jene Kritiker, die so rüde mit Christa Wolf umgehen, sollten sich auf diese Weise besser an mir erproben - ich bin nicht nur in seinen Augen, sondern auch in meinen viel eher ein Schuldiger als sie«. Dem Artikel ist die Verwunderung darüber anzumerken, daß jetzt ausgerechnet Christa Wolf im Zentrum westdeutscher Kritik stand. Kant war unter seinen Kollegen in der DDR mit dieser Verwunderung nicht allein. »Daß ausgerechnet Christa Wolf als böses Beispiel herhalten mußte, entbehrt jeder Gerechtigkeit und jeder Logik und ist nur als Folge ihres großen Erfolges zu begreifen, der zum Denkmalsturz reizt.« Das schrieb Günter de Bruyn in der *Zeit* vom 7. September 1990 in einem Artikel, der die Notwendigkeit der Diskussion über die Verantwortlichkeit der DDR-Intellektuellen ausdrücklich betonte.

Die zumindest partielle Solidarität, die sich im Streit um Christa Wolf bei verschiedenen Gelegenheiten über sonstige, zum Teil erhebliche Differenzen hinweg zwischen Schriftstellern oder Kritikern der Bundesrepublik und Schriftstellern der DDR bekundete, veranlaßte die Gegner der Autorin wiederholt zu vehementer Kritik. Daß sich hier, zum Beispiel bei den Symposien in Potsdam oder Wien, eine fragwürdige Einigkeit unter Ausschluß und auf Kosten der Dissidenten bilde, war einer der Hauptvorwürfe in etlichen *Zeit*- und *FAZ*-Artikeln. Was derzeit von ehemaligen Dissidenten zu hören sei, schrieb Ulrich Greiner am 27. Juli 1990 in der *Zeit,* stelle »an Schärfe alles in den Schatten, was wir, die westdeutschen Kritiker, sagen könnten« (siehe S. 179). Doch auch diejenigen, die Monate oder Jahre ihres Lebens in Gefängnissen des stalinistischen Systems verbracht hatten, die aus der DDR vertrieben worden waren oder sie freiwillig verlassen hatten, sprachen in ihren Stellungnahmen zum Streit keineswegs mit einheitlicher Stimme, und ihre Kritik fiel relativ moderat aus. Walter Jankas heftige Zurückweisung der Angriffe auf Christa Wolf wurde bereits zitiert, Hans Mayer stellte sich nicht nur in seiner Antwort auf die Umfrage in der *Süddeutschen Zeitung* (vgl. S. 159) auf Christa Wolfs Seite. Die Vertreter der jüngeren Generation, Hans Noll und Martin Ahrends, die beide im Konflikt mit ihren prominenten Vätern die DDR verlassen hatten, artikulierten in den hier abgedruckten Beiträgen völlig unterschiedliche Positionen. Ganz ohne Vorbehalte äußerte sich über Greiner und Schirrmacher Reiner Kunze in einem Gespräch mit Jürgen Serke in der *Welt* vom 2. Juli 1990. Doch auch Kunzes Kritik an den DDR-Intellektuellen – »Die meisten von denen, die geblieben sind, haben uns durch ihr Verschweigen ständig von neuem ausgebürgert« – richtete sich namentlich kaum gegen Christa Wolf, sondern vor allem gegen Stephan Hermlin und Klaus Höpcke. In der *FAZ* erschienen am 28. und am 30. Juni 1990 ein Artikel von Hans Joachim Schädlich und einer von Günter Kunert zur »DDR-Literatur«. Schädlich vermied alle direkten Aussagen zum Streit, Kunert distanzierte sich ausdrücklich von dem verbalen Niveau und den Frontenbildungen in dem Streit: »Zwischen ›Heulsuse‹ und ›Hetzkampagne‹, also auf dem Niveau von Schlammringkämpfen, ergeben sich clinchähnliche Verrenkungen zwischen den Beteiligten, die vor allem der Frontenbildung, kaum jedoch der Wahrheitsfindung dienen.« Doch räumte Kunert auch ein, daß der Streit »die erste tatsächlich ›offene‹ Auseinandersetzung zwischen Intellektuellen aus zwei Systemen« sei, »deren Trennendes sie aus vielerlei Gründen ständig überspielt haben«. In der *Zeit* erschien am 3. August ein Artikel von Jurek Becker über das Spitzelsystem in der DDR, doch die dabei zu erwartende Auseinandersetzung mit dem Streit um Christa Wolf nahm Becker hier nicht auf. Besonderes Gewicht bekommt daher der *Zeit*-Artikel Wolf Biermanns vom 24. August 1990 (vgl. S. 139). Denn seine Ausbürgerung im Jahre 1976 war in dem Streit von Anfang an ein zentrales Thema. Auch *Was bleibt* handelt schließlich von den Folgen der Biermann-Affäre in der DDR.

Der zum Teil im Stil eines offenen Briefes an Lew Kopelew

verfaßte Artikel des Lyrikers und Liedermachers gewinnt seine differenzierte, nach wie vor dissidente Position »zwischen den Stühlen« durch die Fähigkeit, sich selbst permanent zu widersprechen, durch ein Denken nach dem Muster nicht des »Entweder-Oder«, sondern des »Sowohl als auch«, durch eine Rhetorik, die Ohrfeigen mit Gesten der Hochachtung verknüpft. Dem Lachen darüber, wie jetzt die DDR-Intellektuellen ähnlich wie die Trabis »von westlichen Kritikern einem moralischen TÜV unterzogen« werden, folgt die Rechtfertigung der Artikel von Schirrmacher und Greiner. Was der eine Satz oder Absatz sagt, nimmt der nächste schon wieder halb zurück: »Es geht um Christa Wolf, genauer: es geht nicht um Christa Wolf.« Dem Artikel geht es in der Tat um mehr: um die Verlusterfahrungen einer »Handvoll linker Intellektueller«, der sich Biermann selbst zurechnet, und vor allem auch um die zukünftige Literatur: »Ich freue mich auf die nächste Erzählung von Christa Wolf...«

WOLFRAM SCHÜTTE

Reiß:Wolf

Zu einem Eil-Verfahren beim Umgang mit der DDR-Literatur

Wie den tonangebenden Politikern der Bundesrepublik, die möglichst schnell und restlos den bedrohlichen Stein des Anstoßes, die DDR, aus dem Weg zu ihrem Deutschland geräumt sehen wollen, gibt es Literaturkritiker, die möglichst früh den Ton angeben wollen, mit dem die Hinterlassenschaft der in der DDR entstandenen Literatur entsorgt wird. Noch bevor das jüngste Buch von Christa Wolf zur Stelle und potentiellen Lesern vor Augen lag, wurde es schon - in der »Zeit« v. 1.6. und in der FAZ v. 2.6. - in den Reißwolf geworfen. Der Verriß *vor* Erscheinen: das nenne ich jüngstes deutsches Tempo.

Selbstverständlich findet alles, was derzeit von DDR-Künstlern gesagt und getan wird - nachdem man ihnen eine Zeitlang vorgeworfen hatte, sie unterließen sträflicherweise beides -, eine gereizte Aufmerksamkeit; und selbstverständlich wird nach den Tagen und Monaten des vergangenen Jahres, die die Welt des »Realsozialismus« bis in die Grundfesten erschütterten (und das Beben dauert ja noch unübersehbar an!), nicht nur die Literatur und die Kunst, sondern das ganze Leben, das nun in kürzester Zeit »historisch« geworden ist, mit anderem Blick, mit veränderter Wahrnehmung und neuer Erfahrung »durchforstet« (Brecht) werden.

»Was bleibet aber, stiften die Dichter«, hoffte Hölderlin in seinem »Andenken«. Was aber bleibt von dem, was die Dichter während der »dunklen Zeiten« der Kunst »gestiftet haben«: das wird erst die kommende Zeit aus einer langen Geschichte, die weiter als hundert Jahre zurückreicht, herauspräparieren; selbstverständlich nicht nur aus der Kunst, die im oder unterm Zeichen des Sozialismus dort entstand, wo er behauptete, real zu existieren, sondern auch außerhalb dieses Machtbereichs.

Denn jene, die nun meinen, ihnen sei ein »Sieg« in den Schoß gefallen, werden noch Unabsehbares zu tun haben, um mit diesem Danaergeschenk zu Rande zu kommen. Wenn der Status quo zusammenbricht, auf den sich Politiker wie Intellektuelle hier & dort ja doch alle eingerichtet hatten, hat das nämlich *zweiseitige* Folgen. Die dortigen von hier aus zu rezensieren und die hiesigen unbesprochen zu lassen, »dort« Schuldbekenntnisse zu erwarten und sie von »hier« aus einzuklagen: das gehört freilich zu einem Stil der Selbstgerechtigkeit, der lieber das Kind mit dem Bade ausschüttet, als im real existierenden Trüben nach dem Wahren und Wirklichen zu fischen. »Es gibt nur Karl May und Hegel; alles dazwischen ist eine unreine Mischung«, hat Ernst Bloch einmal gesagt. Mit »unreinen Mischungen« haben wir es aber doch gerade hier wie dort zu tun. Nur wer sich heute für Karl May oder Hegel hält, sieht das anders.

So verlangt ein Augenblick, der sich durch die global noch nie dagewesene radikale Historisierung einer Epoche unvergleichlich macht, um so mehr, das was sich uns nun »im Lichte unserer jüngsten Erfahrungen« darbietet, *zugleich auch* unter der Perspektive unserer *aller* früheren Verhaltens- & Wahrnehmungsweisen zu sehen. Die radikale Historisierung bedarf auch historistischer Erinnerung, um nicht blind-wütig der unverhofft & unerwartet eingetretenen Versuchung eilfertiger Besserwisserei anheim zu fallen.

Freilich steht das beim eingeschlagenen deutschen Tempo der von hier aus betriebenen »Vergangenheitsbewältigung« der DDR nicht gerade auf der Tagesordnung. »Die DDR-Literatur gleicht einem vielgeprügelten Hund«, klagt Helga Königsdorf in der gleichen Ausgabe der »Zeit«, in der ihre Kollegin Christa Wolf von Ulrich Greiner wütig abgestraft (und von Volker Hage blind verteidigt) wird. »Kaum wechselt die Obrigkeit, klatscht die Hand, die eben noch entrüstet über die Schläge der alten Herren mit dem Finger drohte, neuen Schlägern Beifall« (Königsdorf).

Nun kann man, gewiß doch, über die literarische Qualität und das politische Kalkül der eben in einer »Überarbeitung« erschienenen Erzählung »Was bleibt«, in der Christa Wolf von einer Lebensphase berichtet, in der sie nach der Biermann-Petition von der Stasi augenfällig überwacht wurde, verschiedener Meinung (wie »Die Zeit«) sein; und auf die Frage, ob die »kunstvolle Prosa« (Hage) doch nicht eher »einen Mangel an Feingefühl« (Greiner) verrät, könnte man sogar antworten, daß es sich dabei weder um kunstvolle Prosa, noch um eine »einigermaßen komische... Peinlichkeit« (Greiner) handelt, sondern vielleicht um einen problematisch verspäteten Versuch, die verschwiegene Amfortaswunde offenzulegen, die das danach publizierte Werk zum Ausbluten gebracht hat. Man kann selbstverständlich überhaupt das umfängliche Oeuvre Christa Wolfs (und speziell seine deutsch-deutsche und internationale Resonanz) für »überschätzt« oder zeit- oder ortstypisch halten und sich fragen, was davon »bleiben wird« in Zukunft – wie es für jede künstlerische Arbeit gilt, deren Zeit-Zeugen wir sind.

Aber im Eil-Verfahren »der Staatsdichterin der DDR« den einst »angenehmen Christa-Wolf-Sound« jetzt als »typische Unschärfe-Relation« anzukreiden, aus der sie »noch nie ... so schäbig ... ästhetischen Mehrwert geschlagen hat«, wiewohl sie doch, lautet jetzt die neueste Erkenntnis, »immerzu« die »real existierende Bedrohlichkeit ... ebenso virtuos wie verlogen literarisch verwertet hat« (Greiner): das schließt doch in dieser Pauschalität als Selbst- und Geschichtsvergessenheit übers Ziel einer Kritik, die ihr eigenes Gestern verdrängt hat, weit hinaus.

Frank Schirrmacher, der dem peinlichen Schauprozeß seines FAZ-Amtsvorgängers gegen Christa Wolf im »Literarischen Quartett« des ZDF nun eine seriöse »Studie« unterfüttern möchte, in der er Aufsätzen, Reden, dem Debütroman »Der geteilte Himmel« und der letzten Erzählung »Was bleibt« den »exemplarischen Fall« eines »autoritären Charakters« abliest, trifft dabei gewiß auf zahlreiche verhaltens- & charaktertypologische Momente, welche jedoch nicht nur die literarisch-politische Gemengelage Christa Wolfs und ihrer Generation, für die sie sich zu artikulieren glaubte, beschreiben; mehr noch trifft eine solche masochistische Moral-Struktur, die jedoch bei Christa Wolf zur Selbst-Klärung drängt, unaufgeklärt auf weiteste Teile der DDR-Bevölkerung zu, die ja, mit der kurzen (& weitgehend ungeliebten) Unterbrechung der Weimarer Republik, vom 19. Jahrhundert bis zur Gegenwart in einem autoritären Staatskontinuum gelebt hat.

Was da, geduckt unter der Angst vor »der Obrigkeit«, von den Bürgern *gelebt* wurde, führte literarisch und intellektuell zu einer tief verinnerlichten trüben Mesalliance von Licht und Schatten, welche Helga Königsdorfer in ihrem oben zitierten »Zeit«-Beitrag – idealtypisch für viele ihrer Zeit- & Berufsgenossen – so beschrieben hat: »Wir akzeptierten es nicht, das System, das uns umgab, aber wir liebten die Utopie, die es einst auf seine Fahnen geschrieben hatte. Und wir hatten die Hoffnung, wir könnten irgendwie dahin gelangen ... Wir wollten das System erschüttern, um es zu verändern, aber nicht das Land preisgeben, mit dem sich unsere Utopie verbunden hatte. Je schmerzhafter die Differenz zwischen Traum und Realität wurde, um so stärker die Verpflichtung, sich einzumischen. Gerade dieser Leidensdruck wurde die Quelle für unsere Arbeit, in der Trauer zunahm, kaum noch Übermut. Und diesen Kummer teilten wir mit unseren Lesern. Nicht allein die Ersatzfunktion, die Literatur hatte, erklärt ihre Rolle in diesem Land, sondern genau diese Verbundenheit.«

Eben das wird jedoch heute *bei uns* ins Vergessen verdrängt: daß so gut wie die Politiker, die die DDR anerkannten und mit ihr ins Geschäft auf Dauer kamen, auch die hiesige Kritik »die Verbundenheit« mit jenen Autoren teilte, die, ausgewiesen durch ein respektables Werk, in einer Strategie des »begrenzten Konflikts« von Fall zu Fall schweigend oder beredt, in der »Unschärferelation« von Offener Rede qua »Sklavensprache« ihren Wider- & Einspruch formulierten. Sie wurden »verstanden« hier wie dort, ob sie z.B. den »Werther« umschrieben oder »Hinze und Kunze« durchs Land schickten, ob sie ironisch »Die neue Herrlichkeit« feierten oder lyrisch die Gegenwart antikisierten. Der politische Halbschatten, in dem die ästhetischen Produkte der Literatur der DDR entstanden – die *eben dadurch* unverkennbar, ex negativo »DDR-Literatur« war –, war mithin nicht nur der poetische Ort Christa Wolfs, sondern jenes Zwielicht der auf Langzeit angelegte Warteraum der DDR-Kunst; nur die jüngsten Künstler hatten diese unausgesprochene Resignation in den Status quo immer kompromißloser aufgekündigt.

Wenn Christa Wolf jetzt pauschal der Prozeß gemacht wird, aufgrund von (Erkenntnis- & Wahrnehmungs-) Gesetzen, die erst nach dem vergangenen Herbst in die Welt kamen; wenn ihr jetzt vorgerechnet wird, wozu sie geschwiegen, jedoch verschwiegen wird, wozu sie wie wenige andere (und wie diese mit belegter Stimme und bedecktem Wort) gesprochen hat; wenn ihr jetzt Preise und Auszeichnungen und das Privileg des freien Reisens negativ bilanziert werden – als hätten die (wie sie) »gebliebenen« oder in den bundesdeutschen Westen gegangenen Autoren und Autorinnen *nicht* die gleichen »Privilegien« genossen; wenn ihr schließlich jetzt sogar die Abwesenheit auf den Leipziger Montagsdemonstrationen (»als dort noch nicht von Einigkeit die Rede war«) ebenso vorgeworfen wird wie die unterlassene öffentliche Demonstration »gegenüber den Institutionen des Staates, obgleich bei dem wachsenden Ruhm das *Risiko* für die Schriftstellerin *außerordentlich gering* gewesen wäre, die Chance, etwas zu bewirken, aber *vermutlich nicht ganz aussichtslos«:* oh was für ein allgemeiner frankfurter Konjunktiv-Eiertanz! –: dann wird hier pars pro toto der Sack geschlagen, und alle anderen Esel, die nicht schnell genug ihren »Wendehals« öffentlich demonstriert haben, sind gemeint.

Der menschlichen, politischen und ästhetischen Komplexität, aus dem sich das historische, glücklicherweise *historisch gewordene* Phänomen der DDR-Literatur und unseres (komplizenhaften) Umgangs mit ihr bildete, kommt man jedenfalls mit dem Gratismut moralischer Rigidität post festum nicht wirklich bei.

Frankfurter Rundschau, 8. Juni 1990

LEW KOPELEW

Für Christa Wolf

Ein Brief an die ›Zeit‹, die ›FAZ‹ und die ›Welt‹

Während der vergangenen Wochen sind in Ihren Zeitungen mehrere Artikel von verschiedenen Autoren erschienen, die aber ein und dasselbe Ziel verfolgen: Christa Wolf als »privilegierte Dichterin der DDR und SED« herabzuwürdigen.
Ihre Veröffentlichung *Was bleibt* brachte es mit sich, daß in einem so kurzen Zeitabschnitt in drei so verschiedenen Zeitungen ein konzentriertes Trommelfeuer von ideologischen Denunziationen losbrach. Die einzelnen Beiträge unterscheiden sich im Stil und im Vokabular - der eine argumentiert mit frisierten Zitaten, der andere beruft sich auf Gerüchte, um eine längst widerlegte Unwahrheit zu wiederholen: Christa Wolf habe ihre Unterschrift von einem Protestbrief gegen Wolf Biermanns Ausbürgerung zurückgenommen. Diese gezielte Verleumdung setzte im Herbst 1987 ein ihr übel gesonnener Kritiker in Umlauf, als Christa Wolf den »Geschwister-Scholl-Preis« erhielt. Sie dementierte es öffentlich.
Allen diesen neuesten Beiträgen zu den gleichzeitig einsetzenden »kritischen Feldzügen« gegen eine weltweit anerkannte und geschätzte deutsche Schriftstellerin ist kleinkarierte Gehässigkeit und Wirklichkeitsferne gemeinsam. Läßt sich erraten, was die Verfasser bewegt? Schlichter Literatenneid der Kleingeister auf eine erfolgreiche Schriftstellerin, wobei ideologische und moralistische Waffen bevorzugt werden, etwa so, wie einst Menzel und Börne gegen den »Fürstenknecht« Goethe wetterten? Oder ist es ein fanatischer Antikommunismus? Er ist besonders ausgeprägt bei denen, die früher eine »realsozialistische« Parteischulung erfuhren und sich für immer an die zweidimensionale Weltauffassung gewöhnten: »*Wer nicht mit uns ist, ist gegen uns* - tertium non datur«. In ebendiesem

Ungeist heißt es heute, daß, was früher gelobt und bewundert wurde, nun verpönt und verdammt werden soll. Das erlebe ich manchmal auch bei meinen »umbekehrten« Landsleuten, die die gegenwärtige russische Literatur exakt halbieren zu können meinen: in die offizielle korrumpierte, angepaßte oder in die oppositionelle, freie, unabhängige. Sie können nicht erklären, warum Alexander Twardowskij, der große Dichter, der »Entdecker« und Förderer von Solschenizyn, gleichzeitig Chefredakteur einer bedeutenden Monatsschrift war und bis zum letzten Lebenstag auch ein überzeugter Kommunist blieb, oder warum Boris Pasternak in den schlimmsten Zeiten des stalinistischen Terrors aufrichtig patriotische Gedichte verfaßte und erst im Chruschtschowschen »Tauwetter« wegen seines Nobelpreises gehetzt wurde.

Jetzt in Deutschland, in den heftigen Debatten um die Wiedervereinigung, greifen die Verfechter eines möglichst schnellen Anschlusses »nach Paragraph 23« zu den altbewährten fundamentalistischen Waffen. Für die Radikalsten gibt es östlich der Elbe immer noch »die Zone« oder die »DDR« (in Anführungszeichen!). »Was kann von Nazareth Gutes kommen?« Das Leben und das Werk von Christa Wolf ist ein anstößiges Hindernis für die Verkünder des Schlachtrufes: »Freiheit statt Sozialismus«.

Die eifrigen Kritiker, die sich, aus welchen Motiven auch immer, plötzlich darum bemühen, Christa Wolf als »systemkonform« abzuwerten, werden bewußt oder vielleicht auch unbewußt zu Verbündeten der ewig Vorgestrigen. Sie verstoßen gegen die Wahrheit in der Darstellung der Persönlichkeit und des Werks von Christa Wolf, wobei sie das wirkliche Verhältnis von Staatsmacht und Geistesleben der Nation, von Parteiideologie und Literatur nicht wahrhaben wollen. In der DDR, ebenso wie in allen totalitär oder autoritär regierten Ländern, entwickelten sich Dichtung und Kunst letztlich unabhängig von Staatspolitik und herrschender Ideologie. Despoten können Dichter zugrunde richten, aber keine Dichtung schaffen.

Tragisch waren die Schicksale der Poeten, die sich von mili-

tanten Ideologien verführen ließen - wie Majakowskij oder Brecht -, doch tragische Schuld steht im Gegensatz zu Korrumpiertheit oder sklavischem Gehorsam.
Die Verbrechen Stalins, Hitlers und ihrer Helfershelfer sind vergleichbar, aber die Anhänger dieser gemeinen Völkerverführer unterscheiden sich grundsätzlich. Wer sich zum Programm von Knechtung und Vernichtung »minderwertiger« Völker und Rassen, zum chauvinistischen Menschenhaß bekannte, war grundsätzlich anders motiviert als die, die glaubten, daß sie sich für Freiheit und Gleichheit aller Menschen, für alle Unterdrückten und Ausgebeuteten, für die Gerechtigkeit und die Verbrüderung aller Völker auf Erden einsetzen.
Die Verirrungen eines Hanns Johst, der von Goebbels zum Präsidenten der Reichsschrifttumskammer eingesetzt wurde, sind mit den Verirrungen von Bertolt Brecht, dem Ulbricht das Leben oft vergällte, nicht vergleichbar. Thomas Mann hat über alle deutschen Autoren bitter geurteilt, die nicht emigriert waren und keinen Widerstand geleistet hatten. Der große Dichter war über die Greuel der Nazizeit so entsetzt, daß er im polemischen Eifer zu scharf oder auch ungerecht urteilte. Seine heutigen Nacheiferer möchten alle Autoren der DDR, die nicht eingesperrt, nicht geflohen und nicht ausgebürgert waren, als privilegierte Stützen des Systems denunzieren. Diese Beschuldigungen sind in den meisten Fällen falsch, doch im »Fall Christa Wolf« sind alle politischen und moralischen Anklagen nichts als Auswüchse böswilliger Phantasie. Das kann ich mit bestem Wissen und Gewissen behaupten, weil ich mit Christa und Gerhard Wolf seit einem Vierteljahrhundert befreundet bin und aufmerksam lese, was von ihnen im Druck erscheint. Aus ihren Briefen - in unseren schwersten Jahren hielten sie zu meiner Frau und mir -, aus Berichten gemeinsamer Freunde weiß ich, was sie bei bitteren Auseinandersetzungen im Schriftstellerverband, mit der Zensur, mit Staats- und Parteiinstanzen erleiden mußten.
Immer wieder wurden der Autorin des *Nachdenkens über Christa T., Kindheitsmuster, Kassandra* und anderer Arbeiten von offiziellen giftsprühenden Kritikern alle möglichen ideo-

logischen Laster unterstellt. Auch von wohlorganisierten »klassenbewußten« Lesern wurde sie öffentlich angepöbelt. Dies alles ertrug sie gelassen, ohne jemals ihre »Fehler zu gestehen und zu bereuen«, wie es von der Führung stets verlangt und von einigen Autoren auch erzwungen wurde. Was ihre Gelassenheit, ihr unaffektiert würdevoller, stiller Widerstand ihr an Kräften abverlangte, können vielleicht ihre Kardiologen beurteilen. Doch jeder unvoreingenommene Leser kann aus ihren epischen Werken, aus ihren Essays und Vorträgen erkennen, wie hart sie mit sich selbst ins Gericht ging mit ihrer früheren und neueren Vergangenheit.

In einer Diskussion im Mai 1983 erinnerte sie sich an ihre Studienzeit in Leipzig (1949-1953): »Die Germanistik und die marxistische Philosophie - das letztere möchte ich nicht missen - haben damals in ihrer ziemlich dogmatischen Weise meinen Schreibanfang um Jahre verzögert. Weil sie mir meine Unmittelbarkeit des Erlebens genommen haben. Das ist eigentlich erst mit *Christa T.* wieder aufgebrochen. Im *Geteilten Himmel* fängt es an, aber der wirkliche Aufbruch, wo die Dämme brechen, war bei *Christa T.*«

Sie hat auch die weiter zurückliegenden, historischen Quellen der tragischen Verschuldung, ihrer eigenen - persönlichen - und die ihrer Zeitgenossen, nachvollzogen, publizistisch erörtert und künstlerisch (zum Beispiel in *Kindheitsmuster)* dargestellt.

In einem öffentlichen Gespräch im Juni 1987 erklärte sie: »Meine Generation hat früh eine Ideologie gegen eine andere ausgetauscht, sie ist spät, zögernd, teilweise gar nicht erwachsen geworden, will sagen, reif, autonom. Daher kommen ihre - unsere Schwierigkeiten mit den Jüngeren. Da ist eine große Unsicherheit, weil die eigene Ablösung von ideologischen Setzungen, intensiven Bindungen an festgelegte Strukturen so wenig gelungen ist, die Jungen so wenig selbständiges Denken und Handeln sehen und daher keine Leitfiguren finden, auf die sie sich verlassen können. So holt uns, im Verhältnis zu den Jungen, unsere nicht genügend verarbeitete Kindheit wieder ein.«

Christa Wolfs Romane, Erzählungen, Essays gehören zu den bedeutendsten und schönsten Werken der gegenwärtigen Weltliteratur. Über den ästhetischen Wert mögen Literaturkritiker, wie üblich, verschiedener Meinung sein, über ihre Äußerungen zu historischen, sozialen und politischen Problemen kann man diskutieren, aber die moralische Integrität von Christa und Gerhard Wolf ist unabstreitbar.

Kiew, 9. Juni 1990

Tageszeitung, 14. Juni 1990

GÜNTER GRASS, HELLMUTH KARASEK,
ROLF BECKER

Nötige Kritik oder Hinrichtung?

SPIEGEL-Gespräch mit Günter Grass über die Debatte um Christa Wolf und die DDR-Literatur

SPIEGEL: Herr Grass, Sie und Walter Jens haben schweres Geschütz gegen die Kritiker des neuen Buches von Christa Wolf, »Was bleibt«, aufgefahren. Sie sprechen von »Stricken«, die westdeutsche Zeitungen Christa Wolf drehen, von einer »Hinrichtung«. Das Präsidium des Pen ermahnt die Feuilletons, urbaner und toleranter zu werden, und sieht das Gespenst eines »postmodernen McCarthyismus« - was immer das sein mag. Wie kommt es zu dieser heftigen Reaktion auf Kritiken?
GRASS: Ich lasse zur Antwort erst mal die Autorin sprechen. Nachdem vor vielen Jahren ihr Buch »Nachdenken über Christa T.« in Westdeutschland als Anti-DDR-Buch interpretiert worden war, distanzierte sich der Mitteldeutsche Verlag von ihr, es gab eine Kampagne im *Neuen Deutschland.* In diesem Zusammenhang schrieb Christa Wolf: »Aber jedenfalls war ich nun nicht mehr abzubringen von dem, was ich machen mußte. Ich erwartete nicht mehr, hier (das heißt in der DDR), öffentlich akzeptiert zu werden. Ich erfuhr später auch, wie es ist, ausgegrenzt zu werden, eine nützliche, wenn auch sehr schmerzliche Erfahrung.«
Jetzt widerfährt Christa Wolf Vergleichbares neuerdings von Literaturkritikern in der Bundesrepublik. Ein Buch wird benutzt, über das man literarisch so oder so urteilen kann, um mit der ganzen Person abzurechnen. Der Kritiker Ulrich Greiner in der *Zeit* redet von »Verlogenheit«, benutzt Vokabeln, die er sonst nicht in den Mund nehmen würde, setzt gleich von Anfang an voraus, daß es sich bei ihr um eine »Staatsdichterin« handele, obgleich Christa Wolf das nie für sich in An-

spruch genommen hat. Sie hat sich nie eine öffentliche Position gedrängt, sie sollte die Nachfolge von Anna Seghers antreten und hat es nie getan. Mit einer solchen Bezeichnung wie »Staatsdichterin« wird suggeriert, daß sie eins gewesen ist mit diesem Staat. Daß das nicht stimmt, kann man in ihren Büchern nachlesen. Ihre Kritik fällt zwar nicht so vehement aus, wie sie ein Václav Havel gegenüber dem System in der ČSSR ausgesprochen hat, nicht so vehement, wie sie Biermann in seinen Liedern geübt hatte. Sie hat ihren eigenen Stil gefunden. Und dieser Stil des behutsamen Dreinredens hat Wirkung gezeigt. Über Jahrzehnte hinweg las man sie aufmerksam in beiden deutschen Staaten. Sie ist eine von den vielen Autoren, die dazu beigetragen haben, daß bei allem, was geteilt wurde – wirtschaftlich, politisch, ideologisch –, die Teilung im Bereich Kultur nicht so absolut vollzogen werden konnte. Es entstand ein Dialog zwischen den Literaturen.

SPIEGEL: Hat sich nicht nachträglich auch gezeigt, daß dieser Dialog ein Privileg für bestimmte DDR-Autoren war? Und daß er gleichzeitig als Ausrede fungierte, es würde sich etwas ändern, annähern? Und muß man nicht nachträglich die Behauptung wagen: Geändert hat sich in der DDR durch die Schriftsteller so gut wie gar nichts. Und durch die Flüchtlinge in der Budapester und der Prager Botschaft und durch die Leipziger Demonstranten – alles?

GRASS: Das sind Behauptungen, die sich in ihrer Grobschlächtigkeit natürlich so ausnehmen, daß man sagen kann: So war es, das war im Fernsehen, das war ablesbar, das führte zu sichtbaren Ergebnissen. Aber Sie sollten doch wissen, daß Literatur, wenn sie überhaupt Wirkungen zeigt, langsam, zeitverschoben wirkt, Bewußtsein verändert, oft nur Akzente verschiebt. Die dann wichtig werden. Man kann doch von der Literatur nicht Dinge erwarten, die sie nie leisten kann.

SPIEGEL: Gewiß hat die DDR-Elite vor diesen Wirkungen der Literatur Angst gehabt – aber sie hat Autoren, von denen sie wirklich Veränderungen fürchten mußte, abgeschoben, ausgebürgert. Reiner Kunze, Wolf Biermann und Erich Loest, um nur einige zu nennen. Und vor diesen Ausgegrenzten, vor diesen Abtrünnigen hatten die DDR-Schriftsteller, die blieben, Berührungsängste, auch Christa Wolf.

GRASS: Zuerst einmal zu dem immer wieder auftretenden pauschalen Vorwurf, Christa Wolf sei privilegiert gewesen. Sie hätte reisen können, wie einige andere auch. Sind das nicht Dinge, die wir im Zuge der Entspannung vom Westen her gefordert haben, mit Einladungen, mit Versuchen, diese total geschlossene Grenze auf verschiedene Art und Weise durchlässiger zu machen? Wenn es bei einigen Schriftstellern nicht gelungen ist, wird man dennoch nicht sagen können, daß die anderen deswegen privilegiert gewesen sind. Das muß man bitte im Zusammenhang sehen. Wir wollten ja zu Recht, daß diese Grenze durchlässiger wird.

SPIEGEL: Aber die Schriftsteller, für die die Grenze durchlässiger wurde, mußten mit Wohlverhalten und Loyalität gegenüber der DDR und der Partei zahlen.

GRASS: Ich habe eine Scheu, über Verstrickungen, Verhaltensweisen, Biographien zu urteilen, die sich im Rahmen und Raum der DDR abspielten. Weil die westliche Sicht immer in Gefahr des allzu selbstgerechten Besserwissens ist. Aber weil Christa Wolf und ich zu einer Generation gehören, kann ich einen Aspekt wirklich ganz gut beurteilen. Christa Wolf berichtet darüber in ihrem Roman »Kindheitsmuster«, Erich Loest in seinem Buch »Durch die Erde ein Riß«. Diese Generation hatte in der DDR keine Chance, ihre sehr frühe ideologische Festlegung auf eine Art und Weise zu überwinden, wie es hier im Westen möglich gewesen ist.

Als wir hier ab '45 auf die freie Wildbahn geworfen wurden, wo sich jeder selbst einen politischen Standort suchen mußte, war das nicht einfach. Aber in der DDR wurde das Braunhemd ausgezogen und das Blauhemd angezogen. Die ohnehin vorhandene Grundhaltung der idealistischen Erziehung ließ offenbar kein ideologisches Vakuum zu. Aus der verschreckten Haltung angesichts der Nazi-Verbrechen, die nach Kriegsende nun offenkundig waren, rettete man sich in die angebliche Alternative, ein sozialistisches, anderes, besseres Deutschland mit stark betontem antifaschistischen Anspruch

zu errichten. An der Spitze des Staates standen anerkannte Leute des Widerstandes - eine Tatsache, von der Honecker bis zum Schluß zehrte.
Unter diesen Umständen jedenfalls ist Christa Wolf aufgewachsen, man kann sie nur - wie viele in diesem Land, bekannte wie unbekannte - an den Maßstäben messen, die sich dort entwickelt haben.
SPIEGEL: Lassen Sie uns auf Ihren Vorwurf zurückkommen, Christa Wolf erlebe jetzt Vergleichbares durch die Presse, wie sie es durch den Parteiapparat der SED erlebt habe. Ist das wirklich vergleichbar? Die Ohnmacht gegenüber einer allmächtigen Staatszensur, einer kulturpolitischen Diktatur, und die Kritik in einer, wenigstens in dieser Hinsicht, doch freien Gesellschaft. Literaturkritik, mag sie noch so harsch oder unfair in Ihren Augen sein, wird damit einem Schreibverbot und einer staatlichen Bedrohung gleichgesetzt.
GRASS: Die Kritik traf ein verhältnismäßig schmales Büchlein, das kann ja wohl nicht der Anlaß sein, es wurde vielmehr lediglich zum Anlaß genommen. Es fing, wenn ich mich recht entsinne, während einer Fernsehsendung an, an der Sie ja auch Anteil haben, im »Literarischen Quartett«. Wo Marcel Reich-Ranicki, der es eigentlich von seiner eigenen Biographie her wissen müßte, was Verstrickung im Stalinismus bedeutet, mit der Schärfe und Unbarmherzigkeit des Konvertiten das Signal zur Attacke gegen Christa Wolf gab. Und dann ging es von Zeitung zu Zeitung, mit einer unsäglichen Reportage in der *Welt,* einer polemischen Kritik in der *Zeit* und einer Totalabrechnung in der *Frankfurter Allgemeinen.*
SPIEGEL: Zu Ihrem Argument von dem schmalen Büchlein ein Einwurf: Die Bedeutung eines Buches hängt ja nicht an seiner Seitenzahl.
GRASS: Aber in diesem Fall wird ja nicht das Buch rezensiert, sondern es wird benutzt, um mit der Autorin generell abzurechnen.
SPIEGEL: Aber dieses schmale Büchlein erschien in einem ganz bestimmten Moment. Durch sein Erscheinungsdatum gewinnt es einen Stellenwert - weil es nach der Wende das

erste Buch ist, das Christa Wolf veröffentlicht. Und siehe da: Es ist eins, von dem nun auch noch gesagt wird, es komme aus der Schublade. Und es zeige, wie sie einst selbst von der Stasi überwacht worden sei.

GRASS: Sie konnte dieses Buch mit seinem Inhalt doch vorher gar nicht veröffentlichen, da sie keine Heldin ist und auch nie für sich beansprucht hat, eine Heldin zu sein. Sie hat weder die Rigorosität eines Biermann noch das bewundernswerte, nahezu starrköpfig anmutende und nun doch wunderbarerweise erfolgreiche Verhalten eines Václav Havel. Sie ist ein anderer Mensch, und sie hat offenbar bis zum Schluß geglaubt, es könne innerhalb des Gesellschaftsverständnisses der DDR zu einer grundlegenden Änderung kommen. Ich habe das selbst nie geglaubt, aber das gibt mir doch kein Recht, darüber den Stab zu brechen.

SPIEGEL: Der Aufwand an Kritik erklärt sich doch auch daraus, daß dieses Buch im Moment eine große Bedeutung hat.

GRASS: Erklären Sie mir, was an dem Buch besonders ist!

SPIEGEL: Wir alle, das heißt die westdeutsche Kritik, haben jahrelang auf DDR-Bücher einen Bonus angewandt, wir sagten uns, Literatur dort entsteht unter bestimmten schwierigen Voraussetzungen, die Autoren können das meiste nicht direkt sagen, sie müssen Umwege wählen. Wir haben niemandem vorgeworfen, daß er in der DDR blieb oder daß er die DDR verließ – das stand und steht uns nicht zu. Aber der Literatur haben wir einen Bonus eingeräumt. Und wir waren vorsichtig, wenn wir ihre Wirkung beschrieben, weil wir ihren Autoren bei den Kulturfunktionären nicht schaden wollten.

GRASS: Und dieser Bonus, den Christa Wolf nie für sich beansprucht hat, ist nun gestrichen.

SPIEGEL: Jetzt kommt das erste Buch, das nicht den alten DDR-Bedingungen unterliegt, und dieses Buch erzählt von diesen Bedingungen. Also wird man diese Bedingungen anhand dieses Buches messen dürfen, noch dazu, da es autobiographisch ist. Und was Ihren Vorwurf der gezielten Kampagne anlangt: Im Unterschied zu früher hatte Christa Wolf vorher und mittendrin und nachher Gelegenheit, jederzeit in die

Debatte einzugreifen, sich zu äußern. Wir haben sie beispielsweise mehrfach nach der Öffnung der Mauer zu einem Gespräch eingeladen. Sie war auch sonst nicht mehr auf verschlüsselte Botschaften angewiesen. Sie hätte sich jetzt auch in die Debatte über ihre Erzählung einmischen können. Sie findet Fürsprecher wie Sie und Walter Jens, das alles ist in Ordnung, aber Begriffe wie McCarthyismus und Hinrichtung unter den jetzigen gesellschaftlichen Bedingungen sind, gelinde gesagt, übertrieben. Wir verstehen Ihre Motive, aber nicht Ihre Wortwahl.

GRASS: Aber sehen Sie denn nicht die Fülle der Artikel, den Gleichklang der Argumente? Merken Sie nicht, daß man ihr Dinge vorwirft, die zu ihrem Schreibstil gehören, also daß sie Staat und Partei nicht beim Namen nennt, ähnlich wie Uwe Johnson das übrigens tat, und daß man ihr das als Feigheit vorwirft? Wir sind es in der Bundesrepublik gewohnt, daß pauschale Angriffe auf Schriftsteller oder andere mißliebige Personen aus bestimmten politischen Ecken kommen, ob das führende CDU-Politiker waren, die die Gruppe 47 als geheime Reichsschrifttumskammer verunglimpften, oder Kanzler Erhard, der kritische Schriftsteller »Pinscher« nannte.

SPIEGEL: Das war damals doch aber mehr oder weniger offizielle Schelte von Regierungsseite – und das vor einem obrigkeitsgläubigen Publikum. Keine Literaturkritik. Kritiker sind weder Minister noch Polizeipräsidenten. Und auch die Öffentlichkeit hat sich geändert.

GRASS: Wir erleben jetzt zum erstenmal, daß auf der einen Seite die Bevölkerung der Bundesrepublik auf wohltuende Weise überhaupt nicht nationalistisch gestimmt ist und auch nicht zu Abrechnungen neigt. Statt dessen tobt sich der Wille zur Abrechnung im Feuilleton aus und richtet sich pauschal gegen DDR-Schriftsteller. Jetzt ist Christa Wolf dran, demnächst wird es Heiner Müller sein. Gar nicht mal Hermann Kant, der wirklich Macht hatte und Funktionen ausübte.

Was will man damit alles verdecken? Will man nicht erkennen, daß diese 40 Jahre hier und diese 40 Jahre dort ihre eigene Entwicklung gehabt haben? Ich betone noch einmal, welch eine kritische, wenn auch verschlüsselt kritische Funktion Literatur in der DDR hatte und welche Rolle Christa Wolf in diesem Zusammenhang spielte.

SPIEGEL: Diese Plädoyers von Ihnen und anderen, die DDR nur aus sich selbst zu verstehen und daher »behutsam mit ihren Schriftstellern umzugehen« – das erinnert uns fatal an die Diskussion nach '45, die sich auf Schriftsteller im Dritten Reich bezog. Damals war es ein Verteidigungsargument von Mitläufern zu behaupten, nur der dürfe die Diktatur beurteilen, der sie selbst erlebt und erlitten habe – so argumentierte man gegenüber Emigranten wie Thomas Mann.

GRASS: Wollen Sie mich mit diesem Vergleich zum Verstummen bringen? Wenn ich jetzt darauf eingehen wollte, müßte ich die gravierenden Unterschiede zwischen der Diktatur des Nationalsozialismus, eines absolut tödlichen Systems, und der Diktatur, die ab '45 bis letztes Jahr in der DDR herrschte, auseinanderklamüsern. Das würde gewiß den Rahmen dieses Gesprächs sprengen.

SPIEGEL: Sie selbst haben einmal ein sehr beachtetes Theaterstück geschrieben, das spielt in einer Zeit, wo das DDR-System jede Regung gegen sich notfalls auch tödlich beendete. Held Ihres Theaterstücks »Die Plebejer proben den Aufstand« ist ein Theaterchef – unschwer als Bertolt Brecht zu erkennen. Und Sie kritisieren, daß er sich am 17. Juni nicht auf die Seite der Streikenden schlägt, nicht mit dem Volksaufstand geht, sondern egoistisch sagt: Mein Werk, mein Theater geht vor. Und so probt er weiter im Theater, während draußen die Panzer auffahren, während auf Arbeiter geschossen wird. Warum gestehen Sie heutigen Kritikern nicht zu, an eine DDR-Autorin ähnlich rigorose Forderungen zu stellen? Noch dazu, wenn sie sich nach Ende der Diktatur äußert?

GRASS: Wenn Sie auf mein Stück hinweisen, das übrigens zur Folge hatte, daß keine Zeile in der DDR von mir publiziert werden durfte, dann äußern sich die »Plebejer« kritisch in beide Richtungen. Das Stück ist, wenn Sie erlauben, differenzierter, als Sie es in einer so kurzen Zusammenfassung darstellen können.

SPIEGEL: Uns kam es im Moment nur auf den parallelen Aspekt an.
GRASS: Das Stück hört ja auch mit einem Brecht-Zitat auf: »Ihr Unwissenden! Schuldbewußt klag' ich euch an!« Schon das zeigt die Ambivalenz der Chef-Figur. Das Stück zeigt differenziert die Verstrickung beider Seiten in Schuld, Unwissenheit und Egoismus. Am Ende werden die Theaterproben des Shakespeareschen »Coriolanus« eingestellt. Das Projekt scheitert nicht am Staatseinspruch, sondern durch Erkenntnis. Ich habe dieses Stück übrigens in den letzten Monaten vor jungem Publikum in der DDR gelesen, um es mit dieser Phase einer Geschichte vertraut zu machen, die verdrängt wurde.
SPIEGEL: In den damaligen Kritiken wurde Ihnen vorgeworfen: Wie kann Herr Grass sich anmaßen, über die Haltung eines Dichters zu urteilen, der unter ganz anderen Verhältnissen als Grass schreiben mußte. Nun hören wir von Ihnen die gleichen Vorhaltungen gegenüber den Kritikern der Christa Wolf.
GRASS: Aber ich sage doch nicht, daß man das Buch nicht kritisieren soll. Es liegt ja vor und ist damit der Kritik ausgesetzt. Aber was jetzt abläuft, geht über übliche Kritik hinaus und hat durch Massierung den Charakter einer Kampagne.
SPIEGEL: Sie wollen doch nicht unterstellen, daß es da eine verschwörerische Absprache gibt? In der *Zeit* stand neben dem Verriß von Ulrich Greiner das Lob und die Verteidigung von Volker Hage.
GRASS: Das ist der *Zeit*-Stil, den man früher hatte, und auch heute noch läßt man gelegentlich Gegenmeinungen zu Wort kommen. Ich dagegen konnte kürzlich meine Gegenmeinung hier im SPIEGEL nicht veröffentlichen. Doch Gott sei Dank kann man in der Bundesrepublik noch sprechen und den Text woanders unterbringen, was in der DDR natürlich unmöglich war, das gebe ich gern zu. Ich will das gar nicht vergleichen. Ich meine nur, daß wir behutsamer miteinander umgehen und in der Literatur nicht das wiederholen sollten, was im politischen und insbesondere im wirtschaftlichen Bereich tagtäglich geschieht: die Vereinnahmung der DDR, eine Politik, die über die Menschen hinweggeht und nicht den Ansatz von Zeit läßt,

mit sich selbst ins reine zu kommen, falls das überhaupt möglich ist.

SPIEGEL: Herr Grass, wir wollen hier nicht in eine generelle Deutschland-Debatte umsteigen.

GRASS: Aber ich will. Ich will hinein in diese Debatte, denn ich habe meine Kritik an dieser massiven Kampagne gegen Christa Wolf an den Anfang eine »Berichts aus Altdöbern« gestellt. So heißt die Rede, die ich im Reichstag vor einer Gruppierung gehalten habe, die für eine neue Verfassung eintritt. Die Gruppierung heißt »Kuratorium für einen demokratisch verfaßten Bund deutscher Länder«, und in diesem Bericht gehe ich auf den Zustand ein, in dem sich aus meiner Sicht Land und Leute in der DDR befinden. Das ist ein erbarmungswürdiger Zustand. Wie oft hat Herr Kohl versichert, daß er die Einheit Deutschlands mit Würde und Anstand anstrebe. Wir erleben eine Inflation der Wörter Würde und Anstand. Doch was ich beim Umgang mit den Menschen in der DDR vermisse, sind Würde und Anstand. Und auch in der Kampagne gegen Christa Wolf steckt ein Stück Anstandslosigkeit. Von Würde wollen wir gar nicht reden.

SPIEGEL: Wenn Sie von der DDR sprechen, dann reden Sie von Bevormundung. Davon, daß das über die Köpfe der Leute hinweggeht. Ist es aber nicht auch eine Bevormundung, daß Günter Grass sagt, diese Eile wolle niemand, und diese Eile sollte man vermeiden?

Sie mögen es grobschlächtig nennen, aber die Massenfluchten in die Botschaften von Budapest und Prag, die Steigerung der Forderung bei den Demonstrationen in Leipzig hatten das Tempo von Anfang an festgelegt. Die täglichen Flüchtlingszahlen taten ein übriges. Von da an hat sich das Tempo nie mehr verlangsamt, und die Politiker sind eher Leute, die atemlos hinter dem Gang der Ereignisse hinterherlaufen.

GRASS: Das habe ich oft genug gehört: Der Zug ist abgefahren, und niemand kann ihn aufhalten. Doch nach wie vor säße ich ungern in einem Zug, der keine Haltesignale kennt.

SPIEGEL: Hätten Sie als Kollege der Autorin Christa Wolf nicht vielleicht gesagt, wenn sie Ihnen das Manuskript gezeigt und Sie gefragt hätte: »Beeil dich nicht so mit der Veröffentlichung. Dies ist für dieses Buch kein guter Zeitpunkt!« Sie, der Sie in diesen Wochen so oft für Überlegen, für Nachdenken, für Sich-selbst-Finden, für das Verlangsamen des Tempos plädiert haben - hätten Sie die Kollegin nicht gewarnt, dies Buch könne in eine atemlose Debatte geraten?

GRASS: Ich hätte ihr wahrscheinlich geraten, das Buch mit einem Nachwort herauszugeben. Den Text unverändert zu lassen, wie sie ihn damals vor einem Jahrzehnt geschrieben hat.

SPIEGEL: Ist es denn nicht überhaupt so, daß vielleicht nicht so sehr durch Christa Wolf, sondern mehr durch den Verlag und die Präsentation des Buches doch ein bißchen auch nach dem Sensationseffekt gehascht werden soll? Nämlich: Hier kommt ein Buch aus der Schublade, also ein Widerstandsbuch, das vorher nicht erscheinen konnte. Darf man sich da über die Reaktionen wundern?

GRASS: Ich finde es amüsant, daß ausgerechnet ein Magazin, das auf Aktualität oder schnelle Präsenz Wert legt, einem Verlag oder einem Autor dergleichen vorwirft.

SPIEGEL: Dann muß aber auch die Rezeption der Kritik unter aktuellen, also politischen Gesichtspunkten erlaubt sein. Niemand hat etwas dagegen, daß Sie empört sind und daß sich Walter Jens im Namen des Pen-Präsidiums empört, weil Ihnen irgendeine Rezension nicht paßt. Nur haben wir Angst vor der Inflation der Wörter. In Ihrer Rede im Berliner Reichstag nennen Sie den Beitritt nach Artikel 23 Grundgesetz, wie ihn die Bundesregierung anstrebt, Ermächtigungsgesetz. Walter Jens spricht von »Spruchkammerdenken«, von McCarthyismus. Vielleicht sollte man sich solche Wörter aufsparen, bis man sie wirklich braucht, man könnte sie sonst vorher an doch zu harmlose Anlässe verschleudert haben.

GRASS: Hören Sie: Ich habe das Wort Ermächtigungsgesetz nicht als Wort mit Ausrufungszeichen hingesetzt, sondern in einen Zusammenhang gestellt, der darauf aus ist klarzumachen, daß der aus Ihrer Position der Eile gebotene Verzicht auf den Artikel 146 und die bloße Nutzung des Artikels 23, um möglichst schnell zum Anschluß zu kommen, aus meiner Sicht verfassungswidrig ist.

SPIEGEL: Kann das nicht mit dem Zwang der Ereignisse zusammenhängen? Auch der von Ihnen in Ihrer Rede lobend erwähnte Kanzlerkandidat Lafontaine scheint ja inzwischen der Meinung zu sein, wie die Ost-SPD übrigens auch, Artikel 23 und Termin im Dezember seien richtig. Sie hielten Ihre Reichstags-Rede für die DDR-Bürgerbewegung. Die gleiche Bürgerbewegung war unter den ersten, die im DDR-Parlament erreichen wollten, den Beitritt nach Artikel 23 herbeizuführen. Ermächtigungsgesetz?

GRASS: Der Antrag von Konrad Weiß in der Volkskammer kam mir wie ein Kurzschluß vor. Aber er ist ja auch zurückgenommen worden, als man merkte, daß die DSU aus anderen Motiven dasselbe versuchte. Es hat - glaube ich - keinen Sinn, daß wir in diesem Chaos herumstochern. Was ich meine und worauf ich anspiele, ist, daß wir in Deutschland, und damit meine ich jetzt beide Staaten, durch die Politik Gorbatschows die Chance bekommen haben, unser deutsches Haus zu bestellen und uns zu einigen. Aber daß wir die Einheit vorziehen, bevor die Einigung stattgefunden hat, kritisiere ich. Und wie wenig die Einigung stattgefunden hat, wie sehr als Einheit Okkupation stattfindet, das lese ich auch den Artikeln über Christa Wolf ab.

SPIEGEL: Ist die heftige Auseinandersetzung um Christa Wolf nicht auch eine Folge der Tatsache, daß viele DDR-Schriftsteller in der deutschen Entwicklung das retardierendste Moment darstellten? So daß man mißtrauisch wurde, es geschehe auch aus Motiven privater Verunsicherung. Es gab diese Resolution von Stefan Heym, bei der auch Christa Wolf dabei war, die für eine eigenständige DDR und einen dritten Weg plädierte.

GRASS: Das Wort dritter Weg ist darin nicht gefallen. Vom eigenen Sozialismus war darin die Rede.

SPIEGEL: Damals schlugen die Demonstrationen in Leipzig ja auch qualitativ um. Von »Wir sind das Volk« zu »Wir sind ein Volk«. Eine Panik vor einem neuen Sozialismus-Versuch brach aus. Die Resolution verschwand spurlos. Geblieben ist das

Mißtrauen gegen die Schriftsteller, das sich auch in der Attacke gegen Christa Wolf artikulierte. Man kann ja heute feststellen, daß der Staat der DDR zu den Schriftstellern und Künstlern in der Tat eine mäzenatische Rolle übernommen hatte. Sie haben sich dieser mäzenatischen Rolle, und das muß man ihnen hoch anrechnen, nicht etwa alle als blinde, gehorsame Kinder gefügt, sondern gegen Vater Staat oft auch aufgemuckt. Trotzdem spürt man auch in Christa Wolfs Erzählung das, was sich später als eine Art Verlustgefühl herstellen sollte. Wenn man aus einer Geborgenheit, die auch strenge Aufsicht war, herausfällt.
GRASS: Die Frage an Christa Wolf, die mich auch interessiert, ist die, warum es bei ihr so lange dauerte, sich von der zweiten ideologischen Bindung zu lösen, sich in deutlichere Distanz zu bringen. Eine Teilantwort kann ich geben nach dem, was ich aus ihren Büchern erfahre. Man erfährt da ihr Bedürfnis, es allen recht zu machen. Eine gewisse biedere Wohlerzogenheit und Konfliktscheu spricht aus ihren Texten. Das sind alles persönliche Motive, aber ich finde bei ihr und in ihrem Verhalten nichts, was es rechtfertigte, ihr diese persönliche Haltung so pauschal vorzuwerfen. Dazu Hermann Kant im Vergleich, der verantwortlich für die SED-Kampagne während der Ausbürgerung von Wolf Biermann war. Es sollte auch Sie nachdenklich machen, daß Kant keinem vergleichbaren Angriff ausgesetzt ist.
SPIEGEL: Weil Kant jetzt kein Buch veröffentlicht hat: »Wie ich damals im Keller der Stasi leiden mußte«. Herr Kant nötigt einen gewissen Respekt dadurch ab, daß er jetzt nicht kommt und sich irgendwelche Persilscheine besorgen will.
GRASS: Ich weise zurück, daß dieses Buch von Christa Wolf eine Art Persilschein sein soll. Wie kommen Sie darauf?
SPIEGEL: Durch den Klappentext. Aber vielleicht hat sie den nicht gelesen.
GRASS: Ist das das Neueste, daß Autoren auch noch für den Klappentext verantwortlich gemacht werden?
SPIEGEL: Zu sehen kriegen sie Klappentexte normalerweise schon. Aber wenn Sie sich jetzt so vehement und mit Ihrem

ganzen Gewicht für Christa Wolf einsetzen, dann tun Sie das sicher nicht nur für die Person. Sondern weil Sie da eine gewisse Entwicklung fürchten.

GRASS: Sie haben es getroffen. Wenn es im Stil dieser Kritiken weitergeht, und es besteht die Gefahr, daß dieser Ton anhält, dann kommen wir auch im intellektuellen Bereich in eine Haßstimmung. Es schleicht sich ein inquisitorischer Ton ein. Wenn wir uns bei allen Veränderungen zivilisierter benähmen, wäre eine Menge gewonnen.

Ich habe meine kritischen Bedenken Christa Wolf gegenüber immer geäußert. Aber das, was mit ihr gegenwärtig geschieht, fordert meine Solidarität heraus. Ich habe Angst, daß ein Ton einreißt, der vergiftend ist und inquisitorisch und pharisäerhaft, zumal vom sicheren westlichen Port aus geurteilt wird.

SPIEGEL: Herr Grass, wir danken Ihnen für dieses Gespräch.

Der Spiegel, 16. Juli 1990

MARTIN AHRENDS

Ach, ihr süßen Wessis

Man schießt sich auf Christa Wolf ein; ich halte dagegen. Frank Schirrmacher in der *FAZ* zum 2. Juni, Ulrich Greiner in der *Zeit* vom 1. Juni unternehmen den Versuch, Christa Wolf mit ihrer jüngst erschienenen Erzählung »Was bleibt« zu erledigen. »Machtgeschützte Verlogenheit, Mangel an Aufrichtigkeit« lesen wir da; die Anwürfe, die Marcel Reich-Ranicki schon vor zwei Jahren gegen Frau Wolf vorbrachte, scheinen inzwischen bei seinen Nachfahren angekommen zu sein. Zutreffender sind sie damit nicht geworden.

Christa Wolf ist ein großes Thema, sie zu »erledigen«, trägt Prestige ein. Hier genügt es nicht zu sagen: ›Was sie schreibt, gefällt mir nicht, ich mag es nicht, es interessiert mich nicht‹. Oder gar: ›Davon verstehe ich nichts‹. Da wird weit ausgeholt zum großen Schlag, man glaubt sich sicher nach der Wende, weil die »Staatsdichter« plötzlich im Schatten stehen, im Verdacht des Opportunismus, der nun auf all und jeden fällt, der drüben überdauert hat. Was sie vordem nicht wagten – nun ist ihnen die Stunde günstig, nun gab es da eine »Revolution«, in deren Lichte alles, was ihr vorausging, auf seine vorrevolutionäre Effizienz hin überprüft werden darf. Ach, Ihr guten Wessis.

Die sogenannte DDR-Revolution war weniger eine innenpolitische als eine außenpolitische Angelegenheit. Bevor Herr Gorbatschow mit der Friedenspalme winkte, konnte sich nichts rühren im Lande, und ob man da ein paar »Aufrichtige« mehr oder weniger rausschmiß, darauf kam es wirklich nicht an. Die DDR ist ein Produkt des letzten Krieges, und der war ja wohl auch eine außenpolitische Angelegenheit. Pardon, ich muß daran erinnern, weil es vom Westen aus bequem ist,

sich die DDR als ein Land vorzustellen, dessen Bürger bisher nur zu feig und zu unlustig waren, um auf die Straße zu gehen.
Was also war zu machen in diesen vierzig DDR-Jahren, unter diesen historischen Gegebenheiten des Nachkriegs?
»Sie hätte ja leicht Unterkunft im Westen finden können.« (Ulrich Greiner) »Dieses Buch«, schreibt Herr Schirrmacher, »hätte vor zehn, vor fünf Jahren der Staatssicherheit wohl Schaden zufügen können.« Seid ihr wirklich so naiv? Glaubt ihr wirklich, daß irgendein Buch, zumal ein im Westen gedrucktes, irgendeiner DDR-Behörde, zumal der Stasi, irgendwelchen Schaden hätte zufügen können? Wäre diese ruhmreiche »Revolution« denn eher gekommen, wenn Frau Wolf und mit ihr ein Dutzend prominenter Dableiber sich offen als Oppositionelle zu erkennen gegeben hätten? Der einzige Effekt wäre gewesen, daß sie nun im Westen säßen: mit dem reinen Gewissen derer, die immer »aufrichtig« waren. Konform, opportunistisch kann Christa Wolf nur demjenigen erscheinen, der vom DDR-Innenleben keine Ahnung hat. Daß der davon keine Ahnung hat, ist dem Wessi wiederum nicht vorzuwerfen. Die DDR war ihm ja all die Jahre, wie übrigens die anderen Ostblock-Staaten auch - ein langweiliges, düsteres Land, mit dessen Bewohnern nicht viel los zu sein schien. Václav Havel hat diese trügerische Wahrnehmung zutreffend als etwas beschrieben, dessen Ursache im Wahrgenommenen liegt: die mähliche Abtötung des gesellschaftlichen Lebens durch den immer effektiveren totalitären Zugriff, das »totalitäre Nichtigwerden« des lebendigen Geschehens, also der Geschichtlichkeit, habe zur Folge, daß die Strangulation von Außen als solche nicht wahrgenommen werden kann. Das Nichtgeschehen kann nur von innen erfahren werden: als Verhinderung alles dessen, was eigentlich geschehen könnte, sollte und müßte. Dies Nichtigwerden, schreibt Havel, sei wie Radioaktivität, man sehe es nicht, doch es hinterlasse auf Dauer nachhaltige Spuren. Der Kampf des Ereignisses und der Geschichte gegen ihre Zunichtemachung ist auch ein Ereignis und ist auch Geschichte, schreibt Havel, nur: »Wir können noch keine Aussa-

ge darüber machen, weil die traditionellen Erzählformen hier versagen.« Sollte es sich da vielleicht doch um eine große schriftstellerische Aufgabe handeln, die allen Mut, alle Kunst erheischt?

Christa Wolf ist nicht vor ihrer Aufgabe als Schriftstellerin in die Knie gegangen. Sie ist dieser Aufgabe im Gegenteil auf grandiose Weise gerecht worden: indem sie nämlich sehr genau überliefert hat, was solch eine Wartezeit aus den Menschen macht, die sie durchleben und: Was die Menschen aus ihr machen. Sie hat dies auch weitgehend publizieren können (was die berüchtigte Gratwanderung einschließt). Sie war ihrem Publikum verfügbar, einem Publikum, das bei ihr lernen konnte, sich der gesellschaftlichen Situation, in der man in der DDR lebte, zu stellen, anstatt sie zu verdrängen. Sich ihr stellen konnte in diesem Falle nur heißen: sie zu erleiden und eine Haltung dazu zu gewinnen; man lebte ja sonst nicht schlecht unter der Käseglocke. Frau Wolf hat nicht das System geschützt, sondern seine Bedrückungen bis zur Grenze des Erträglichen geschildert. Für DDR-Insassen eine der ganz wenigen Quellen, die eigene Identität zu begreifen, dem Warte-Leben einen Sinn abzugewinnen, indem man es als historische Konsequenz annahm, anstatt es von sich zu weisen als ungerechte persönliche Bestrafung. Wollte man als DDRler aus der dumpfen Zeit mehr lernen als Resignation, als das Saufen, als Flucht-Techniken aller Art, wollte man dazu eine menschliche Haltung gewinnen, so waren Schriftsteller wie Frau Wolf unersetzlich. Die Wartezeit ging ja davon nicht zu Ende, daß man sie ein Unrecht nannte und ablehnte.

Kommt ihre Stasi-Geschichte zu spät? Ist sie komisch, weil vergleichsweise harmlos? Ach, ihr süßen Wessis, was wißt ihr denn von der Stasi? Was euch jetzt an Sensationsberichten aufgetischt wird: Das wißt ihr von der Stasi. Und weil ihr schon mehrere von der Sorte gelesen habt, und weil der von Frau Wolf gar nicht richtig sensationell ist, lacht ihr sie aus: zu spät, zu spät.– »Das Unglück will es, daß wir inzwischen sehr viel über die Stasi wissen...« (U. Greiner). Ein Unglück für ihn, daß er die Sonnenfinsternis erst entdeckt, als sie schon vorüber ist. Kein Unglück für Christa Wolfs DDR-Leser; sie hat ihnen eine präzise Schilderung des allgemeinen Phänomens Stasi überliefert. – Und früher hätte sie dies eben nicht veröffentlichen können, das widersprach ihren wohlbegründeten Prinzipien des Dableibens und Veröffentlichens. Eben weil dies keine Sensationsstory ist, hat sie solche Allgemeingültigkeit. Es ist der Alltag des sich Überwacht-Fühlens, der da geschildert wird, das flächendeckende Lebensgefühl der DDRler.

Schlechte Literatur? Die Düsternis, die Reduktionen, der schwere Atem – die realen Deformationen sind in diese Literatur eingegangen, sie ist von ihnen nicht verschont geblieben, weil sie sich aussetzte, anstatt sich abzusetzen. Diese Literatur ist nicht so originell, unterhaltend, »gekonnt«, wie man sie hier »gerne lesen« würde. Sie erfüllt nicht die Maßstäbe der westlichen Feuilletons, sie ist vor allem nicht »leicht« genug.

Sie ist bloß wahr. Und wahr bis an den Rand des Möglichen. Aufgerissen die Augen, bis sie tränen. Ausgehalten, wahrgenommen die Einschnürung bis zur Erstarrung, die in die Sprache hineinreicht; so etwas versteht ein DDRler eben leichter, tut mir leid. Da würde sich niemand lustig machen über den Satz »Ich weine.« Über den Satz: »Ich habe Angst.« Freilich wirkt das weibisch und larmoyant, wenn man so noch nicht geweint hat, wenn man diese Angst nicht kennt. Man könnte also darüber schweigen, weil man von etwas reden müßte, das man nicht versteht.

Aber man redet. Will man nicht wahrhaben, daß es diese andere deutsche Erfahrung überhaupt gibt? Oder wirft man den Zonis den Fehdehandschuh hin, auf daß man sich endlich näherkomme im Streit, nachdem die Grenzen der falschen Rücksichtnahme gefallen sind? Wohlan denn, streiten wir weiter.

Sonntag, 1. Juli 1990

WOLF BIERMANN

Nur wer sich ändert, bleibt sich treu

Der Streit um Christa Wolf, das Ende der DDR, das Elend der Intellektuellen: Das alles ist auch komisch

Anderer Leute Zungen hängen mir schon zum Halse heraus: Aber wenn Lew Kopelew mich zu irgendeiner Menschheitsretterei verdonnert, dann mach' ich brav, wie ich soll, von dem ließ ich mich immer und gerne zotteln. Nur diesmal weiß ich weder ob noch wie. Es geht um Christa Wolf, genauer: Es geht nicht um Christa Wolf.

Fangen wir also an mit dem Anfang der Bibel, so kommen wir am schnellsten zu Potte. Alles begann im großen Kinderbuch der Menschheit ja nicht nur mit einer Denunziation. Der Sündenfall liefert auch das Modell einer miesen Schuldabwälzerei. Als Adam und Eva im Paradies noch kauten, da rief der Große Lehmkünstler nach seinem fleischgewordenen Werk und sagte

Hastu nicht gessen von dem Baum, davon ich dir gebot, du solltest nicht davon essen?
Da sprach Adam: Das Weib, das du mir zugesellet hast, gab mir von dem Baum, und ich aß.

Der Täter sieht sich als verführtes Opfer, das kennen wir. Kaum hat er also vom Apfel der Erkenntnis abgebissen, der erste Mensch, schon verpfeift er sein Weib an die Obrigkeit und lädt auf sie alle Schuld ab. So sind wir gemacht, von Anfang an.

Christa Wolf hat nun eine Erzählung mit dem Titel: »Was bleibt« veröffentlicht. Eine böse Geschichte aus längst vergangenen Zeiten. Ich soll der miesen *FAZ*-Kritik eines Frank Schirrmacher entgegentreten und soll dem perfiden Artikel des Ulrich Greiner in der *Zeit* widersprechen. Christa Wolf wird Feigheit vor einem Feind vorgeworfen, der allerdings nicht ihr Feind war und unter dessen Regime die Kritiker nie leben mußten. Heikel!

Es ist klar, warum mein allerliebster Russe aus Köln grad mich in die Maulschlacht schicken will. Ich spreche ja in dieser Frage mit einer Autorität, die mir in den Schoß fiel wie ein Mühlstein und die mir über den Schädel geschlagen wurde wie ein Heiligenschein.

Die Kritiker werfen der Christa Wolf vor, daß sie die Anti-Stasi-Story von vor über zehn Jahren erst jetzt aus der Schublade holt, wo es nichts mehr kostet. Stimmt! Aber auch umgekehrt: Bis grad eben noch war diese Autorin eine Heilige Kuh. Warum berennen diese Ritter des Geistes die umschmeichelte Autorin erst jetzt, wo es ebenfalls nichts mehr kostet? Wie zögerlich, furchtsam und zerrissen Christa Wolf auch immer war, sie machte nie auf Held, und sie durfte deshalb zerrissen, furchtsam und zögerlich sein. Außerdem soll man den Apfelbaum nach seinen Früchten beurteilen und nicht danach, ob er gute Knüller hergibt oder Brennholz für Scheiterhaufen.

Gewiß, die tapferfeigen Intellektuellen der DDR sind in der Bredouille. Nicht nur Christa Wolf, auch solche geschrumpften Drachentöter wie mein falscher Freund Stefan Heym, mein falscher Feind Stephan Hermlin, wie Volker Braun, dessen Talent ich bewundere, wie Fritze Cremer, den ich bedaure, wie Scheumann, den ich nicht kenne, wie Hermann Kant, den ich fürchte, und Peter Hacks, den ich verachte, wie Rainer Kirsch, der mir egal ist, wie Erik Neutsch, der immer blöde blieb, wie Willi Sitte, der auch mal Bessres mit sich und der Welt vorhatte.

Einige von diesen selbstlosen Kostgängern des Stalinismus kenne ich: halbherzige Aufrührer, die nun von Existenzängsten geschüttelt sind. Alles Luxusleiden. Parteipoeten, die gelähmt feststellen, daß ihre Villa ein Westgrundstück ist. Staatskünstler, die mitansehn müssen, wie ihr Staat untergeht. Wahrheitsfanatiker mit all ihren gehäkelten Lebenslügen. Wider-den-Stachel-Löcker mit storniertem Pensionsanspruch. Gleichheitsprediger mit bedrohten Privilegien. Untergrundkämpfer ohne lukrative Staatsaufträge, Freigeister, mühselig beladen mit Nationalpreisen.

Sie alle werden jetzt von westlichen Kritikern einem moralischen Tüv unterzogen. Ich find' es eher zum Lachen! Es geht ihnen nicht besser als den anderen Trabis und Wartburgs. All diese klapprigen Ost-Autos fahren nun über die Grube, und irgendein smarter Ingenieur vom Feuilleton stochert von unten ohne alle Pietät mit dem Schraubenzieher durch die Rostlöcher im Boden. Ach, und der moralische Abgas-Test! Das Öl, mit dem sie geschmiert und gesalbt wurden, verbrennt. Es stinkt im Osten nach Selbstmitleid.
Das Volk jubelt blöde über die schnelle Einheit, aber allerhand linke Künstler greinen. Es ist eine Posse.
Ja, lieber Lew, das ist eine Frage: Dürfen so vorlaute smarte Rotzlöffel wie Greiner und Schirrmacher, die nie durchmachten, was wir in der Stalinzeit erlitten, dürfen die urteilen? Dumme Frage, dumme Antwort: Na klar dürfen sie, und sie sollen sogar. Ich finde: Diese Artikel sind weder Hetze, noch blasen sie zu einer Hatz.
Mit allerhand Altlinken im Westen ist darüber schlecht reden, denn sie sind bösartig verwirrt und sind stocksauer über das Ende des Tierversuches DDR. Sie verübeln es dem DDR-Volk, daß es nicht jenen Sozialismus aufgebaut hat, von dem sie im Westen immer geschwärmt hatten. Viele Linke hier gestehen sich nicht ein, daß sie hinter dem eigenen Rücken heilfroh waren, wenn ihr Schwarm ein Traum blieb, den sie nicht leben müssen.
Und im Osten? Die eingebundenen Schriftsteller und alimentierten Maler, die gelegentlich im Westen grasenden Schauspieler und Verleih-Regisseure, die im Westen wildernden Miet-Musiker mokieren sich nun über die bananengierige Begeisterung des DDR-Pöbels am Grabbeltisch bei Karstadt. Auch diese Ost-West-Existenzen hätten den östlichen Tierversuch noch gut und gern tausend Jahre ertragen. Und mancher ärgert sich über den Fall der Mauer, Kunststück! Sie hatten ja fast alle in den letzten Jahren einen Reisepaß ergattert, den das eingesperrte Volk bitter den Arierpaß nannte. Und das kam ihnen süße hinzu: Sie zahlten auf ihre Westhonorare beneidenswert niedrige Steuern: fünfzehn Prozent. Sie waren

alle verstrickt. Und manchem schmeckt ein Menschenrecht eben doppelt, wenn er es als Privilegium genießen kann.
Brecht unterschied in seinem Tui-Roman-Fragment die echten Intellektuellen von den »Tellektuelinns«, die er kaltkurz Tuis nannte. Tuis, das sind die gekauften Intellektuellen, angestellt zur Ideologieproduktion. Selber in feineren Fesseln, schmieden sie die groben Ketten fürs Volk. Gehirnathleten, die ihren Kopf vermieten, genauso wie die Arbeiter ihre Hände. Ein anschauliches Abziehbild. Aber wir sind im Leben und nicht im Kongreß der Weißwäscher auf der Bühne des Berliner Brechtmuseums. In Wirklichkeit gibt es da kein Entweder-Oder, sondern ein Sowohl-Als-auch. Wir sind alle frei und angekettet zugleich. Und vertüdeln in uns eins mit dem andern. Kein Wahrheitsapostel lebt ohne Lebenslügen.
Und so müssen wir über die uralten Fragen bei Gelegenheit dieser Umwälzungen mal wieder nachdenken: Was soll der Schriftsteller in den finsteren Zeiten der Tyrannei?
Zu weit gehn, gewiß. Aber wie weit zu weit?
Wahrheiten austeilen, Gott ja! Aber wann und wie und wieviel und wem?
Wahrhaftig sein, gerne! Aber was tun, wenn das Leben auf dem Spiel steht und nicht nur das Wohlleben?
Appelle? Wozu einem Herzlosen das Hemd aufreißen!
Verdikte? Wozu einem Toten das Maul stopfen!
Furcht haben, wer hätte sie nicht. Was aber, wenn die Frucht mich hat?
Gerechtigkeit ist ein Traum, alt wie die Unterdrückung. Auch ich träume von einer Politik, die moralisch ist. Und wer wünschte nicht eine Moral, die endlich praktische Politik wird? Wir träumen alle vom Paradies, denn es ist ein Standard-Traum in der Hölle.
Des Teufels Instrumente waren im Osten die Macht, die Privilegien, die Beziehungen. Heute wird dasselbe mit Geld geregelt. Das Neue Testament war also stärker als das Kommunistische Manifest. Kennt ihr Orwells treffende Paraphrase? »Glaube, Liebe, Hoffnung – diese drei; aber das Geld ist das Größte unter ihnen.«

Geld ist nun in der DDR das Generalthema. Die Arbeiter fangen an zu rechnen, die Bauern machen Bilanz, die flotteren Funktionäre üben ohne Sentimentalität den Kapitalismus. Nur eben die paar Intellektuellen, Künstler, Schriftsteller weinen dem vertrauten Elend nach und geben ihm Kosenamen wie: das Bewahrenswerte, die DDR-Identität, die originären kulturellen Werte. Bei näherem Hinsehen können wir statt dessen auch hier getrost Geld sagen.

Als der Schauspieler Manfred Krug mit Kind, Kegel, Haushälterin und allen Antiquitäten die DDR verließ, im Gefolge meiner Ausbürgerung, tat er etwas, was auch ich hätte tun sollen. Er schloß sich in West-Berlin drei Tage in ein kahles Zimmer ein. Im Raum gab's nur eine Liege, eine Lampe und ein Buch. Und er las nun das Buch der Bücher: »Steuerrecht der Bundesrepublik Deutschland«. Da könnt ihr was lernen! Krug gehörte schon immer zur Avantgarde. Geld ist womöglich mörderisch wie die Macht, aber es ist nicht ganz so verlogen.

Also laßt uns endlich vom schmutzigen Geld reden. Es gibt für Künstler und Schriftsteller in der DDR im Moment kein edleres Thema. Meine lieben Zunftgenossen, ihr werdet euch ums liebe Geld noch so blutig schlagen, daß die Hunde das Blut lecken. Ihr werdet nicht mehr am Busen der Partei nuckeln, die Fonds sind versiegt. Ihr müßt abstillen, denn die Stasi steht trocken. Ihr werdet einander noch die Nasen abbeißen und euch zurücksehnen nach der gemütlichen Zeit ohne Steuerberater und Finanzamt, ohne Bankkredite und Bauherrenmodelle.

Goldgräber mit Taschenrechnern stoßen in den wilden Osten vor. Rechtsanwälte, Literaturkritiker und andre Gebrauchtwagenhändler erleben in diesen Monaten einen Boom. Die letzte Rostlaube auf Rädern wird zum doppelten Preis an DDR-Leute losgeschlagen. Selbst die schlechtesten Rechtsanwälte finden nun Kundschaft, sie sollen verloren geglaubte Immobilien aus dem ruinierten Rest reißen. Plötzlich gelten neue Maße und Gewichte. Was kann Christa Wolf dafür, daß mancher Kritiker nun sein Kuscheltier aus der Zeit des Kalten Krieges schlachtet. Nun rieseln ihr die Sägespäne aus dem Herzen.

Einst mir so freundlich und mir so feindlich heute... Das sind so Sätze. Wir sind alle ganz schön durch'n Wind.
Die DDR kommt mir in diesen Tagen vor wie das zusammengebrochene Pferd in Brechts Ballade:

O FALLADA, DIE DU HANGEST!
Ich zog meine Fuhre trotz meiner Schwäche
Ich kam bis zur Frankfurter Allee.
...
Kaum war ich da nämlich zusammengebrochen
(Der Kutscher lief zum Telefon)
Da stürzten sich aus den Häusern schon
Hungrige Menschen, um ein Pfund Fleisch zu erben
Rissen mit Messern mir das Fleisch von den Knochen
Und ich lebte überhaupt noch und war gar nicht fertig zum Sterben.
Aber die kannte ich doch von früher, die Leute!
Die brachten mir Säcke gegen die Fliegen doch
Schenkten mir altes Brot und ermahnten noch
Meinen Kutscher, sanft mit mir umzugehen.
Einst mir so freundlich und mir so feindlich heute!
Plötzlich waren sie wie ausgewechselt! Ach, was war mit ihnen geschehen?

Kohl hat sich schon die Serviette in den Hals gestopft und trommelt mit Messer und Gabel auf den Tisch, er will sofort sein großdeutsches Schnitzel. Und der kleine de Maizière röchelt: Ich bin noch gar nicht fertig mit dem Sterben. Goldene Worte sprach dieser neue Chef der verhurten Blockpartei am 18. März nach dem Wahlsieg in die Fernsehmikrophone: »Wir haben am 9. November Wahnsinn gesagt – und sagen auch heute Wahnsinn!!«
Irre gut getroffen, der Mann hat recht. Es ist der helle, der erhellende Wahnsinn. Krenz reißt im Fallen mit dem Hintern die Mauer um. Bärbel Bohley, die oppositionelle Maus, statt sich zu freun, will nicht durch das endlich gerissene Loch laufen. Alles wahnsinnig verkehrte Welt. Stasi löst Stasi auf. Havemanns Akten verschwunden. In der *Tagesschau* war zu sehn, wie alle belastenden Computerbänder in der Stasi-Zentrale Magdalenenstraße zerfetzt wurden. Ausgesuchte Opfer stim-

men der hastigen Vernichtung von Dokumenten der Unterdrückung zu. Ein einziges Affentheater. Ausgerechnet zwei Gottesmänner, Pfarrer Eppelmann und Pastor Meckel, kämpfen als Minister plötzlich für die Aufrechterhaltung der Nationalen Volksarmee. Diese Hirten treiben nun statt der Schafe die Panzer auf die Weide. Das ist Orwellsches Neusprech: Ein Pfaffe will der sterbenden DDR noch schnell für eine Milliarde neue Waffen kaufen und nennt sich Minister für Abrüstung.
Eppelmann, du bist nicht nur von allen guten Geistern, sondern auch von Gott verlassen! Heinrich Toeplitz, Oberster Richter in der Honecker-Ära, ein Mann, der Terrorurteile fällte und keinen Hauch von Schuldgefühl hat, grade der wurde beauftragt, in einer Untersuchungskommission der Volkskammer den Rechtsmißbrauch des alten Regimes aufzudecken. Alle Kommissionen der Bürgerrechtsbewegung zur Auflösung der Stasi waren von Stasis durchsetzt. Diese Revolution ist eine Weltpremiere: eine Revolution ohne Revolutionäre. Sonst hatten wir in Deutschland immer das Umgekehrte: lauter Revolutionäre, die nie eine Revolution zustande brachten.
Ja, es ist ein absurdes Stück, und alle Rollen sind phantastisch falsch besetzt. Diestel trat aus seiner rechtsradikalen Partei aus wegen rechtsradikaler Tendenzen. Höpcke, der Oberzensor von gestern, sitzt im PEN und managt mit Bertelsmann Gesamtdeutsches.
Heiner Müller erweist sich mit seinen blutigen Votze-Kacke-Eiter-Stücken, mit seinen wüst verschachtelten Geschichtsbilderbögen aus der Klapsmühle mehr und mehr als ein biederer Naturalist.
In der Nacht nach *dem* Fußballspiel schaltete ich vom Fernsehen um auf Nahsehn. Ich rannte in die Straßen West-Berlins und dann rüber in' Osten. Ich wollte vergleichen. Im Westen war es zum Kotzen, im Osten zum Fürchten. Auf dem Ku'damm brüllten die entfesselten Fans Olé Olé Olé Olééé! Sieg! Sieg! Sieg! Heil blieben die Scheiben der noblen Geschäfte. Fahnen aus offenen Autos, Hupkonzerte und leere Bierdosen wie die Hülsen abgeschossener Granaten. O, what a lovely football-war!

Dann, im Osten, geriet ich auf den Alex. Kahlgeschorene Halbkinder machten Jagd auf Vietnamesen, die uns entgegenkeuchten und flüchteten ums Rote Rathaus hinter die Baubuden. In der Rosa-Luxemburg-Straße schlugen schwankende Gestalten mit Stangen die größeren Scheiben ein und rissen die Hand zum Heil-Hitler hoch und krallten sich einen alten Mann: Erwidere den deutschen Gruß! und schlugen ihn zu Boden. Sie brüllten: »Und heute gehört uns Deutschland/Und morgen die ganze Welt...« Immer nur diese beiden Zeilen des alten Naziliedes. Woher kennen die das? Wir drückten uns seitwärts. Die Skins zogen Richtung Prenzlauer Berg die Schönhauser Allee hoch zur traditionellen Straßenschlacht gegen die Punks. Punks rekrutieren sich im Osten vornehmlich aus den Kindern der intellektuellen Halbopposition. Sie fühlen diffus links und verachten die Anpasserei ihrer aufmüpfigen Eltern. Meine Frau zerrte mich weg von den Skins. Sie fürchtete, daß diese angesoffenen Fußballfreunde mir das Maul nach hinten schlagen, nur, weil sie mich mit Wolf Biermann verwechseln. Sie beschimpfte mich, weil ich mich nicht satt sehen konnte an diesen Goya-Gespenstern. Die Skins haben Zulauf von überall, aber die meisten sind Kinder von Funktionären, Polizisten und Stasi-Männern, die jetzt arbeitslos zu Hause vor der Glotze brüten und die Welt versaufen. Wenn das nicht Kontinuität im Umbruch ist: Die Kids der Gegner von gestern prügeln aufeinander ein. Der Schlaf der Vernunft bringt Ungeheuer hervor.
Seit Hitler waren die Deutschen nicht mehr so begeistert. Am Tag, als Beckenbauers Rudel in Rom der deutschen Wiedervereinigung die Fußballkrone aufsetzte, hat immerhin mein Boris Becker sich um Deutschland verdient gemacht, zum Glück verlor er in London gegen eine schwedische Tennismaschine.
Der Kalte Krieg ist vorbei, und so sehn die Friedensfeiern aus. Also gut, der Kommunismus hat kapituliert. Aber wer hat eigentlich verloren? Honecker und Mielke? Die grinsen verwirrt und verpissen sich ins Grab. Schalck-Golodkowski? Oder Günter Mittags Mafioso Wolfgang Biermann, der gefürchtete

Generaldirektor von Zeiss-Jena? Mein Namensvetter ist längst im Westen und wuchert mit dem Pfund seiner Spezialkenntnisse fürs anlaufende Ostgeschäft. Die VEB-Direktoren? Viele haben längst Betriebe bürgerlichen Rechts gegründet und haben sich für'n Appel und Ei aus der Konkursmasse die besten Stücke rausgerissen. Das Volk? Die Arbeiter vom Fließband? Die Bauern in den LPGs? Quatsch! Die haben nie was davon gehabt und haben nie an nichts geglaubt. Man kann nur Illusionen verlieren, die man hat.

Die wirklichen Verlierer sind wir, eine Handvoll linker Intellektueller. Im Namen des echten Marxismus und des wahren Sozialismus hatten wir uns in den Streit mit den Bonzen verbissen. Aber unsere Gegner von gestern sind längst über alle Berge. Und wir, ein Häuflein mehr oder weniger Aufrechter, kauern am Grab und kauen an der Leiche des Kommunismus. Wir wissen zuviel, darum sind wir jetzt die ganz Dummen. Wir haben ein zu scharfes Gedächtnis, deswegen sind wir in diesen Tagen des Aufbruchs in die Marktwirtschaft so stumpfsinnig daneben.

Gewiß, wir sind untereinander verfeindet. Die einen haben mehr, die anderen weniger gewagt und gelitten. Und das werfen wir uns seit je gegenseitig vor. Aber im großen historischen Koordinatensystem sind eben dies nichtige Unterschiede, die man getrost vernachlässigen kann. Es ist im Grunde ganz einfach: Wir kommen aus derselben historischen Hoffnung.

Wir waren ja nicht, wie die Faschisten, aufgebrochen, um ein Volk über alle anderen zu setzen und ganze Völker auszurotten. Der Kommunismus stand ja in der humanistischen Tradition der Aufklärung, bevor er zum Massengrab der Aufklärer wurde. Wir wollten ein Leben vor dem Tod und wollten das jüdisch-christliche Paradies auf die Erde zwingen. Unsere Vorfahren sind die radikaldemokratischen Jakobiner, die ikarischen Spinner, die niedergemetzelten Communarden in Paris, die zusammengeschossenen Matrosen von Kronstadt und die vom Marstall in Berlin im November 1918. Leute unserer Machart leben und arbeiten in den Kibbuzim und liefern das

einzige Beispiel für einen halbwegs gelungenen Sozialismus im israelischen Kleinformat.
In den schweren Jahren, als ich verboten war, schrieb und sang ich in der Chausseestraße über unser zerrissenes Deutschland die Verse:

Ich lieg in der besseren Hälfte
Und habe doppelt Weh...

Die Rechten ärgerten sich über das aufreizende Wort von der besseren Hälfte und reiben es mir noch heute unter die Nase. Die Linken aber tadelten das Wörtchen Weh und wüteten darüber, daß es sogar ein doppeltes Weh sein sollte! So leicht setzt man sich zwischen die Stühle.
Ganze Nächte haben wir uns den Mund fusselig geredet. Immer wieder wurde Havemann und mir von solchen tapferfeigen Freiheitsfreunden wie Heym, Hermlin und Christa Wolf vorgeworfen, daß wir zu weit gehn. Ich wehrte mich mit Pasquillen und spöttischen Liedern und schlug solchen »tiefbesorgten Freunden« eine Ballade um die Ohren, in der es heißt:

Mein Lieber, das kommt von der Arbeitsteilung:
Der eine schweigt und der andere schreit
– wenn solche wie du entschieden zu kurz gehn
Dann gehn eben andre ein bißchen zu weit...

Oft wurde der Streit untereinander so übermächtig, daß wir vergaßen, daß eigentlich die Kretins im Politbüro unsere Todfeinde waren. Aber es war alles verwirrend vermischt. Christa Wolf war Kandidatin im ZK, und den Einmarsch in die ČSSR hat sie damals leider verteidigt. Hermlin besaß im verhaßten und gefürchteten Erich einen treuen Jugendfreund, den er jederzeit anrufen und um Hilfe bitten konnte. Kam hinzu, daß der weltberühmte Heiner Müller nur ein Wörtchen zum Chef des Berliner Ensembles Wekwerth sagen mußte, und der verklickerte es dann seinem Vertrauten Honecker. So konnte manchem Menschen geholfen werden. Gelegentliche Gerechtigkeit als sentimentaler Akt aufgeklärter Willkür.
Sogar dem hochmütigen Arschkriecher Hacks wurde in seinen

besseren Zeiten mal ein Stück verübelt und halb verboten. Gewiß, man kann, wenn man will, den drohenden Verlust von liebgewonnenen Privilegien schon als Repressalie verbuchen. Widerstand und Anpasserei haben fließende Grenzen. Und trotz alledem, das wissen wir, gibt es ein Ja und ein Nein, es gibt immer wieder Richtig und Falsch. Aber eben niemals als abstrakte Norm. Wie weit einer zu weit geht, das ist immer an den einzelnen Schriftsteller gebunden.

Wir waren verfitzt, verfilzt und hochverschwägert mit unseren Widersachern. Es gab ideologische Akrobaten, die in beiden Lagern standen und immerzu die Fronten wechselten. Die tiefen familiären Kontakte zu unseren Todfeinden brachen nie ab, weil wir den Widerspruch alle in uns selber trugen. Mir ging's damit nicht anders. Zumindest bis zum berüchtigten 11. Plenum im November 65, als ich endgültig und ganz und gar verboten wurde. Das Verdikt war mein Glück, denn ich hätte mich auch lieber arrangiert.

Vordem hatte ich gelegentlich sogar Margot Honecker getroffen. Ich besuchte sie in ihrem Ministerium nahe dem Brandenburger Tor. Sie redete auf mich ein und gab sich Mühe. Ich war jung, und sie wollte mich retten. Sie ließ sich sogar in ihrer Wandlitzer Bonzenschleuder zur Chausseestraße 131 kutschen, schwebte im Nerz die zwei Treppen hoch und suchte mich heim in meiner Bruchbude. »Wolf, komm zur Vernunft! Hör auf mit solchen Liedern! Das geht zu weit! Wenn du doch bloß zur Vernunft kämest - du könntest unser bester Dichter sein...« Ja, es ist zum Lachen. Als ob dieses ungebildete alte Mädchen die Zertifikate für den besten Dichter der DDR zu vergeben hätte! Aber so selbstbesoffen dachten die. Und so redeten wir miteinander, ja wir waren Familie, bis aufs Blut zerstritten, aber Familie. Und aller Haß, das Gift, die Galle kamen auch aus dieser familiären Verklammerung mit unseren Unterdrückern.

Gewiß, ich ging in diesem Familienstreit weiter als Christa Wolf. Ich hatte nun mal das schwarze Glück, daß mein Vater in Auschwitz starb und nicht in Stalingrad. Meine Kindheitsmuster sind eben anders, ich hatte nichts wiedergutzumachen.

Und ich mußte den neuen Machthabern gar nichts beweisen. Ich sprach im anmaßenden Ton des rechtmäßigen politischen Erben. Und das war auch der Grund, warum ich in meinen Liedern nicht in Sklavensprache sprach. Ich liebte kindlicher und haßte kindlicher und verachtete wilder und ... ich achtete diese alten Genossen mit größerer Selbstachtung, als es die Kinder der Nazis je konnten. Deren lumpenhafte Bescheidenheit paßte nicht zu meiner Biographie. Ich kämpfte naiv ohne Visier, und ich redete immer, auch in Reimen, Klartext. Die Folgen blieben nicht aus.

Sklaven reden halt in Sklavensprache, nichts dagegen! Wer sich darüber mokiert, muß den Aufstand wagen. Und wer das Maul aufreißt, dem wird es gelegentlich gestopft. Ich kann ein Lied davon singen.

Wie weit einer in finsteren Zeiten zu weit geht, das hängt nicht nur von seiner Persönlichkeitsstruktur ab, sondern auch von der literarischen Gattung, in der er sich bewegt. Ein Romanschriftsteller muß kein Volkstribun sein, er muß sich nicht wie Victor Hugos kleiner frecher Gavroche auf der Barrikade tummeln und dabei schön verbluten. Ich bin schon begeistert, wenn Stefan Heym ein aufregendes Buch über einen Historiker schreibt, der in biblischer Zeit den »König-David-Bericht« verfassen soll und sich krümmt zwischen Wahrheit und Lüge. Die begründeten Feigheiten dieses Intellektuellen sind lehrreich genug und nebenbei ein Selbstportrait des Autors. Sein gemeintes Selbstportrait aber, das Buch »Nachruf«, ist eine eitle Lebenslüge, in dem Heym uns erzählt, was für ein wasserdichter Held und Hellseher er von Anfang an war.

Der Dramatiker muß nicht ins Getümmel. Wozu soll er tagespolitisches Kaspertheater vorführen. Mir reicht es, wenn er Gott spielt. Er soll die Personae dramatis so aufeinandertreffen lassen, daß ich mir meine Gedanken machen kann und mit meinen Gefühlen ins reine komme. Staatspräsident kann er zur Not immer noch werden.

Anders der Gedichteschreiber und noch anders der Liederschreiber und noch anders der Sänger, wenn er damit auf die große Bühne geht! Volker Braun war seinem provokativen Ta-

lent moralisch nicht immer gewachsen. Die sanfte Sarah Kirsch, die stillspöttisch in der Loge saß und in ihre Naturlyrik Muster mit politischen Invektiven hineinstrickte, Sarah war so tapfer, wie die geniale Großfresse Volker es hätte sein müssen.
Und Lieder sind nun mal eine Kunstform, die auch in die Arena muß. Ich saß ja nicht im Wirtshaus wie Schubert und nicht im Salon wie Schumann.
Es war eine greuliche und trotz alledem lebendige Zeit. Die »Wunderbaren Jahre« waren wirklich wunderbar! Und ich sage das ohne den magensauren Sarkasmus des zerbrechlichen Kunze. Reiner Kunzes bedeutungsschwere Plattheiten im pfäffischen Tonfall gingen mir schon in der DDR auf den Senkel. Und nicht nur mir. Noch heute, nach so vielen Jahren, geht Helga Novak, die große verkannte Dichterin dieses Landes, an die Decke, wenn ich die sensiblen Wege meines Freundes Kunze verteidige.
Ja, es stimmt, ich verteidige ihn. Weil ich gern höre, wie sie dann loslegt: Kunze? Der!! Und dann erzählt sie, wie es an der Journalistenhochschule in Leipzig war, wo Kunze zum Lehrkörper gehörte, ein junger, ehrgeiziger Assistent. Kunze wurde als brutaler stalinistischer Einpeitscher von den besseren Studenten gefürchtet. Gibt es darüber sensible Gedichte? Und wer weiß, wie Kunzes Kindheitsmuster aussieht. Immerhin hat er sich geändert. Aber Stephan Hermlin hält noch heute und öffentlich seine Lobgesänge über Stalin hoch.

Aus dem unendlichen Raunen von Inseln und Ländern
Hebt das Entzücken sich mit seiner Botschaft dahin,
Wo die Verheißungen leben und die Epochen verändern,
Namenlos sich die Zeit endlich selbst nennt: STALIN
(aus dem Gedichtzyklus »Stalin« 1949)

Mein lieber Hermlin, das ist doch Dreck! Diese Nibelungentreue in einer Zeit, wo die Ratten das sinkende Schiff der Partei verlassen, ehrt Sie. Aber unter uns: Das einzige unparfümierte Wort in diesem Wortebausch ist doch der Name »Stalin«! Ohne diese stinkenden sechs Buchstaben wären solche

Verse nichts als ein Paul-Eluardifizierter Kitsch. Man kann dem georgischen Massenmörder viel, aber nicht jedes schlechte Gedicht in die Schuhe schieben. Aragon war genau so ein stalinistischer Schöngeist wie Sie, aber die Musen küßten ihn, und er schrieb unvergänglich schöne Gedichte. *Il n'y a pas d'amour heureux.*

Was für erschütternde und zudem lehrreiche Verse hätten Sie darüber schreiben können, wie sich Ihre tiefunglückliche Jugendliebe zur Partei in ein abgeschmacktes Bratkartoffelverhältnis wandelte. Statt dessen hockten Sie all die Jahrzehnte auf unzähligen Kongressen in aller Welt und vergeudeten Ihr tiefes Sprachgefühl beim Feilschen um Worte im Bulletin, in Resolutionen, Protestnoten und Ergebenheitsadressen. Sie vertaten Ihre kurze Zeit in endlosen Sitzungen der Akademie der Künste, in Gremien und auf Tagungen. Sie spielten in Ost und West die Rolle des Großen Deutschen Dichters, ein nobler Titel, den ich Ihnen mal in einem Spottlied verlieh, Sie wissen es, um Ihren beleidigten Stolz zu besänftigen.

Dabei weiß ich wohl, daß Sie nach Chruschtschows Geheimrede über Stalins Verbrechen zutiefst erschüttert waren. Und ich weiß sehr gut, daß Sie ein hochkarätiger Literat sind, dessen Urteil ich achte, wenn es nicht grade mit dem Gift der Selbstverteidigung und Selbstbeweihräucherung verdorben ist. Und ich weiß und habe nie vergessen, daß Sie mir am Anfang beistanden und nicht nur mir und immer wieder. Ich hab keine Lust mehr, Ihr Feind zu sein.

Ihre Unterschrift unter die Biermann-Petition vom November 76 haben Sie Ihrem mächtigen Jugendfreund zuliebe leider leider zurückgezogen und haben dann in einer tartüffischen Verrenkung Ihren Widerruf widerrufen – was sollen wir darüber noch lange streiten. Ich kenne doch den Druck und die Ängste, und ich weiß um unsere fatale Geschicklichkeit, jeden Akt der Unterwerfung in eine List umzulügen.

Erinnern Sie sich an den letzten PEN-Kongreß in Hamburg? Peinlich! Ich schneite da rein, zusammen mit Hans-Joachim Schädlich und Jürgen Fuchs, zwei ins deutsch-deutsche Exil gejagte Schriftsteller, die Sie damals noch mit schäbiger Arroganz als »Kriminelle« abtun wollten. Christa Wolf und Heiner Müller hatten an diesem Tag das Herz, mich freundschaftlich im großen Saal zu begrüßen. Aber der Spitzel Kamnitzer sah alles. Hagers und Mielkes Apparatschiks waren noch an der Macht und hatten ihre Aufpasser im Hamburger Kongreß-Zentrum plaziert. Lassen Sie uns den alten Streit beenden, er ist gegenstandslos geworden. Mir ist so friedensselig zumute, wir haben beide verloren.

Sie kennen gewiß mein Lied »Ermutigung«. Ich schrieb damals aber ein anderes, das nicht so populär wurde: »Große Ermutigung«. Das geht so:

Du, mein Freund, dir kann ich sagen
Ich bin müde, hundemüde
Müde bin ich all die Tage
Die mich hart und härter machten
Ach, mein Herz ist krank von all der Politik und all dem Schlachten . . .

und im Refrain heißt es:

Sag, wann haben diese Leiden
endlich mal ein Ende?
Wenn die neuen Leiden kommen
haben sie ein Ende.

Wenn das kein Trost ist! Endlich haben wir neue Probleme und nicht immer die alten. Auch neuen Streit mag es geben, aber bitte! ich will neuen! und nicht immer wieder den alten Quark.

Aber wie verheerend es auch wird, die Deutschen sind fein raus. Das Elend in den östlichen Ländern, die nicht so einen reichen, geizigen, kurzsichtigen und kaltherzlichen Bruder im Westen haben, wird ins Chaos führen. Die panische Flucht der Juden aus dem hungernden und lynchlustigen Pamjat-Rußland und nun auch und ausgerechnet nach Deutschland – das ist ein schreckliches Zeichen. Es ist ungerecht, daß Gorbatschow, dem wir Deutschen mehr als uns selbst verdanken, jetzt verschlissen wird. Aber es ist ja nicht die Aufgabe der Weltgeschichte, Beispiele für Gerechtigkeit zu liefern.

Die DDR hat es leicht. Es wird schwerer und schlechter gehn, als Kohl es den Heimkindern im Osten versprach, aber besser als vorher. Das gesicherte Dahinsiechen ist vorbei. Alles ist in Bewegung geraten, die lebenslangen Frührentner fangen an ranzuklotzen wie sonst nur am Wochenende auf der Datscha. Der chronische Bummelstreik ist beendet. Auf einem Arbeitsplatz werden sich nicht drei abgestumpfte Leute räkeln. Clevere Beutelschneider werden die schnelle Mark machen, die Schwächeren werden übers Ohr gehaun und doppelt ausgenommen. Neue Reiche, neue Arme, das ist kein Weltuntergang.

Nach dieser Schwemme geschichtsschwerer Tage schmiß ich mich endlich mal wieder in die Nordsee. Vor lauter Windhaschen und Weltbewegen kommt man kaum noch zu solchen wichtigen Nichtigkeiten. Angesagt war, mir Stachel genug, an diesem Tag Badeverbot. Ein Weststurm warf gewaltige Wellen gegen den Strand. Ich schaffte es nicht, durch die Brandung zu kommen. Die Wellen schmetterten meine 140 Pfund zu Boden. Aber dann rissen die zurückflutenden Wassermassen mich mit Macht seitwärts vom Strand weg ins Tiefe und drückten mich gefährlich gegen die Buhnen. Ich hatte Angst und fühlte mich.

Lieber Lew, so ängstlich mag es jetzt der Christa Wolf gehn in den Pressewellen. Und so haben jetzt Leute in der DDR überhaupt Angst um Mieten und Löhne und um den Milchpreis. Aber gemessen an der halben Menschheit, für die gar kein Land in Sicht ist, plantschen wir Deutschen alle in der Badewanne.

Ach und der Presseschaum! Früher nagelte man den Dummen an das Brett vor'm Kopp – heute macht man aus dem Holz vorher Zeitungspapier. Die Produktivität der Industriegesellschaften ist verheerend. Druckereimaschinen und Papier kann man beliebig kaufen. Immer neue Blätter und Blättchen finden Kunden. Aber die Produktion geistiger Substanz kann man nicht so beliebig erweitern wie die Palette kommerzieller Medienprodukte.

Abgebrochene Lehrer und arbeitsscheue Sozialarbeiter, allerhand verhinderte Dichter und lungernde Knittergenies schmieren irgendwelche Artikelchen zusammen und füllen das leere Papier mit ihren Nichtigkeiten. Am greulichsten sind unberühmte Journalisten, die hochkommen wollen. Nebenbeischreiber, die auf den Putz haun, die ihren Mangel an Kompetenz durch Rotzigkeiten ersetzen und die jeden Tag über etwas schreiben müssen, wovon sie nicht wissen. Ich lese kaum noch Kritiken. Auch die lobenden sind daneben und oft blamabler als Verrisse.

Lieber Lew, das war im Stalinismus schlimm, Du kennst es aus Moskau und besser als andre. Ein kleines kritisches Wörtchen in einem *Prawda*-Artikel über einen Schriftsteller - und schon war seine Existenz vernichtet. Als ich in den Westen geriet, las ich jede Kritik mit diesem Blick. Und wenn irgendein Idiot sich auf meine Kosten profilieren wollte, dann bildete ich mir hysterisch ein, er sei dazu von höheren Mächten, von meinen wohlorganisierten Feinden angespitzt und auf mich gehetzt worden. Die banale Wahrheit begriff ich nur langsam: Hier im Westen darf jeder Plattkopf, wie er will und kann, wenn es sich nur verkauft. Am besten fährt man noch mit wirklich etablierten Journalisten in etablierten Blättern. Nur wer es schon geschafft hat auf dem Markt, der leistet sich gelegentlich eine Meinung und spricht lieber von Angelegenheiten, die er versteht. Schirrmacher und Greiner gehören in diese Kategorie, sie haben einen Streit angefacht, der fällig ist.

Wichtiger als das, was über uns geschrieben wird, ist sowieso unsere Schreibe. Wir haben die längere Puste und haben eigentlich gut lachen. Ich freu' mich über die Veränderungen. Der historische Stoff für die Lieder ändert sich. Aber wann war das je anders? Als ich 1965 verboten wurde, orakelten etliche Eunuchen, das Verbot würde mich impotent machen. Als ich dann 1976 aus dem DDR-Boden ausgerissen wurde, prophezeiten allerhand Schrebergärtner, die mich offenbar für ihren Strauch halten, vom Biermann würden rote Johannisbeeren nun nimmermehr zu ernten sein.

Inzwischen ist die DDR krepiert und wird ohne Pomp beerdigt. Prompt sorgen sich Leute, die nie was zustande brachten,

ich würde nun nichts mehr zustande bringen. Meine Fresse, diese Angst hatte ich von Anfang an selber. Die Musen kann man eben nicht zwingen.
Wenn dieser großdeutsche Kuddelmuddel vorüber ist, zählen sowieso nur unsere Romane, Stücke, Gedichte und Lieder. Das ist mir Trost und Stachel genug. Ich freue mich auf die nächste Erzählung von Christa Wolf und bin gespannt, ob der wortgewaltige Heiner Müller demnächst in der Geschichte doch einen Sinn entdeckt. Daß Günter Kunert immer wieder das liefert, was Marcel Reich-Ranicki ironisch »gute Ware« nennt, da bin ich sicher. Und Jürgen Fuchs, den ich so bewundere, wird noch Prosa schreiben, die uns satt macht wie das gute trockene Brot der Gerechtigkeit.
Gewiß, ich sehe schwarz, will sagen: schwarz-rot-gold. Elftens ärgert mich, daß es in Deutschland anders anders wurde, als ich dachte. Aber erstens bis zehntens freue ich mich, daß die verfluchte Tyrannei zerbröselt ist. Das Fest ist gelaufen, viel Hoffnung wurde wie Fusel gesoffen. Das macht einen schweren Kopf. Und so singe ich nun gegen den linken Kater an:

Wer Hoffnung predigt, tja, der lügt. Doch wer
Die Hoffnung tötet, ist ein Schweinehund
Und ich mach beides und schrei: Bitte sehr
Nehmt, was ihr braucht!
(zu viel ist ungesund)...

Ach, und die Utopien. Nur wer sich ändert, bleibt sich treu! Sie steigen auf und leuchten und verbrennen und verblassen und gehn halt unter. Na und?! Die Sehnsucht der Menschenkinder nach einer gerechteren Gesellschaft wird mit jeder Generation neu geboren. Wir können gar nicht anders und wolln es auch nicht.

Die Zeit, 24. August 1990

PETER HÄRTLING, HANS MAYER, MARTIN WALSER

Antworten auf eine Umfrage

Am 25. Juni 1990 veröffentlichte das Feuilleton der *Süddeutschen Zeitung* Antworten auf eine von Klaus Podak initiierte Umfrage unter Schriftstellern und Kritikern. Zumindest zwei der drei Fragen, die ihnen gestellt wurden, bezogen sich direkt auf den Streit um Christa Wolf. Die beiden Fragen lauteten:

1. War ein DDR-Autor, der Privilegien genoß, der publizieren konnte und dabei niemals grundätzliche Systemkritik, sondern immer nur partielle Mängelrügen vorbrachte, eigentlich schon ein Mitläufer?
2. Wie sieht die bundesdeutsche Moralisiererei aus, die Ihnen mißfällt?

Im folgenden sind die Antworten von Peter Härtling, Hans Mayer und Martin Walser abgedruckt, die sich sonst in der Debatte nicht mit längeren Beiträgen geäußert haben:

PETER HÄRTLING

Auf Ihre Fragen kann ich nur *eine* zusammenhängende Antwort geben. Sie hat mit meiner Geschichte, mit meiner Erfahrung mit Deutschland zu tun.
Die ersten zwölf Jahre meines Lebens verbrachte ich im deutschen Reich Adolf Hitlers. Einem ungeteilten Land, das durch Größenwahn und eine mörderische Politik zerrissen wurde. Ich bin mit zehn Jahren Pimpf geworden und habe den Parolen der Erwachsenen geglaubt. Daß nicht wenige von ihnen, die uns angefeuert hatten, dem Führer zu folgen, nach der Niederlage die besten Demokraten und gläubige Christen wurden, ist für mich zu einem Kindheitstrauma geworden, das mich vermutlich zum Schreiben brachte. Seither gehe ich un-

serer elenden Geschichte nach, den Verdrängungen, den nachträglichen Anmaßungen und der gepflegten Geschichtslosigkeit. Als ich 1955 im *Studentenkurier* darauf bestand, neben den Mordlagern Hitlers auch die Lager Stalins zu nennen, wurde ich von vielen, denen ich mich politisch nah fühlte, geschnitten; ebenso von den Konservativen, die mir nicht nachsehen konnten, daß ich ihre Großzügigkeit in Sachen Globke, Vialon, etc. angriff. Ich denke nicht daran, jetzt, da zum zweitenmal deutsche Geschichte abreißen soll wie ein Faden Zwirn, die Position dessen, der doppelseitig Backpfeifen bekommt, aufzugeben.

Mich erschreckt die Anmaßung, mit der gegenwärtig Intellektuelle in der Bundesrepublik, vor allem jüngere, mit Schriftstellern, Künstlern in der DDR abrechnen. Wieder diese Selbstgerechtigkeit. Wieder diese vorgebliche Bereinigung, dieses partielle Vergessen. Nur gleichsam gewendet. Die Söhne und Enkel der Vergeßlichen drängen nun darauf, daß die Deutschen jenseits auf keinen Fall vergessen dürfen oder genauer, daß ihnen nichts vergessen werden darf. Dabei wird unterschlagen, daß einige der Autoren sich bis jetzt zum Sozialismus bekennen. Das aber ist, da wir Deutschen wieder mal aus der Geschichte fallen, ganz und gar unmöglich. Als wären Marx, Rosa Luxemburg, Gramsci und auch jene, die entdeckten, daß mit Stalin der sozialistische Weg ein Ende hatte, Koestler zum Beispiel oder Ignazio Silone, Idioten gewesen. Als sei da nicht auch nachgedacht und gehofft worden.

Das Experiment des Sozialismus ist von Mördern, Gaunern und Privilegienschneidern ohne Zweifel zerschlagen worden. Vermutlich für lange Zeit. Das kann für mich nicht bedeuten, denen, die in der DDR lebten und schrieben, ohne Unterschied bedenkenlose Mitläuferschaft vorzuwerfen. Dies nicht, nachdem die ungezählten Mitläufer meiner Kindheit zu den Gründern und Bewahrern der Demokratie wurden, die sich jetzt geradezu für untadelig hält.

Sicher, es gab Autoren, die sich der SED verschrieben, die ihr, inquisitorisch Andersdenkende verfolgend, dienten. Sie sollten es nicht wagen, sich nun falsch zu rechtfertigen.

Das andere ist dies: Die einen waren mutig, nahmen Pressionen in Kauf, verließen, wenn auch nicht alle, ihr Land. Die anderen gaben bisweilen ihrer Feigheit nach, drückten sich, genossen Privilegien, hielten still, und manche meinten, dem Staat unbedingt dienen zu müssen, und machten sich mit dem Unrecht gemein. Selbst in den Demokratien werden jene, die sich nicht der gängigen Meinung fügen, oft rasch und ungerecht attackiert. Nein, ich plädiere nicht für Barmherzigkeit und Vergessen. Im Gegenteil: Für historische Gewissenhaftigkeit.

HANS MAYER

1. Der Ausdruck »Mitläufer« stammt aus den Tagen der - mißglückten - Entnazifizierung. Ihn auf die Leute der DDR anzuwenden ist absurd. Das Volk der DDR hat weder Synagogen angezündet, noch den totalen Krieg gewollt, noch Walter Ulbricht als Geschenk der Vorsehung verehrt. Es hat sich immer wieder gewehrt und am Ende auch befreit.
2. Moral und Moralisten, das ist zweierlei. Anständige Menschen rümpfen nicht die Nase über unanständige, sondern gehen ihnen aus dem Wege. Daß Saubermänner zunächst einmal selbst unter die Dusche gehen sollten, wissen wir alle. Übrigens moralisieren »die Deutschen« gar nicht in diesem Augenblick. Das tun profilneurotische Politiker, die unbedingt dem »Krähwinkler Generalanzeiger« ein entrüstetes Interview geben müssen. Und moralisieren tut natürlich die *Bild-Zeitung.* Doch die *Bild-Zeitung* ist nicht Deutschland. Das glaubt sie nur.

MARTIN WALSER

1. Mitläufer könnte ich einen nennen, der mitmacht, ohne im geringsten überzeugt zu sein. Ein Intellektueller, der das probiert, richtet sich selbst zu Grunde. Das ist sein gutes Recht. Wenn der Marxismus Leute zu dieser Selbstzerstörung bringt oder zwingt, spricht das gegen den Marxismus, nicht gegen die Leute. Wenn aber jemand mitmachte, weil er den Marxismus für einen guten Weg hielt, dann ist er kein Mitläufer, sondern

ein Getäuschter. Und Getäuschten Vorwürfe machen sollten nur Untäuschbare.

2. Vielleicht sollte man versuchen, es komisch zu finden: Wohl versorgte westliche Intellektuelle streichen dem DDR-Volk die Motive seiner Revolution zu Konsummotiven zusammen und wünschen dann auch noch, die DDR solle noch eine Runde Sozialismus dranhängen. Intellektuelle, die hier ganz gut leben, möchten das DDR-Volk bewahren vor dem, was sie selber genießen. Das ist in der Tat eine Leistung, die das DDR-Volk mißtrauisch machen könnte gegen das in der Bundesrepublik herrschende Leistungsprinzip.

Süddeutsche Zeitung, 26. Juni 1990

Kampf gegen eine Kaste

Die Intellektuellen und die deutsche Einheit

Der Streit um Christa Wolf wurde zu einem »Intellektuellen-Streit« im doppelten Sinn: ein Streit unter Intellektuellen, doch zugleich auch einer um den »Linksintellektuellen«, der meistens immer noch gemeint ist, wenn heute von »Intellektuellen« die Rede ist. Diejenigen, die Christa Wolf besonders scharf angriffen, gebrauchten das Wort »Intellektuelle« vorwiegend in einem abwertenden Sinn, wenn nicht sogar als Schimpfwort. Daß ihre Kritik an Christa Wolf von Anfang an zugleich auch eine Kritik an den deutschen Intellektuellen und ihrer Skepsis gegenüber dem Prozeß der deutschen Einigung war, trug entscheidend zur Eskalation des Literaturstreits bei und wurde zu einem seiner dominanten Aspekte.

Schon in seiner Rede vom 11. Juni 1990 auf dem Potsdamer Kolloquium zur »Kulturnation Deutschland« beklagte Walter Jens, daß den literarischen Intellektuellen, die sich in beiden Teilen Deutschlands nicht »als Apologeten der Macht, der Partei oder des großen Geldes in Dienst nehmen« ließen, gerade auch in den Angriffen auf Christa Wolf ein kruder, höhnischer »Anti-Intellektualismus« entgegenschlage (siehe S. 167). Und Ivan Nagel erinnerte in seinem Beitrag zum Literaturstreit am 22./23. Dezember 1990 in der *Süddeutschen Zeitung* an die fatale Geschichte des Schimpfworts »Intellektuelle« (siehe S. 184). Mit seinen historischen Hinweisen auf die Intellektuellenfeindschaft sowohl kommunistischer als auch nationalsozialistischer Parteidiktaturen warnte er vor einer neuen »Intellektuellenjagd« in westdeutschen Feuilletons.

Hinweise auf die Geschichte des Wortes »Intellektuelle«, wie sie Nagel gibt, sind in der Tat notwendig, um die weitreichende Bedeutung des Literaturstreites als Streit um einen bestimmten Typus des politisch engagierten Schriftstellers oder Publizisten angemessen zu verstehen. Während der neunziger Jahre des vorigen Jahrhunderts bekommt der Begriff seine heutige Bedeutung. »Intellectuels« wurden in Frankreich jene genannt, die nach der fragwürdigen Verurteilung des jüdischen Offiziers Alfred Dreyfus in einer publizistischen Kampagne eine Revision des Prozesses und schließlich den Freispruch erzwangen. Die erfolgreiche Intervention der »Intellektuellen«, unter ihnen auch Émile Zola, hatte, so sah es die liberale französische Linke, der Wahrheit und Gerechtigkeit zum Sieg verholfen und den Prozeß vor aller Öffentlichkeit zum Modellfall gemacht für die Unglaubwürdigkeit staatlicher Macht. Der Sieg des »Geistes« über die Macht wurde für die literarische Intelligenz in Frankreich zum Schlüsselerlebnis ihres gewachsenen sozialen Selbstbewußtseins. In Deutschland war es maßgeblich Heinrich Mann, der nach dem Vorbild Zolas den Begriff und die Rolle des Intellektuellen übernahm und damit seit 1910 seinerseits zum Vorbild einer jungen Generation politisch engagierter Schriftsteller wurde. Der von ihnen begeistert aufgenommene Kernsatz aus Manns Essay »Geist und Tat« vom Januar 1911 lautet: »Ein Intellektueller, der sich an die Herrenkaste heranmacht, begeht Verrat am Geist.« Von der kulturkonservativen Intelligenz wurde der Begriff »Intellektueller« in seinem auszeichnenden Sinn nicht übernommen. »Hinweg mit diesem Wort, dem bösen,/Mit seinem jüdisch grellen Schein!/Wie kann ein Mann von deutschem Wesen/ Ein Intellektueller sein.« Solche Verse kursierten in den letzten Jahren der Weimarer Republik und nahmen den Umgang mit dem »Intellektuellen«-Begriff im NS-Staat vorweg.

Viele Beiträge zum Literaturstreit zeigten sich, wie nicht nur Ivan Nagel kritisierte, in ihrer Intellektuellen-Schelte in der Tat erstaunlich unbekümmert um solche historischen Zusammenhänge. Auch ihre Angriffe auf Christa Wolf und alle, die sich auf ihre Seite stellten, artikulierten sich mit jenem kritisch-engagierten Gestus, der für den Intellektuellen des 20. Jahrhunderts typisch wurde, aber von »*den* deutschen Intellektuellen« schrieben sie in einem durchwegs abschätzigen Ton, so daß der Begriff selber einen eindeutig negativen Charakter bekam. Jürgen Serke spricht in einer seiner Attacken gegen Christa Wolf, in der *Welt* vom 23. Juni 1990, vom »Selbstbetrug der DDR-Intellektuellen« und über »die Schande der Intellektuellen in der Bundesrepublik«. Er signalisierte damit, wer seine eigentlichen Gegner in dem Streit waren: eben *die* Intellektuellen, zu denen er sich offensichtlich selbst nicht zählt. Daß die Angriffe auf Christa Wolf über ihre Person hinaus auf die Intellektuellen zielten, wird besonders deutlich in dem redaktionellen Vorspann zu einem Gespräch Jürgen Serkes mit Reiner Kunze, das die *Welt* am 2. Juli 1990 veröffentlichte: Das Gespräch verstand sich als Beitrag zur »Diskussion um das Versagen deutscher Intellektueller im deutschen Einigungsprozeß . . ., die im April von der *Welt* im Zusammenhang mit Christa Wolf eröffnet wurde«. In dem Gespräch fragt Serke: »Warum tut sich der deutsche Intellektuelle so schwer mit einem vereinten Deutschland?« Kunze indes wehrt sich gegen eine pauschale Abwertung des »Intellektuellen«: »Den deutschen Intellektuellen gibt es ebensowenig wie beispielsweise den tschechischen Intellektuellen.« Allerdings, räumt er ein, habe der deutsche Intellektuelle eine besondere Neigung zu in sich geschlossenen Denksystemen, »und in diesen Denksystemen hält er stand wie ein Zinnsoldat, und zwar wie einer, der auch dann nicht schmilzt, wenn die Wirklichkeit außerhalb seines Denksystems die Hölle ist«. In einem späteren Passus des Gesprächs beschreibt Kunze Gefährdungen des Intellektuellen mit einer Definition, die dem Typus gegenüber ein hohes Maß an Sympathie bezeugt. Das »Dasein des Intellektuellen« bestehe darin, »daß er Grundfragen nach der Existenz stellt, daß er die Welt problematisiert und Unruhe stiftet – in anderen Menschen und in sich selbst. Der Intellektuelle schafft keine Geborgenheit, zumindest nicht primär – und er ist nicht geborgen. Ein Intellektueller zu sein heißt eigentlich, allein, einsam zu sein. Und da kann es geschehen, daß man, um einmal Geborgenheit zu erleben, den Intellekt verrät, und wer das getan hat, der muß dann dabei bleiben, muß dazugehören; denn sonst trifft ihn die Verachtung aller, zu denen er einmal gehört hat.« Bezeichnender Weise konterkariert die Redaktion der *Welt* diese existentialistisch geprägte Charakteristik des Intellektuellen durch den polemischen Zwischentitel: »Das Vaterland des deutschen Intellektuellen heißt Ideologie«.

Schon Frank Schirrmachers Angriffe auf Christa Wolf in der *FAZ* vom 2. Juni 1990 richteten sich gegen »die deutschen Intellektuellen« in beiden Staaten. Um die Kritik an ihnen historisch zu untermauern, behauptet er das Versagen der Intellektuellen schon in »Kaiserzeit und Drittem Reich« und schreibt, daß »der Nazi-Staat die intellektuelle Klasse [...] auf sich verpflichten konnte«. Daß diejenigen, die von den Nationalsozialisten als »Intellektuelle« beschimpft wurden, nach 1933 ins Exil gehen mußten oder in Konzentrationslagern ermordet wurden, erwähnt Schirrmacher nicht. Konsequent ist es daher auch, daß er immer da, wo von jenen die Rede ist, die sich totalitärer Herrschaft widersetzt haben, nicht von »Intellektuellen« spricht, sondern von »Schriftstellern«, »Künstlern« oder »Autoren«. In diesem Punkt unterscheidet sich die Kritik Ulrich Greiners in seinem *Zeit*-Artikel vom 27. Juli 1990, der die Intellektuellen-Feindschaft des Dritten Reiches nicht verschweigt (siehe S. 179).

Für Greiner ist es der Zusammenbruch des real existierenden Sozialismus, der jetzt endgültig jene linken Intellektuellen ins Unrecht setze, die einmal an die Idee des Sozialismus geglaubt haben oder noch an sie glauben. Die Beiträge der *FAZ* zum Streit haben einen etwas anderen Tenor. Weniger auf die *Zeit* als auf die *Welt* und die *FAZ* bezieht sich denn auch Ivan Nagels Beobachtung: »Die Autoren der DDR wurden hochgelobt, solang sie die Regierung der DDR störten. Sie werden heruntergemacht, seitdem sie das Deutschlandglück stören.« Kritisiert wurden ebenfalls »die Intellektuellen« in der Bundesrepublik, die dieses Glück störten. Seit den späten siebziger Jahren, als »die Intellektuellen« als Wegbereiter und Sympathisanten des RAF-Terrors verdächtigt wurden, artikulierte sich die Intellektuellenfeindschaft in der *FAZ* nie wieder so vehement wie im Zusammenhang mit den Debatten um

Christa Wolf, um die deutsche Einheit und dann auch um den Golfkrieg. Die Beiträge zum Streit um Christa Wolf sind hier Teil einer ganzen Serie von Artikeln, die »den Intellektuellen«, den »Linksintellektuellen«, die »deutsche Linke«, die »68er Generation« und die »Gruppe 47« angreifen.
Schirrmacher selbst schreibt dem »Fall Christa Wolf« »exemplarische« Bedeutung zu, kritisiert die Schriftstellerin stellvertretend für vieles zugleich: als Autorin, die »zum Träger allermöglichen Erwartungen und Hoffnungen werden konnte – vom Feminismus über Umweltschutz und Friedensbewegung bis hin zum Eurokommunismus«; als Beispiel dafür, »wie perfekt der Intellektuelle sich über die Wirklichkeit betrügen kann«; als Exempel des von linken Ideologien »verführten Denkens«; als exemplarische Widerlegung der »Nachkriegslegende«, daß »der Schriftsteller nach der Erfahrung des Nationalsozialismus über eine stabile, antiautoritäre, kritische Gesinnung verfüge, die sich im Zweifelsfall bewährt«; und vor allem auch als »Intellektuelle«, die noch im Prozeß der deutschen Einigung »bis zum Schluß« ihren Auftrag darin sah, die DDR zu retten. Daß auch Schirrmacher den Streit um Christa Wolf als Teil der Debatte um die »Wiedervereinigung« Deutschlands begreift, zeigt nicht zuletzt die Reaktion auf seine Kritiker. Die Rede von einer »Treibjagd« auf Autoren aus der DDR habe, so bemerkt er in der *FAZ* vom 18. Juni 1990, wie die vom »Ausverkauf« oder »Anschluß« nur das Ziel, »die Legitimität des neuen Gesamtdeutschland von Anfang an in Frage zu stellen«.
Am 29. September 1990, in der letzten Samstag-Beilage der *FAZ* vor dem offiziellen Tag der neuen deutschen Einheit, erschien eine Reihe von Artikeln, die den 3. Oktober als Höhepunkt in der »Erfolgsgeschichte der Bundesrepublik« feierten – und als endgültigen Sieg über den Sozialismus und »die intellektuelle Linke«: »Zwar hat«, so schreibt hier der Mitherausgeber der *FAZ* Joachim Fest, »vor allem die intellektuelle Linke einige Mühe, ihren Frieden mit diesem Staat zu machen, ihm insonderheit nie ganz verzeihen können, daß seine Entstehung so viele restaurative, als zeitwidrig empfundene

Tendenzen hatte zum Zuge kommen lassen. Aber der sichtbare und anhaltende Erfolg der Republik hat alle utopischen Alternativen unterhöhlt.« Der Artikel von Jens Jessen handelt von den »deutschen Intellektuellen als Hüter der Zweistaatlichkeit«, berührt dabei auch den Streit um Christa Wolf und behauptet bereits im Titel: *Eine Kaste wird entmachtet.* Daß der Gedanke der Wiedervereinigung aus dem Banne intellektueller Tabus befreit und zur politischen Tat geworden sei, komme »der öffentlichen Verhöhnung und schließlichen Entmachtung einer ganzen Priesterkaste gleich. Noch ehe den deutschen Intellektuellen mangelnde Unterstützung des Vereinigungsprozesses vorgeworfen wurde, verstanden sie, daß der Vereinigungsprozeß gegen sie gerichtet war.« Die »entmachteten« Intellektuellen werden noch einmal genannt und zitiert: Jürgen Habermas und Heiner Müller, Stefan Heym und Günter Grass, Walter Jens, Christa Wolf und Günter Gaus, Franz Xaver Kroetz, Stephan Hermlin und Max Frisch, Günter Wallraff und schließlich, als Sprecher »für eine ganze unter Aufsicht linker Pädagogen erzogene Generation«, auch noch Patrick Süskind.

Ein ganz unverblümter Artikel dieser Art erschien am 12. Dezember 1990. Brigitte Seebacher-Brandt, Frau des SPD-Ehrenvorsitzenden, verkündet hier »die Abwahl einer Generation«, der 68er Generation, die »in jenem Augenblick, der zur Epoche wurde«, vollkommen versagt habe. »Ihr Erbe wird nicht weitertragen. Es ist versunken und der Blick nun frei – auf jene Generation, die 1989 und 1990 geprägt worden ist.« Der entscheidende Mangel der 68er Generation ist für sie, daß zwei Dinge nicht in deren durch Marxismus und Antifaschismus geprägtes Weltbild hineinpaßten: »Die vorbehaltlose Anerkennung der Bundesrepublik und die ebenso vorbehaltlose Ablehnung der DDR.«

Wie militant die Intellektuellen-Feindlichkeit im Jahr der deutschen Einheit werden konnte, zeigte der Öffentlichkeit Hans Jürgen Syberbergs im August erschienenes Buch *Vom Unglück und Glück der Kunst in Deutschland nach dem letzten Kriege,* von dem sich auch die *FAZ,* namentlich Frank Schirrmacher, entschieden distanzierte.

WALTER JENS

Plädoyer gegen die Preisgabe der DDR-Kultur

Fünf Forderungen an die Intellektuellen im geeinten Deutschland

»Wenn man von der festen Position des Sozialismus ausgeht, kann es meines Erachtens auf dem Gebiet von Kunst und Literatur keine Tabus geben. Das betrifft sowohl die Fragen der inhaltlichen Gestaltung als auch des Stils – kurz gesagt dessen, was man die künstlerische Meisterschaft nennt.« Es gibt kein Diktum in der Geschichte der DDR, das von Schriftstellern, Malern, Bildhauern, Architekten und Musikern so penibel interpretiert, so besessen, Wort für Wort, abgeklopft und mit soviel Scharfsinn, unter Beihilfe hohen semantischen Raffinements, untersucht worden ist, wie die Weisung, die Erich Honecker im Dezember 1971 den Kunstschaffenden in seiner programmatischen Rede vor dem Zentralkomitee der SED mit auf den Weg gab: Was, fragten die Betroffenen, hatte der Vorsitzende mit seinem apokryphen Einerseits-Andererseits, dem Wechselspiel von harscher Prämisse und liberalem Sich-gehen-Lassen, gemeint? Was war im Politbüro vorgegangen, anno 1971, zwischen dem VIII. Parteitag im Juni und dem 4. Plenum des ZK im Dezember? Glaubten die Kommandeure, parteiliches Engagement und Anerkennung der Methoden des sozialistischen Realismus von seiten einer aufgeklärten Künstlerschaft hätten mittlerweile ein Ausmaß erreicht, das es erlaube, neue Formen, Stile und Themen zu entwickeln? Wollten sie sagen, die sozialistische Gesellschaft habe sich derart solide entfaltet und das vorgegebene Zusammenleben sei so unantastbar, daß die Künstler, das Prestige des Landes fördernd, getrost ein wenig experimentieren dürften?

Fragen über Fragen: Worauf – so die allgemeine Diskussion über die Jahre hinweg – hatte der leitende Überwacher den Schwerpunkt gelegt: auf die »feste Position des Sozialismus«

oder auf die Tabufreiheit artistischen Tuns? Und weiter: Hatte die Prämisse Floskelcharakter oder stand, bevor erlaubt werden konnte, rigides Überprüfen an? Ging es um einen Generalpardon von seiten der Spitze oder wurden, bei konsequentem Bestehen auf einem unverzichtbaren Leitungsprinzip, lediglich die Rahmenbedingungen freundlicher als bisher ausgelegt? Und doch, ließ sich nicht Hoffnung schöpfen - und zwar die größte! - aus den zwei Worten »meines Erachtens«? So persönlich und einschränkungsweise hätte Ulbricht gewiß nicht gesprochen!

Also: geschmacksbedingte Permissivität anstelle brutaler Rechthaberei? Die Künstler kamen nicht ins reine mit Honeckers Diktum, das in der Folgezeit von *ihnen* unter Hinweis auf »Keine Tabus« und von den *Behörden* mit nachdrücklicher Betonung von »Feste Position des Sozialismus« interpretiert worden ist.

Den Vorhang zu und alle Fragen offen? Fast sah es so aus; denn wenn die Kulturschaffenden vom Ideologen der Partei, Kurt Hager (der mittlerweile als »Tapeten-Hager« in die Geschichte eingegangen ist), genauere Auskunft erwarteten, so sahen sie sich getäuscht: Der Exeget entzog sich der Verpflichtung verbindlicher Auslegung des kanonischen Texts und erging sich seinerseits in sibyllinischer Rede: »Wenn wir uns entschieden für die Weite und Vielfalt aller Möglichkeiten des sozialistischen Realismus, für einen großen Spielraum des schöpferischen Suchens in dieser Richtung aussprechen« - Hager am 6. Juli 1972 vor dem Zentralkomitee –, »so schließt das jede Konzession an bürgerliche Ideologien und imperialistische Kunstauffassungen aus.«

In der Tat, hier ging ein Gehilfe einerseits erheblich über den Meister hinaus, zitierte Brecht, beschwor Möglichkeiten, öffnete Spielräume, *große* sogar, sprach, als hätte er Experimentalkünstler vor sich, die es zu ermutigen gelte, von »schöpferischem Suchen«, und zog - der Satz war noch nicht zu Ende - unverzüglich den Knüppel hervor, drohte mit dem großen Stock und nahm zurück, was er ein paar Worte zuvor noch großzügig offeriert hatte.

Kein Zweifel auf jeden Fall, daß die Erlasse der Spitze für die Künstler der DDR, auch nach dem Ende der Ulbricht-Ära, ungeachtet ihres Doppelsinns verderblich blieben: doppelt verderblich, da etwas vorgespielt wurde, das, wenn es ernst wurde und ein Fall Biermann zur Entscheidung anstand, unverzüglich anders, will heißen, dogmatisch und rüde ausgelegt werden konnte. Der verordnete Sozialismus, hierarchisch strukturiert und in jedem Augenblick administrativ durchzusetzen, ließ nicht mit sich spaßen - wie wenig, das bekam die Künstlerschaft in Stalins letzter, von keinem Glasnost-Hauch berührter Kolonie bis zum Herbst 1989 zu spüren. Mochten die Phasen wechseln, der weitherzigen Volksfront-Politik nach 1945, mit der Bevorzugung der bürgerlichen Tradition, dem Hohelied von Weimar, dem Umwerben einer Intelligenz, der das Amt Johannes R. Becher und Co. auch dann noch das *epitheton ornans* »humanistisch« verlieh, wenn es sich - wie im Fall Gerhart Hauptmann - um hochangesehene Kulturträger des Nationalsozialismus handelte (die »Weber« zählten mehr als das Bekenntnis zum Führer). Mochte die Ära, in der Künstlern sogar eine eigene Steuergesetzgebung zugesagt wurde, anno 1949 rigoroser Grenzziehung weichen, die Avantgarde verhöhnt, die internationale Bruderschaft der Schriftsteller mit ihrem Proust, ihrem Apollinaire und ihrem Joyce im Zeichen klassizistischer Devisen (immer wieder: das »freie Volk auf freiem Grund!«) an den Pranger gestellt werden und die Plattheit importierter Realismus-Muster Triumphe feiern, mochte, nach 1970, der sozialistische Realismus zumindest in jener Halb-Halb-Manier ausdifferenziert worden sein, die dem kleinbürgerlich geprägten Geschmack der Funktionäre entsprach (Wandlitz: ein Schreckens-Kabinett, dessen Interieurs nicht an den Kommunisten Picasso, sondern an Hitlers Berghof erinnern); mochte der verlangte volksnahe Klassizismus einmal enger, einmal weiter ausgelegt werden können (nur, bitte sehr, nicht à la Gorbatschow): Am Diktat der einen, da oben, besteht so wenig ein Zweifel wie an der Fähigkeit der anderen, da unten, diese Diktate mit List und Witz, Beharrlichkeit und Klugheit, hoher Intelligenz und einer bis zu raffi-

nierter Anti-Scholastik entwickelten Sklavensprache zu unterlaufen: aber auf welche Kosten und unter welchen Gefahren! Die Werke: verboten, vertagt, tabuisiert. Die Autoren: gedemütigt, eingeengt und ins Exil gejagt. Und dennoch: Welche Kunst von Weite, Rang und verweisender Kraft! Welche allgemeine Verweigerung (wohlgemerkt: Ich spreche von Künstlern in ihrem Widerspruch und nicht von Erfüllungsgehilfen) gegenüber rüdem Optimismus, blinder Rationalität ökonomischer Systeme und dem Diktat einer Ideologie, deren Effizienz sich nach dem Erreichen eines sogenannten »Weltstandards« bemaß, während die Humanität darüber zum Teufel ging. Welch konsequente Absage an harmonistische Weltbilder und, statt dessen, welch eine Entschlossenheit, innerhalb der sozialistischen Gesellschaft Widersprüche, nachwirkende – ja gesteigerte! – Entfremdungstendenzen, Antagonismen zwischen oben und unten, Führern und Geführten sichtbar zu machen! Welch eine Entschiedenheit, vor allem in enger Kooperation mit gesellschaftlich stigmatisierten Gruppen, den Ökologen, Feministinnen, Friedens-Christen oder Alternativen, in der Perestrojka-Epoche die Prämien-Bonzen und Konsum-Fetischisten das Fürchten zu lehren!
Mit jedem Jahrzehnt wurde, sichtbar spätestens seit dem Ende der Ulbricht-Zeit, die Kluft zwischen Ideologie und Wirklichkeit, dem Postulat der Politik und der Realitätstreue in den Künsten deutlicher. Je emphatischer die Beschwörung der entwickelten sozialistischen Gesellschaft, desto insistierender auf der anderen – der Wahrheit verpflichteten – Seite das Eingehen auf Subjekte, die an eben jener Sozietät litten; desto verläßlicher die Treue zum Individuum mit seinen Ängsten und Versagungen, seinem amputierten Zeitsinn, seiner Todesangst und Einsamkeit.
Während das Regiment auf den Tribünen, hoch über den vorbeiziehenden Massen, ein – nie existierendes – »Wir« beschwor, wiesen die Künste aufs »Ich«, führten – drei beliebige Beispiele – eine Ausgezeichnete vor (Wolfgang Mattheuers Bild), die, vor sich ein paar jämmerliche Tulpen auf einem riesigen Bahrtuch, eher wie eine Pietà als eine Heldin der Arbeit

erscheint, ließen - Heiner Carow im Film »Paul und Paula« - den einsamen Tod über das uniforme Leben triumphieren und machten, à la Plenzdorf, mit dem verordneten Kollektivismus auch den Epigonen-Kult der Kunstverwaltung lächerlich: Der junge W. zeigt den Genossen die Nase und Old Werther zertrümmert die Gipsfigur Faustens. Kurzum, während die einen noch ihre »Ankunfts-Kunst« postulierten (Ankunft im entwickelten Sozialismus), hoben die andern darauf ab, wie groß die Diskrepanz zwischen einer in den Künsten präzise, exakt und illusionslos beschriebenen Realität und deren ideologischer Verbrämung sei; wie dramatisch der Abstand, der die Wirklichkeit einer Gesellschaft, die von der überwältigenden Mehrheit der Künstler allen Repressionen zum Trotz als »unser Land« verstanden wurde, von ihrem vorgegebenen Anspruch trennte: Nicht, daß es so wenig kapitalistisch-westlich war, sondern, im Gegenteil, daß es sich als scheinsozialistisches Gemeinwesen präsentierte, trug ihm den Vorwurf jener Künstler ein, die sich auch heute noch als Sozialisten in der Weise Gramscis und Gorbatschows, Münzenbergs und Rosa Luxemburgs verstehen - Angehörige eines kleinen, aber verläßlich Ordens, wie ihn Peter Weiss in seiner »Ästhetik des Widerstands« beschrieben hat.
Sozialismus? Jawohl! Aber ein Sozialismus, der dem Blick vor die Haustür standhalten könne. Kunst-Praxis der undogmatischen Linken: Natürlich, aber, bitte sehr, in enger Verbindung mit jenen avantgardistischen Meistern, die spätestens zu Beginn der siebziger Jahre von den Künstlern der DDR »eingeholt« wurden, so daß von da an weder in der Literatur noch in der Musik oder bildenden Kunst von einem »Voraus« oder »Hinterher« in Fragen der Organisation und Strukturierung des Materials gesprochen werden kann: Die neunte Kunstausstellung in Dresden, die Exposition »Zeitvergleiche«, die Celan- und Kafka-Vertonungen, die Eingemeindung Picassos, die Enttabuisierung von jahrzehntelang verbotenen Themen im Film (man denke an Carows »Coming out«) - dies alles zeigt, daß die DDR heute auf dem Gebiet der Künste kein »Billiglohn«-Land, sondern ein Gemeinwesen ist, das, ungeachtet al-

ler Disziplinierung durch Banausentum und rüde Gewalt, ebenso weltläufig wie eigenständig, universalistisch und unverwechselbar ist... unverwechselbar in der Kunst, aber auch in der durch solche Kunst zutage gebrachten, dem Fernstehenden ins Blickfeld gerückten Realität mit ihrer Verduckheit und allgemeinen Verwirrung, dem Zehn-Schritte-Vorwärtsgehen im November und dem Hundert-Schritte-Rückwärtsmarschieren im Frühjahr, mit der Resignation und der Jubel-Bereitschaft, dem Empfinden von Minderwertigkeit aller Arten und der Bereitschaft, sich an jene anzulehnen, die als die Stärksten erscheinen; hier mit dem aufrechten Gang und dort mit dem ständigen Sich-Umblicken, wo denn wohl die anderen sind.

Ein erstaunliches Schauspiel: Da *gab* es - gab: ein Imperfekt, von dem höchst zweifelhaft ist, ob es eine noch andauernde Vergangenheit bezeichnet - in der DDR eine Kunst, die zugleich progressiv und publikumsbezogen, modern und »fetzig«, anspruchsvoll, aber nicht monologisch, couragiert und tieftraurig war, eine Kunst von Sozialisten, die das Regime, eben weil sie Sozialisten waren, fürchtete und verfolgte (Egon Krenz im Oktober 1982 über die Konflikt- und Alternativ-Kunst der DDR: »Ein ... fatalistisches Verhalten zu dem, was gestern geschah, heute geschieht und morgen geschehen wird, hat keinen Platz in unseren Begriffen von Kultur und Kunst. Für derartige Positionen gibt es bei uns ... keinen Ton, kein Blatt Papier, keinen Pinselstrich Farbe«)... ein erstaunliches Schauspiel; nochmals: Da *gab* es in der DDR eine Kunst, die sich, *mutatis mutandis,* in New York oder Paris zeigen kann und dennoch unverwechselbar in ihrem Aufweis sehr spezifischer Antagonismen ist, in ihrer Betonung des Anti-Heldischen, Leisen, Beirrbaren, Verletzlichen, und in ihrer Sicht von unten: aus der Perspektive der Mühseligen und Beladenen, die von Freiheit und vom großen Anderssein träumen.

Da *gab* es eine die Enge achtende und sie eben deshalb transzendierende Kunst, eine machtferne, aber dem Wärmestrom und »Glutkern« eines Marxismus, der zuallererst die Würde der einzelnen respektiert, verbundene Ausdrucksweise - eine

Kunst, am Rande vermerkt, die sich jahrzehntelang oft nur in Kirchen verlauten lassen konnte: der jesuanischen Kirche inmitten eines pervertierten, ja, ins Gegenteil seiner Ursprungs-Intention verkehrten Sozialismus. Da *gab* es, unter Schund, Prostitution und korruptem Gehabe, eine Kultur, die sich der Disziplinierung behutsam, aber beharrlich, versagte und gleichwohl auf linken Positionen bestand (Bernhard Heisig malt Helmut Schmidt und antwortet auf die Frage der *Spiegel*-Interviewer, ob er es akzeptiere, daß man von ihm erwarte, den Sozialismus mitaufzubauen, knapp und nüchtern: »Natürlich«).

Da gab es also, in der Einheit von Immanenz und Transzendenz, eine sehr spezifische DDR-Kunst – es *gab* sie, wohlgemerkt, aber *gibt* es sie noch und was wird aus ihr werden?

Denn dies eben *ist* ja das erstaunliche Schauspiel: daß da ein Stück deutscher Kultur- und Geistesgeschichte im Beinahschon-wieder-Deutschland rasch erledigt wird und wir bereits zu vergessen beginnen, daß es, jahrzehntelang, in der DDR eine Literatur gegeben hat, die uns, die Schriftsteller der Bundesrepublik, begleitete, in Entsprechung und Widerpart, als wir nach 1945 versuchten, im RUF zum Beispiel, der Zeitschrift der jungen Generation, einen dritten Weg zu definieren: eine Literatur, der viele von uns nahe waren, in den Gründerjahren, als die Einheit von Weltbürgertum und Patriotismus auf der Tagesordnung stand, eine Literatur, von der wir uns – Kafka sei's Panier! – in den fünfziger Jahren entfernten, am Ende der sechziger in kritischer Distanz ein wenig näherten, um in den siebziger und achtziger Jahren, im Hinblick auf die Dialektik von Ich-Bewahrung und Gesellschaftsverpflichtung, Rettung des Individuums und Erhaltung der Umwelt, trotz aller unaufhebbaren Differenzen, mit ihr ein gemeinsames Ziel zu verfolgen. *Frieden* als kommunikationsstiftendes Leitwort.

Es gab *zwei* deutsche Staaten, aber es gab nur *eine* deutsche Literatur – eine, die auf der *concordia discors* von Schriftstellern beruhte, die, hüben wie drüben, ihre Probleme mit den Mächtigen hatten: Verfolgung durch Staatsfunktionäre im

Osten, die jede Zeile so genau studierten, wie es Brecht zufolge, sonst nur Bankiers tun (weil sie allein wissen, was ein falsch gesetztes Komma bedeutet); Verweisung auf Außenseiter-Bänke im Westen, Mißachtung von seiten notorischer Nicht-Leser, die bisweilen sogar eine Romanfigur von Heinrich Böll mit einem Politiker aus den eigenen Reihen, den wiederum mit dem Schriftsteller Böll selber verwechselten.
Kleine Probleme im Westen: Der Schriftsteller - ein Mensch ohne Macht, den man klein hält, indem man ihm Preise verleiht. Große Probleme im Osten: Der Schriftsteller - ein potentieller Widersacher, der mundtot gemacht werden muß: »Kein Ton, kein Blatt Papier, kein Pinselstrich Farbe.«
Nein, beliebt sind sie nicht gewesen, die Künstler hüben und drüben - es sei denn, sie hätten sich als Apologeten der Macht, der Partei und des großen Gelds in Dienst nehmen lassen. Nützliche Botschafter sind sie gewesen, im Ausland, aber respektiert wurden sie nicht: Kein deutscher de Gaulle hat seinen deutschen Sartre begleitet. Und jetzt? Ein versöhnlicher Rückblick? Gemeinsamer Aufbruch zu neuen Ufern? Allgemeiner Applaus und Vertrauen auf den *concours* zwischen zwei Literaturen, deren östlicher Teil, von der Aufgabe befreit, Zeitungs-Ersatz zu sein, endlich ranggleich mit dem Westen operiert? Im Gegenteil! Die große Treibjagd, das Halali von Kritikern, die auftreten, als seien sie zugleich bewährte Widerstandskämpfer und Moraltheologen! Die Verhöhnung von schweigenden Intellektuellen. (In Wahrheit haben sie eher zu viel als zu wenig geredet.) Die Hatz, vom West-Sessel aus, auf Künstler in der DDR mit ihrem vermeintlichen Opportunismus, ihren Träumen von unverzichtbaren Traditionen im eigenen Land und ihrem Bekenntnis zu einer Geschichte, die nicht nur von Niedertracht, sondern auch von Würde bestimmt sei. In Hamburg oder Frankfurt werden Jagdreviere eröffnet; das Großwild steht zum Abschuß frei, und die Strecke verspricht prächtig zu werden. Da sind Leute am Werk, heute in der Bundesrepublik - und, von krudem Anti-Intellektualismus bestimmt, auch in der DDR, die - so, als gälte es, das französische Schädelscheren von 1944 wieder in Geltung zu

setzen - Résistance verlangen, rückwirkend und aus großer Entfernung, und dort Kollaboration wittern, wo Schriftsteller (*utriusque generis,* natürlich) oft an den Rand ihrer Möglichkeit gingen, wenn es galt, einem Lesepublikum, das sie um keinen Preis verlieren wollte, die Möglichkeit des Beieinanderbleibens zu erhalten.

Nein, Freunde, nicht diese Töne: Ein wenig mehr Sensibilität statt des Spruchkammer-Denkens (X: Mitläufer; Y: minderbelastet; Z: schuldig in allen Punkten); ein Anflug von Behutsamkeit anstelle des auftrumpfenden »Jetzt wird endlich zur Sache gekommen«; ein Abglanz jedenfalls - das darf doch wohl erbeten sein! - von jener Humanität und Behutsamkeit, die, bei harten Punkt-für-Punkt-Kontroversen, den Gesprächen am Runden Tisch, während der Modrow-Zeit, Brechtsche Freundlichkeit gab. Unter diesen Aspekten möchte ich, in dem Bestreben, Unverzichtbares für ein künftiges Deutschland gut hegelsch *aufzuheben,* fünf Punkte benennen. Zum ersten wäre, zumal unter den Intellektuellen in Ost und West, eine Gesprächskultur zu entwickeln, wie sie Überlegungen unmittelbar nach der Befreiung unseres Lands vom Nationalsozialismus bestimmten: In Emigrantenzirkeln, zumal in Kalifornien, vorausgedacht, stand ein Gemeinwesen zur Diskussion, dessen Bürger, nach einer Epoche, die nur Befehl oder Gehorsam kannte, einander lernend und diskutierend, fragend und entwerfend, eher skeptisch als selbstgewiß begegneten. Viel Platon, viel Lessing: *Nathan der Weise,* ein Grunddiskurs über Fragen bedächtigen Kommunizierens, als Stück der Stunde.

Bedachtsamkeit ist angezeigt; kein »Hoppla, jetzt kommen wir«; nicht das polternde »Erst das Fressen, dann keine Moral«; nicht wilhelminische Rechthaberei, sondern Bedenken von Szenen, die sich nicht ins vorgeprägte Bild fügen lassen: Der Kommunist Hanns Eisler mit Wagners Tristan-Partitur auf dem Sterbebett. Nicht die Hybris der Orthodoxie ist geboten, sondern das Erwägen von Visionen, die blitzartig erhellen, was Menschlichkeit ist: der kniende Kanzler in Warschau, der sterbende Immanuel Kant - wie er sich mit letzter Kraft, um einen Besucher zu ehren, aus seinem Sessel erhebt: »Ich habe den Sinn für Humanität noch nicht verlernt«; die Pfarrersfamilie, die, vielfach gebeutelt, den Honeckers, ihren Gästen, vorgelebt hat, was *praxis pietatis* heißt und uns derart mit Fontane sagen läßt: »Die sind uns über.«

Und dann das zweite: Differenzierung in jedem Detail als Kardinalaufgabe der Intelligenz. Hier Kapitalismus - dort Sozialismus, hier der Sieger - dort der Besiegte; das mag, *prima vista,* die Konstellation des Augenblicks sein - aber eben auch nur *prima vista.* Hat, gilt es zu nuancieren, die kapitalistische Wirtschaftsordnung das Elend der Dritten Welt etwa gelindert und dem Sterben von Millionen Kindern Einhalt geboten? Hat sie Wege gewiesen, die eines Tages aus der drohenden Umweltkatastrophe hinausführen könnten? Entspricht sie den nichtökonomischen Interessen der Bevölkerungsmehrheit? Hat sie eine umfassende Demokratisierung der Gesellschaft befördert? Hat sie, mit Ota Šik zu sprechen, das Ihre getan, damit »nicht kleine Eliten über alles entscheiden, was das Leben der Massen betrifft, sondern daß reale Formen entwickelt werden, über die aus Alternativen unterschiedlicher Entwicklungsmöglichkeiten bei breiten politischen Diskussionen in der ganzen Gesellschaft jeweils jene Alternative herausgefunden wird, die der Mehrheit entspricht?«

Der dritte Punkt: Es ist Aufgabe der Intellektuellen - und, bei Gott, nicht nur der Intellektuellen -, mit dem Blick auf die gemeinsame Geschichte und die gemeinsame Schuld aller Deutschen Fragen zu stellen, im Akt des Gegen-den-Strom-Schwimmens und der sokratischen Verfremdung, die ebenso unbequem wie nützlich sind. Zum Beispiel: Kann es ein Deutschland geben, wenn es keine Juden mehr gibt? Oder: Wäre das europäische Deutschland je möglich geworden, wenn nicht Millionen von Pjotrs und Alexejs ihr Leben ließen, um uns eines Tages zu befreien? Aber wer gedenkt Pjotrs und Alexejs? Wer der Opfer - in einem Land, dessen einer Teil von Hindenburgstraßen strotzt (aber ein Alexander-Schmorell-Gäßchen ist nirgends zu finden) und dessen andere Hälfte eben jetzt dabei ist, mit dem verordneten Antifaschismus auch die Erinnerung an das andere und bessere Deutschland zu löschen: Schon wird in Jena gefordert, die Käthe-Kollwitz-Straße wieder in Kaiserin-Augusta-Straße umzubenennen.

Sodann die vierte Aufgabe, die uns, im Vordenken aufs künftige Deutschland, gestellt ist: Der Blick über den Tellerrand hinaus aufs *andere* Europa, das in Galizien oder den Vorstadtvierteln von Leningrad liegt - das fremde und unbequeme, scheinbar ferne und in Wahrheit uns so nahe wie das Kreuzberg-Viertel mit den Türken oder das algerische Marseille oder jene Deutsche Demokratische Republik in ihren letzten Zügen, von der Heiner Müller gesagt hat, ohne ihre basisdemokratische Alternative zu der von der Deutschen Bank unterhaltenen Demokratie der BRD würde »Europa eine Filiale der USA sein«.

Eine verwegene, durch die Wirklichkeit erledigte These? Vielleicht. Aber eine These, die an Überzeugungskraft gewinnt, wenn man ihre basisdemokratisch definierte Emphase mit Hilfe von Sätzen verdeutlicht, die Volker Braun in einer Zeit entwickelt hat, als noch der friedliche bestimmte Artikel die Szene beherrschte und nicht *ein,* sondern *das* Volk am Montag auf den Straßen war. »Laßt uns eine andere Gangart wählen als die der Räuber, die wir waren. Eine Gangart, mit der wir zu anderen Zielen kommen, zu sanfteren Technologien, zu einem milderen Markt. Der horizontalen Gesellschaft kann eine soziale Produktion entsprechen, die Erfindungen anderer Art braucht als die der erbarmungslosen Konkurrenz. Das berühmte ›überschüssige Bewußtsein‹ in der kleinen Republik gilt es abzurufen: das andere Denken für eine *andere Arbeit* ... Unser Haushalt wiese sich aus durch Produktion von Vernunft; unser Planziel die Versöhnung mit der Natur, auch unserer eigenen.«

Und schließlich die fünfte Aufgabe, die schwierigste, weil höchst konkrete: Moral als unverzichtbares Element der Aufklärung einklagend; den Opfern verpflichtet, die für die Zechen aufkommen müssen - und zu diesen Opfern gehören in der Bundesrepublik drei Millionen Kinder, die in Familien

von Arbeitslosen groß werden und deren Lebensperspektiven kaum einer bedenkt –, haben wir in alltäglicher Praxis dafür zu sorgen, daß, zwei deutsche Staaten transzendierend, jenes andere Land sichtbar wird, das, nah bei Buchenwald, am Frauenplan antizipiert worden ist. An Goethes Frauenplan und um die Kirche herum, in deren Nähe der Prediger Herder in seinen »Briefen zur Beförderung der Humanität« jenen Essay »Sieben Gesinnungen der Großen Friedensfrau« schrieb, der künftig in allen deutschen Lesebüchern stehen sollte und dessen erster, die Hauptgefahren der Gegenwart: Hast, Fanatismus und Vergeßlichkeit konterkarierende Satz Prämisse der künftigen Gesellschaftsordnung in einem Deutschland sein könnte, das nicht mehr Land der Sieger, sondern, Buchenwalds und Birkenaus gedenkend, Heimat der Besiegten ist: »Meine große Friedensfrau hat nur einen Namen, sie heißt allgemeine Billigkeit, Menschlichkeit, tätige Vernunft.«
Im Zeichen dieser Friedensfrau plädiere ich für ein Land, das Achtung verdient, und für eine Kultur, die, in der Auseinandersetzung mit gewalttätiger Dogmatik, Würde bewahrt hat und nicht preisgegeben werden darf: Eingedenken tut not und kein geschichtsferner Traum von einer Wieder-Vereinigung, die in Wahrheit, da es Auschwitz gab, undenkbar ist.

Süddeutsche Zeitung, 16./17. Juni 1990

ULRICH GREINER

Keiner ist frei von Schuld

Deutscher Literatenstreit: Der Fall Christa Wolf und die Intellektuellen

Ein Literaturstreit tobt derzeit in Deutschland, der mehr betrifft als nur die Literatur und mehr ist als nur ein Streit. Er begann mit Christa Wolf und ihrer neuen Erzählung »Was bleibt«. In diesem unverhüllt autobiographischen Text berichtet die Autorin, wie sie 1979 vom Staatssicherheitsdienst der DDR überwacht wurde. Sie schildert ihren Zorn und ihre Angst. Die Kontroverse um diesen Text und um die Rolle Christa Wolfs in der DDR hat inzwischen eine Hitze erreicht, wie sie von gut hundert Druckseiten allein gar nicht entfacht werden kann. Es steht mehr auf dem Spiel.

Günter Grass, in der Absicht, seiner angegriffenen Kollegin beizuspringen, hat dieser Tage in einem *Spiegel*-Gespräch vor einem »inquisitorischen und pharisäerhaften Ton« in der Kritik gewarnt, hat aber zugleich hinzugefügt: »Die Frage an Christa Wolf, die mich auch interessiert, ist die, warum es bei ihr so lange dauerte, sich von der zweiten ideologischen Bindung zu lösen, sich in deutlichere Distanz zu bringen. Eine Teilantwort kann ich geben nach dem, was ich aus ihren Büchern erfahre. Man erfährt da ihr Bedürfnis, es allen recht zu machen. Eine gewisse biedere Wohlerzogenheit und Konfliktscheu spricht aus ihren Texten.«

Abgesehen davon, daß Grass damit zu einem verzweifelt ähnlichen Befund kommt wie die Kritiker Christa Wolfs, die er kritisiert: Es geht in der Tat um die Mitschuld der Intellektuellen der DDR, um die Mitverantwortung für die zweite deutsche Katastrophe - nach der nationalsozialistischen die stalinistische. Zum zweiten Mal in diesem Jahrhundert geht es in Deutschland um die Bewältigung der Vergangenheit. Aber diesmal sind es die Intellektuellen selber, die sich als Gegenstand eines Verfahrens betrachten müssen, von dem die meisten noch nicht wissen, daß es bereits läuft, ob sie wollen oder nicht. In diesem Verfahren sind die Intellektuellen Ankläger und Angeklagte zugleich, und nur von ihnen selber kann es geführt werden. Der Streitwert ist hoch: Er heißt intellektuelle Moral.

Das Wort »Vergangenheitsbewältigung« für das, was nun ansteht, ist riskant. Denn es unterstellt, Kommunismus und Nationalsozialismus seien zwei Seiten desselben Wahnsinns. Diese Lesart ist falsch. Auschwitz ist ohne Beispiel. Und der Wahnsinn des Nationalsozialismus war von allem Anfang an offenkundig, er war sein Programm, während der Absturz des Kommunismus in den schieren Terror des Stalinismus allem widersprach, was die Erfinder und Wegbereiter – und Millionen von Menschen – sich erhofft hatten. Um so schlimmer der Fall.

Die Nationalsozialisten bedurften der Mithilfe der Intellektuellen kaum, und sie behandelten diejenigen, die sich ihnen andienten, wie etwa Carl Schmitt, mißtrauisch und verächtlich. Der Kommunismus hingegen war immer auch das Werk von Intellektuellen. Einige der besten Köpfe dieses Jahrhunderts hatten Anteil daran. Sie verschrieben sich einer Idee, die in ihrem Kern die säkularisierte Form religiöser Heilserwartung war und deshalb fast jegliches Opfer zu rechtfertigen schien. Viele Intellektuelle haben dies als Irrtum durchschaut und gegen ihn gekämpft: Von Arthur Koestler bis Albert Camus, Ignazio Silone, Manés Sperber und Czeslaw Milosz.

Auch in dieser Hinsicht ist Deutschland ein verspätetes Land. Der Gulag-Schock, ausgelöst durch Solschenizyns Buch, der 1974 die französischen Intellektuellen bis ins Mark traf, ging an den Deutschen vorbei. Noch immer stand das Thema Kommunismus im Schatten der nationalsozialistischen Vergangenheit. Die Studentenbewegung war auch die Abrechnung mit der Vätergeneration, die Auschwitz möglich gemacht hatte. Der Marxismus lieferte die argumentativen Waffen. Linke Faschismustheorien machten den Kapitalismus verantwortlich für den Faschismus und für die Wiederkehr der alten Nazis in die Institutionen der Bundesrepublik.

Dies war keine günstige Wetterlage für einen klaren Blick auf die DDR. Der Antikommunismus der frühen Jahre diente dazu, im Kampf um die Verteilung der Macht- und Geltungschancen politischen Geländegewinn zu erzielen. Die unbestreitbar freudlosen Verhältnisse drüben wurden hüben mißbraucht, um Kritiker mundtot zu machen. Aber es hatte ja die DDR in ihren Anfängen scheinbar die besten moralischen Gründe auf ihrer Seite. Sie galt als Hort des Antifaschismus. Zahlreiche aus der Emigration zurückgekehrte Schriftsteller, von Bertolt Brecht bis Arnold Zweig und Anna Seghers, sahen in der DDR die Garantie für den Aufbau eines neuen Deutschlands, das nie mehr rückfällig würde. So benötigten die zerstrittenen Staaten einander, um jeweils mit dem Feindbild des anderen den eigenen Feind zu zähmen.

Der Kampf ist endlich ausgestanden. Erst jetzt ist das Verhängnis, das 1933 begann, an sein wirkliches Ende gekommen. Eine neue Zukunft beginnt. Die deutschen Intellektuellen jedoch haben ihre Vergangenheit noch vor sich. Die im Westen, weil sie aus kurzschlüssiger Taktik einerseits, aus Gewissensbequemlichkeit andererseits die DDR zumeist danach bewerteten, was sie zu sein vorgab. Die im Osten, weil sie, um es kurz zu sagen, das Spiel mit der Macht gespielt und es verloren haben.

Die wachsende Erbitterung im Streit um Christa Wolf rührt eben daher, daß niemand Irrtümer gerne zugibt, vor allem nicht solche, die ihn die besten Jahre des Lebens gekostet haben. Niemand hört das abgenutzte und schreckliche Wort Vergangenheitsbewältigung gern. Aber leider geht es eben darum, im Osten wie im Westen. Die Unterschiede im Vergleich zur Naziherrschaft, so wesentlich sie auch sind, erscheinen aus der Perspektive der Opfer als unwesentlich. Und das sind nicht nur jene, die an der Mauer verblutet und in Gefängnissen verkommen sind, sondern auch die vielen anderen, deren Leben der SED-Staat zerstört hat, jener Staat, dem die meisten der im Lande gebliebenen Intellektuellen, nolens oder volens, zähneknirschend oder willfährig, sich untergeordnet haben.

Wer darauf hinweist, den trifft der Vorwurf der Selbstgerech-

tigkeit. In der Tat ist es leicht, vom Westen aus Kritik zu üben. Sie scheint aber notwendig, weil sich der Eindruck nicht abweisen läßt, wichtige Intellektuelle der DDR, unterstützt von gesinnungsstarken Freunden im Westen, wollten über die Vergangenheit lauthals schweigen, indem sie Legenden über ihren Widerstand stricken oder indem sie, als wäre nichts gewesen, die weitere Finanzierung des Schriftstellerverbandes der DDR fordern - jenes von der Stasi durchsetzten Vereins, der mehr auf dem Gewissen hat als mancher simple Vopo.
Zur Kenntnis derjenigen, die es noch nicht begriffen haben: Es hat ein Erdbeben stattgefunden, das auch den Tempel des Kommunismus zum Einsturz gebracht hat. Opfer, die vor diesem Einsturz für legitim gehalten wurden, sind es danach nicht mehr. Dieser Wechsel der Perspektive mag vielen ungerecht erscheinen. Es ist die Ungerechtigkeit der Geschichte. Und ungerecht ist ebenfalls, daß die Intellektuellen der DDR die Geschichte ausbaden müssen, die viele in der Bundesrepublik gedankenvoll und tatenarm unterstützt haben. Alle sind sie Opfer der Vorstellung geworden, Intellektuelle könnten unbeschädigt Mechanismen der Macht bedienen. Keiner ist frei von Schuld.

Aber auch ohne die kürzlich vom westdeutschen PEN heftig getadelte westliche Kritik ist der bevorstehende Konflikt dramatisch. Denn die besten Schriftsteller der DDR, von Wolf Biermann bis Günter Kunert, Reiner Kunze bis Jurek Becker, Sarah Kirsch bis Hans Joachim Schädlich, sind gezwungenermaßen oder freiwillig in den Westen gegangen. Sie leben hier. Soll man, darf man ihnen zumuten, demnächst in einem gesamtdeutschen PEN an der Seite jener sitzen zu müssen, mit deren Hilfe sie zu Heimatvertriebenen wurden? Was derzeit von diesen ehemaligen Dissidenten zu hören ist, kommt aus der Tiefe erlittenen Unrechts und stellt an Schärfe alles in den Schatten, was wir, die westdeutschen Kritiker, sagen könnten. Über ihre ehemaligen Kollegen urteilte kürzlich Monika Maron: »Es brauchte nicht viel Mut, besonders nicht für die durch die Öffentlichkeit geschützten Autoren, um den Schein

des Heldentums um sich zu entfachen. Und oft genügte eine halbe Wahrheit, um ihrem Verkünder in einer Umgebung dummer und dreister Verlogenheit den Ruf des Propheten zu verleihen.«
»Die großen Zeiten«, so sang 1972, vier Jahre vor seiner Ausbürgerung, Wolf Biermann, »na, was wird bleiben von denen? Von denen wird bleiben, daß sie erheblich gekürzt wurden.« Die großen Zeiten des Sozialismus sind erst einmal vorbei. Es beginnen nun wirklich die Mühen der Ebene und des aufrechten Ganges. Der Zorn, der viele Intellektuelle erfüllt, ist auch der Zorn der Enttäuschung jener, denen das Wort »Sozialismus« kein leeres Versprechen war. Um mit dem letzten Satz aus Kleists »Marquise von O.« zu sprechen: Der Sozialismus würde uns jetzt nicht wie ein Teufel erscheinen, wenn er uns nicht bei seiner ersten Erscheinung wie ein Engel vorgekommen wäre.
Falls die Linke in diesem Land jemals wieder eine Chance haben will, dann gewinnt sie die nicht, wenn sie wieder, wie derzeit noch üblich, das Desaster leugnet und von stalinistischen Verfehlungen spricht. Die einzige Tugend, die ihr, nachdem die Utopie diskreditiert ist, noch bleibt, ist die Aufrichtigkeit. Zu der gehört, nicht rasch wieder neue Bündnisse zu schließen und die übriggebliebenen Felle am Lagerfeuer rötlicher Hoffnungen zu trocknen. Es müssen die Zelte abgebrochen werden. Gab es je einen freieren Augenblick?

Die Zeit, 27. Juli 1990

IVAN NAGEL

Die Volksfeinde

Literaturstreit und Intellektuellenjagd

I.

Die Literaturkritiker der *FAZ* und der *ZEIT* haben recht: Es hat bei uns einen »DDR-Bonus« gegeben. Die Autoren der DDR wurden hochgelobt, solang sie die Regierung der DDR störten. Sie werden heruntergemacht, seitdem sie das Deutschlandglück stören. In grotesker Verkürzung: Hein, Heym, Müller, Wolf hießen am 4. November 1989 Helden der Demokratie; seit Mitte Dezember 1989 heißen sie Privilegierte des totalitären Regimes. Das böte nun Greiner, Schirrmacher und so weiter den besten Anlaß, zweierlei anzuprangern: zuerst die langjährige Irreführung der westdeutschen Leser durch die westdeutsche Literaturkritik; danach die einjährige Wendetüchtigkeit (oder: Charakterlosigkeit) der westdeutschen Kritiker. Wieso aber das *FAZ*-Feuilleton, das *ZEIT*-Feuilleton statt ihrer eigenen Bonus- und Malushändler die Wolf, Heym, Müller anprangern, verstehe ich nicht.

Die DDR-Autoren seien düstere Opportunisten des Stasi-Staates gewesen – und blauäugige Schwärmer einer Utopie. Den zweiten Titel müssen sie mit ihren westlichen Kollegen teilen. Es heißt: Die »Linksintellektuellen« der BRD ersehnten einen besseren Kommunismus im Ostblock. Wahr ist: Die »Rechtsintellektuellen« der BRD kümmerten sich kaum um den schlechten Kommunismus im Ostblock. Solschenizyn fand bei Böll Asyl, nicht bei Mohler. Und Grass, nicht Jünger, steckte seine Arbeit und sein Geld in eine Zeitschrift mit tschechischen Emigranten. Gewiß: Keiner sah, wie morsch der »reale Sozialismus« war. Aber müssen die Dichter bessere politische Prognosen stellen als die Politiker? Die Kredite fürs Überleben der DDR schenkte jedenfalls nicht Walter Jens der Christa Wolf, sondern Franz Josef Strauß dem Erich Honecker.

Vom Kriegsende bis zur Vereinigung sei die deutsche Literatur auf dem Irrweg einer »Gesinnungsästhetik« gewandelt. Dagegen meine Erinnerungsskizze, gewiß ebenso einseitig. In den fünfziger Jahren galt Brecht als der größte Dramatiker - nicht bei uns, sondern in Mailand und Paris. Wir lasen Celans, Bachmanns Lyrik (weniger die guten Volksbücher Bölls und Lenz'), ab 1959 Grass' Romane. Ich lese »Die Blechtrommel«, »Katz und Maus« heute noch lieber als Robbe-Grillets Gesamtwerk - nicht der Gesinnung, sondern der reicheren Wahrnehmung und Kunst wegen. In den Sechzigern Peter Weiss' »Dokumentartheater«? Eher sein »Marat/Sade«. Die Siebziger mit der Studentenrevolte? Die norddeutsche Bühne, deren Chronik ich kenne, zeigte allein 1970 bis 1972 die Uraufführungen von Bernhards »Fest für Boris« und »Der Ignorant und der Wahnsinnige«, Kroetz' »Stallerhof«, Strauß' »Die Hypochonder«. Keine Gesinnungs- oder Dokumentarspiele: aber die Autoren (mit Handke) des neuen Jahrzehnts.
Handke schrieb schon 1967: »Eine engagierte Literatur gibt es nicht. Es gibt engagierte Menschen, aber keine engagierten Schriftsteller.« Ob diese Sätze nun *richtig* oder *falsch* sind: Wer sie uns heute als *neu* verkaufen will, will uns für dumm verkaufen. Wo steckt die Erklärung für soviel Verzerrung von Fakten und Wertungen? Wahrscheinlich im markanten Satz Greiners: »Wer bestimmt, was gewesen ist, der bestimmt auch, was sein wird.« Also muß die ganze west- und ostdeutsche Nachkriegsliteratur in den Orkus, damit ein Generationswechsel stattfindet - nicht in der Literatur, sondern in der Literaturkritik. Nur: Die Schwierigkeiten (wessen?), Bernhard, Handke, Strauß abzulösen, könnten mich interessieren. Die Mühen der alternden Jungkritiker hingegen, ihrem putzmunteren Großvater die Show und die Macht zu stehlen, würden uns anöden - wäre ihr starker Auftritt nicht zu hoch bezahlt mit vierzig Jahren deutscher Literatur.
Was am »deutschen Literaturstreit« genial ist, stammt aus der Politik: wie man »die Intellektuellen« in Ost und West gleichzeitig loswird. Die Bonner Regierung hat (bevor sie zur gesamtdeutschen wurde) ihr - und unser? - primäres Interesse

begriffen, schlagartig durchgesetzt. Es hieß: verhindern, daß die Vereinigung nicht nur zu einer vernichtenden Kritik an der DDR führt, sondern auch zu einer Selbstprüfung der Bundesrepublik. Der Beitrittsparagraph, der Währungsanschluß haben das politisch, wirtschaftlich besorgt. Kulturell besorgt es der »deutsche Literaturstreit«. Er tut das paradoxerweise, indem er nicht die Unsterblichkeit, sondern das Ende der BRD verkündet. Genauer: Unsere Politik, Wirtschaft werden unvergänglich erst durch den Nachweis, daß unsere Literatur tot ist, nie wirklich gelebt hat. »Die Literaturen der DDR und der Bundesrepublik sind zum Rückblick freigegeben« (Greiner). Meint er »Rückblick« oder »Abschuß«?

II.

Das wichtige Feuilleton muß, möglichst heute noch, bedenken: Während es Rückblick sagt und Abschuß übt, sieht man das unten im Flachland simpler: als Schädlingsbekämpfung. Man versteht die Neubewertung der »Literaturen der DDR und der Bundesrepublik« als eine praktische Aktion: zwei (Schmeiß-) Fliegenschwärme mit einer Klappe. Ich kann nicht mehr lachen, wenn ein Frankfurter Theaterrezensent einem Bochumer Regisseur vorwirft, er habe durchs falsche Bühnenbild verdeckt, daß Shakespeares »Timon von Athen« vom »Scheitern der Linksintellektuellen« handelt. Denn kaum hat die *FAZ* so gesprochen, tönt schon ihr Echo aus den Groschenblättern. Die haben es erst recht auf »die Intellektuellen« abgesehen, nicht auf »die Literaturen«.

Das größte Berliner Boulevardblatt *BZ* hetzt zum Jahrestag des 9. November in greller, ganzseitiger Aufmachung (ich zitiere gekürzt, aber wörtlich): »Deutschlands Intellektuelle stehen in der Ecke. Ihre übergroße Mehrheit bekennt sich nicht zu diesem bedeutenden Tag der deutschen Geschichte. Sie beklagen den Untergang der DDR, von der sie so verhätschelt wurden. Sie rümpfen die Nase über das Volk, das sich auch von ihnen befreite. Sie reiben sich vergnügt die Hände, wenn's überall nicht gleich klappt. Deutschland, deine Intellektuellen – wenn sie doch wenigstens zu schweigen verstünden!« Soll man einen gutgläubigen Streit mit der *BZ* beginnen? Anzweifeln, daß die, die am 4. November vor einer Million Menschen offene Grenzen forderten, den 9. November »übelnahmen«? Nein: Es geht nicht um Wahrheiten, sondern um Kampfparolen. Sie kommen aus der Ungeistesgeschichte der Weimarer Republik. Jene Hatz wurde erst von den Kommunisten, dann von den Nazi betrieben, ganz mit den jetzigen Vokabeln. Zwei Lager werden heute, wurden damals kreiert: Hie das Volk, hie die Intellektuellen. »Haben nicht die Arbeiter am 17. Juni allein gestanden, weil die Privilegierten um ihre Pfründe fürchteten?« (BZ, 1990). »Ich übersetze das deutsche Wort Literatur mit dem russischen Wort ›Intellektueller‹, im Unterschied zu den Vertretern der körperlichen Arbeit« (Lenin, 1904). Daraus wurde in Weimar: »Die deutschen Intellektuellen waren und sind dienstbeflissen beteiligt an jedem Komplott gegen das tödlich getroffene werktätige Volk« (*Die Aktion,* 1920).

Weil die Intellektuellen dem deutschen Volk fremd sind, können sie dessen Freuden und Leiden niemals teilen. *BZ* 1990: »Als die Massen auf Leipzigs Straßen riefen ›Wir sind das Volk‹ – da nahmen sie das gerade noch hin. Als daraus aber ›Wir sind *ein* Volk‹ wurde, da waren sie wie aus dem Häuschen.« Dazu *Die Aktion* 1919: »Man ist entsetzt über die äußerst aktive Rolle, welche die Intellektuellen als Erreger völkischer Krankheiten spielen, und zu Tode bestürzt über die kläglich passive Haltung, die sie beim Genesungsprozeß der Völker observieren.« Und Goebbels 1938: »Er sagt Nein, wenn das deutsche Österreich dem Reich angeschlossen wird; er sagt Nein, wenn das Sudentenland zu Deutschland zurückkehrt. Er sagt überhaupt und immer Nein, und zwar aus Grundsatz.«

Sooft die Intellektuellen tönten, unter ideologischem Vorwand nach der Macht griffen, wurden sie am schärfsten von Intellektuellen bloßgelegt. (Das tat im Aktuellen György Konráds Buch von 1978, »Die Intelligenz auf dem Weg zur Klassenmacht« – Im Historischen auch mein Aufsatz von 1979 »Der Intellektuelle als Lump und Märtyrer«.) Doch die Beschimpfung - von der *Aktion* über Goebbels bis zur *BZ* - gilt dem Neinsager. Ist, wer Nein sagt, ein Volksfeind? Nach so vielen Worten über »den Intellektuellen« ein Wort mehr über »das Volk«: über die beiden Losungen vom vergangenen November.

III.

»*Wir* sind das Volk«: Dieser zum Lachen und Weinen schönste (intellektuellste?) Witz der deutschen Geschichte war keine Verherrlichung des Wortes »Volk« - sondern zunächst dessen heiter-tödliche Destruktion. Sie traf die Bonzen, die in lauter »Volksrepubliken« (in ihrer »Demokratischen Republik«) jenes Wort tausendmal gefeiert, geschändet hatten. Noch am 11. Oktober 1989 wurde es vom Politbüro der SED usurpiert: »Das Volk der Deutschen Demokratischen Republik hat sich für immer für den Sozialismus entschieden.« Nur im Sprengknall der Destruktion setzte jener Witz Hoffnung frei: nicht auf eine neue Apotheose des »Volkes« - sondern auf die Chance einer wahrhaft sich selbst bestimmenden Gemeinschaft.

Erst in »Wir sind *ein* Volk« wurde »das Volk« verherrlicht, verherrlichte es sich selbst. Es ist gut, daß seither des Volkes Wille geschah. Doch das Paradox der modernen Staatswesen heißt, daß fast jedesmal, wenn »das Volk« gepriesen wird, die Demokratie in Gefahr ist. Gewiß: Die Intellektuellen sind *nicht* das Volk, sollen es auch nicht sein - außer einmal für einen kurzen, revolutionären Augenblick. Aber auch das Volk ist nicht »das Volk«. Es möge nicht vergessen, daß es in der DDR der Volksfeind war - und in den Volksfeinden, Neinsagern, seine Verbündeten fand.

Ich würde zum Schluß auch das feinere Feuilleton gern ermahnen, die Gesinnungs*ethik* der Neinsager nicht allzu rasch zu begraben. Doch wenn der Berufsstand spürt, daß man in den nächsten Jahren ohne Gesinnung besser durchkommt, nützen Mahnungen wenig.

Süddeutsche Zeitung, 22./23. Dezember 1990

Ende einer Epoche

Moral und Ästhetik

Im Oktober 1990 nahm der sich in verschiedene Richtungen und Problemkomplexe ausweitende Streit um den »exemplarischen Fall« Christa Wolf eine überraschende und von den Teilnehmern in ihren Widersprüchen kaum durchschaute Kehrtwendung. Er mündete in grundsätzliche Diskussionen über die gesamte deutsche Literatur der Nachkriegszeit ein.
Einige von denen, die Christa Wolf vor allem wegen ihrer moralischen Haltung, ihres Charakters oder ihrer politischen Gesinnung angegriffen und eher beiläufig über die ästhetische Qualität ihrer Werke geschrieben hatten, stellten nun die dominante Literatur und Kritik der Nachkriegszeit mit dem Argument in Frage, ihr sei es in erster Linie um die richtige Gesinnung gegangen. »Christa Wolf interessiert nicht als künstlerischer Fall«, hatte Schirrmacher noch in der FAZ vom 2. Juni 1990 geschrieben (siehe S. 77). In einem zum Abschluß der Buchmesse erschienenen Leitartikel auf der ersten Seite der *FAZ* vom 8. Oktober 1990 warf er nun seinen Gegnern und ihrem »kulturellen Milieu«, gemeint war das linksintellektuelle, ihr »Ersetzen der ästhetischen und rationalen Kriterien durch solche der Gesinnung« vor. »Die literarischen Repräsentanten und deren Anhang sind immer die Guten«, die sich »unbeirrt auf der Seite der Freiheit und Menschlichkeit, der Opfer und Verlierer, des Fortschritts und der Geschichte« wissen.
Dieser Leitartikel ergänzte und verdeutlichte einige Thesen, die Schirrmacher am 2. Oktober, also unmittelbar vor dem offiziellen Datum der deutschen Einheit, als Aufmacher der *FAZ*-Buchmessenbeilage veröffentlicht hatte. Er verkündete hier im Titel den *Abschied von der Literatur der Bundesrepublik*

und sorgte damit während der Messe für einige Verwirrung. Auf den Streit um Christa Wolf ging Schirrmacher hier scheinbar nicht ein, doch gerade im Zusammenhang mit diesem Streit lassen sich die Absichten des Essays klarer erkennen. Und erkennen läßt sich umgekehrt auch, daß der Streit inzwischen eine Bedeutung bekommen hatte, die so weit über eine einzelne Autorin hinausging, daß sie gar nicht mehr namentlich erwähnt werden mußte.

Schirrmachers Artikel folgt jener rhetorischen Strategie, derer sich schon Hans Magnus Enzensberger und Walter Boehlich 1968 bei ihren Totsagungen der »schönen« Literatur und der »bürgerlichen« Literaturkritik bedient hatten: Man attackiert den Gegner besonders wirkungsvoll, indem man sein Verschwinden, sein Ende, seinen Tod feststellt oder voraussagt. Schirrmacher beginnt so: »Die Literatur der Bundesrepublik Deutschland wurde dreiundvierzig Jahre alt. Wie jener in der DDR steht auch ihr das Ende bevor. Nicht heute vielleicht, aber morgen.« Jene Literatur also, die in Christa Wolf ihre herausragende Repräsentantin besitzt, hat zusammen mit der gealterten Literatur der Bundesrepublik zu verschwinden. Durch welche Autoren und welches Bewußtsein diese bis 1990 repräsentiert wurde, das versucht Schirrmacher ausführlich zu zeigen. Es sind vornehmlich diejenigen Autoren, die im Streit um Christa Wolf zu seinen erbitterten Gegnern wurden, allen voran Günter Grass und Walter Jens. Sie bestimmen, so behauptet er, zusammen mit etlichen anderen, die sich im Umkreis der Gruppe 47 vor mehr als dreißig Jahren etablieren konnten, heute immer noch, aber nicht mehr lange, das öffentliche Bild der Literatur in dieser Republik: »Grass oder Böll, Johnson oder Peter Weiss, Walser oder Lenz, Rühmkorf oder Erich Fried – das waren, auch noch dreißig Jahre nach ihrem spektakulären Auftritt, die Protagonisten der Gegenwartsliteratur.« Der ergänzende Artikel vom 8. Oktober fügte dieser Reihe noch einige andere Autoren hinzu, die mit ihrem »moralisch-mahnenden Gestus« zu Monumenten ihrer selbst erstarrt seien und in ihrer ideologischen Konformität der jungen Generation nichts mehr zu sagen hätten: »In ihren Büchern

aber haben die wichtigen jungen Autoren die Repräsentanten des literarischen Lebens in Deutschland längst verlassen. Weder Grass noch Härtling, weder Christa Wolf noch Stefan Heym haben irgendeinen Einfluß auf die jüngere deutsche Literatur.«
Schirrmachers langer Artikel in der Buchmessenbeilage gab zu vielen Mißverständnissen Anlaß, weil er ausgerechnet die auf ästhetische Eigenständigkeit bedachte Gruppe 47, deren Ende nicht zufällig mit dem Beginn der Studentenrevolte und einer Politisierung der Literatur zusammenfiel, als »Produktionszentrale« eines Bewußtseins beschrieb, das die stagnierende und ideologisch überalterte Literatur der Bundesrepublik noch immer präge. Schirrmacher schrieb vom Erbe der Gruppe 47, das bis heute von keinem Generationenkonflikt gefährdet worden sei, doch er meinte das Erbe jener vor fünfundzwanzig Jahren aufbrechenden Studentengeneration, die zur Auflösung dieser Gruppe entscheidend beigetragen hatte, deren Impulsen sich allerdings einige Schriftsteller dieser Gruppe verbunden zeigten.
Weniger also gegen die Gruppe 47 und deren Einfluß, sondern vor allem gegen die kulturelle Dominanz der literarischen Linken richtete sich Schirrmachers Artikel. Mit der Vereinigung Deutschlands hat, seiner Optik nach, die Geschichte ihr Urteil über die linksliterarische Intelligenz im Osten und im Westen gesprochen: Sie hat sich überlebt und muß verschwinden. Man kann dabei publizistisch allerdings noch etwas nachhelfen. Drei Argumente waren es vor allem, die dazu tauglich schienen. Das im Streit um Christa Wolf zunächst wichtigste warf der intellektuellen Linken im Osten und Westen Deutschlands vor, sie habe trotz ihres moralischen Anspruchs auf permanente Kritik an sozialen Mißständen und gesellschaftlichen Machtstrukturen gegenüber dem totalitären Machtapparat im bürokratischen Sozialismus versagt. Schirrmacher versuchte das kulturelle Prestige der intellektuellen Linken allerdings mit einer anderen Argumentation zu destruieren. Er zielte damit auf den selbstverständlichen Anspruch der Intellektuellen, in der bestehenden Gesellschaft ei-

ne widerständige, disfunktionale Rolle einzunehmen. Tatsächlich seien sie auch im Westen gut funktionierende Repräsentanten der Nachkriegsgesellschaft gewesen: »Es gehört zu den Legenden und Selbsttäuschungen, wenn Repräsentanten dieser Literatur, wie etwa Günter Grass, noch heute behaupten, daß sie sich gegen eine reaktionäre und nationalistische Öffentlichkeit hätten durchsetzen müssen. Tatsächlich wartete eine überwältigende Mehrheit der nachwachsenden Generationen nur darauf, die neue fortschrittliche Identität annehmen zu können. Sie protegierte diese jungen, moralisch aufgewühlten Autoren, weil sie eine einmalige Chance sah, ein neues Bewußtsein geliefert zu bekommen.«

Im weiteren Verlauf des Literaturstreites schob sich allerdings bei denen, die Christa Wolf attackiert hatten, ein anderes Argument in den Vordergrund, das der Debatte ein neue Wendung gab. Schirrmachers nur in Ansätzen ausformulierte Erwartung an eine neue Literatur nach dem Ende der DDR und der alten Bundesrepublik richtete sich auf eine kleine Literatur, die den priesterlichen Anspruch auf gesellschaftliche Repräsentanz und die Illusion aufgibt, Artikulation eines moralisch souveränen, kritisch überlegenen Subjekts sein zu können. Damit ging auch bei ihm schon die dann von Ulrich Greiner und zuvor von Karl Heinz Bohrer vehement geäußerte Kritik einher, die literarische Linke habe ästhetische Kriterien durch solche der Gesinnung ersetzt. Erst Greiner gebrauchte in einem *Zeit*-Artikel vom 2. November 1990 den Begriff, der im Streit um Christa Wolf dann überall aufgegriffen wurde: »Gesinnungsästhetik« (siehe S. 208).

Nachdem Greiner noch in seinem Artikel vom 27. Juli 1990 (siehe S. 179) mit antistalinistischem Engagement die moralische und politische Frage nach der »Mitschuld der Intellektuellen der DDR« und auch der BRD an der »zweiten deutschen Katastrophe«, nämlich der stalinistischen, gestellt hatte, nahm sich diese Wendung gegen moralische und politische Urteile wie ein völliger Widerspruch zu den vorangehenden Positionen aus. Doch zumindest einen Aspekt seiner bisherigen Argumentation führte Greiner hier fort. Wie andere auch hat-

te er zuvor, in der *Zeit* vom 22. Juni 1990, der westdeutschen Literaturkritik vorgeworfen, sie habe »die DDR-Literatur zu gesonderten Konditionen« behandelt: »Man wußte nie, wem man durch unbedachte Wort schaden würde. Es empfahl sich, die Beschlüsse des jüngsten ZK-Plenums oder die Losungen des jüngsten Parteitages zu kennen, um zu wissen, wie mutig, wie riskant ein literarischer Text aus der DDR sei. Und die heikle Kategorie des Mutes wurde oft zum entscheidenden literarischen Kriterium, auch wenn der Text noch so mißlungen war.« Ähnliches erklärten in dem *Spiegel*-Gespräch mit Günter Grass die Redakteure des Magazins: »Wir alle, das heißt die westdeutsche Kritik, haben jahrelang auf DDR-Bücher einen Bonus angewandt, wir sagten uns, Literatur dort entsteht unter bestimmten schwierigen Voraussetzungen, die Autoren können das meiste nicht direkt sagen, sie müssen Umwege wählen.« Und schon Ende November 1989 hatte sich in der Diskussion des *Literarischen Quartetts* das Unbehagen daran artikuliert, daß DDR-Autoren bei jeder noch so verschlüsselten Kritik am SED-Staat im Westen mit Applaus rechnen konnten. Wenn Peter Rühmkorf dann später, Volker Hage zitierte ihn in seinem Artikel vom 5. Oktober 1990, über die »seltsamsten Wettbewerbsverzerrungen und Gesinnungsbelobigungen« im Umgang mit der DDR-Literatur klagte, dann stand er schon in der Wortwahl Greiners Verdikt gegen die »Gesinnungsästhetik« nahe: »wer in der DDR nur eben mit ein paar verkrumpelten Dissidentenphrasen angeeckt war, wurde gefeiert, belobigt, prämiert.«
Es war gewiß auch dieses Unbehagen am Umgang westdeutscher Kritik mit der DDR-Literatur, das im Streit um Christa Wolf schließlich zur Etablierung des abschätzigen Begriffes »Gesinnungsästhetik« beitrug. Wichtiger jedoch wurde für die Wendung, die Schirrmacher und Greiner in dem Streit vollzogen, der Einfluß Karl Heinz Bohrers, der ihre zuvor politisch und moralisch argumentierenden Angriffe auf Christa Wolf mit andersartigen Überlegungen unterstützte. In seiner Glosse *Kulturschutzgebiet DDR?* vom Oktober schreibt der Herausgeber des *Merkur* vom »Gesinnungskitsch« ihrer Erzählung

und plädiert für die »dem linken Juste-milieu« schon immer verdächtige »Verteidigung von künstlerischen Kriterien vor dem Anspruch der Gesinnung«. Die Glosse wendet sich namentlich gegen Günter Grass und Walter Jens und allgemein gegen »die alte Garde der für ›Sinn‹ Zuständigen«. Jener »deutsche Intellektuellentyp, dessen historische Epoche nun offenbar zu Ende geht«, sei immer schon ein »Religionsanhänger« gewesen, der »noch in der Kunst Metaphysik statt Ästhetik« wollte. Aber: »Eine aufgeklärte Gesellschaft kennt keine Priester-Schriftsteller. Christa Wolf hat, wie Günter Grass, auch von der angedeuteten quasireligiösen Mentalität west- und ostdeutscher Besucher von Dichterlesungen gelebt. Das ist hoffentlich vorbei. Auch sie wird sich daran gewöhnen müssen, was Literatur in einer säkularisierten Gesellschaft darstellt: keine Droge für Unterdrückte, kein quietistisches Labsal. Vielmehr verschärfter Anspruch an die imaginative Potenz.« Bohrer lieferte im gleichen Heft des *Merkur* mit seinem längeren Essay *Die Ästhetik am Ausgang ihrer Unmündigkeit* dem polemischen Beitrag zum Streit um Christa Wolf das theoretische Fundament - in einem Versuch, die Ästhetik »als Geschichte einer Selbstbefreiung von theologisch-metaphysischer, schließlich idealistisch-geschichtsphilosophischer Bevormundung« zu beschreiben.
Indem Ulrich Greiner sich mit nur wenigen Einschränkungen der Argumentation Bohrers anschloß, der ganz in der Tradition der ästhetischen Moderne die autonome Sphäre der Kunst radikal von allen außerästhetischen Verpflichtungen durch Moral, Philosophie und Politik befreit wissen wollte, war er bei einem Punkt angelangt, wo der redaktionsinterne Kontrahent und Verteidiger Christa Wolfs, Volker Hage, von Beginn an schon war. Denn der hatte in dem *Zeit*-Artikel vom 1. Juni 1990 gefordert, nicht Christa Wolf als Person oder moralische Instanz zu beurteilen, sondern ihre literarischen Texte, und diese wiederum nicht »lediglich auf Einblicke ins Getriebe dieses Staates hin zu lesen«, sondern auf genuin literarische Gesichtspunkte hin, auf ästhetische Qualitäten, die nicht vom Erscheinungstermin eines Textes abhängen (siehe S. 41).

Greiners erste Kritik unter dem gleichen Datum hingegen urteilte zwar durchaus auch über einen literarischen Text, indem er, unter Berufung ausgerechnet auf Brecht, bemängelte, daß *Was bleibt* die dargestellte Wirklichkeit des Stasi-Terrors nicht konkret benenne. Doch das abschließende Verdikt verfiel ganz der Sprache der Moral (siehe S. 66). Daß Christa Wolf diesen Text zu diesem Zeitpunkt veröffentlicht habe, verrate einen Mangel »an Aufrichtigkeit gegen sich selbst und die eigene Geschichte, einen Mangel an Feingefühl gegenüber jenen, deren Leben der SED-Staat zerstört hat«.
Solche Äußerungen waren es, die den Kritikern Christa Wolfs den wiederholten Vorwurf einbrachten, in ihren Artikeln gingen »die Urteile über die Arbeiten von Intellektuellen bruchlos über in moralische Verurteilungen von Personen« (Klaus Podak, *Süddeutsche Zeitung*, 25. Juni 1990); da lasse »die moralische Elle, mit der da gemessen wird, [...] die ästhetische außer acht« (Albrecht Roeseler, *Süddeutsche Zeitung*, 14./15. Juli 1990); da versuche man, »die gesamte DDR-Literatur ins moralische Abseits zu stellen« (Herbert Riehl-Heyse, *Süddeutsche Zeitung*, 4./5. August 1990). Daß der ganze Streit zunächst vor allem unter politischen und moralischen Gesichtspunkten ausgetragen wurde, veranlaßte Uwe Wittstock in einem Artikel der *Süddeutschen Zeitung* vom 13./14. Oktober 1990 dazu, die bislang dominierenden Fragestellungen in einem fiktiven, doch wirklichkeitsnahen Prüfungsszenarium zum Thema »Ethik und Poetik« zu karikieren und ad absurdum zu führen. Der Artikel schlug vor, »zwischen Ethik und Ästhetik« eine klare »Trennlinie« zu ziehen. Denn künstlerische Qualität entstehe nun einmal unabhängig von moralischen oder ideologischen Qualitäten. Ein guter Schriftsteller müsse nicht ein guter Mensch sein (siehe S. 198).
Als zwei Wochen nach Wittstocks Artikel der von Greiner über *Die deutsche Gesinnungsästhetik* in der *Zeit* erschien (siehe S. 208), konnte man den Eindruck haben, als seien sich die Streitenden mit einem Male überraschend einig darin, daß literarische Werke nicht angemessen nach politischen Gesinnungen und moralischen Haltungen zu bewerten sind. Doch

der Wendung Schirrmachers und Greiners in dem Streit folgte nun eine entsprechende Wendung ihrer Kritiker. Am 8. November 1990 erschien in der *Süddeutschen Zeitung* ein Artikel von Jürgen Busche, der die Beiträge von Bohrer, Schirrmacher und Greiner mit der sarkastischen Bemerkung kommentierte: »Mit der Moral einer von Auschwitz erschütterten Kunst soll es eine Ende haben.« Bohrer berufe sich u.a. auf Martin Heidegger, doch nicht auf jenen, »der der Lehrer von Herbert Marcuse, Hannah Arendt, Günter Anders und Hans Jonas hatte sein können, sondern auf den Heidegger, der Mitte der 30er Jahre mit den Nazis um die ›innere Wahrheit und Größe der Bewegung‹ konkurrierte«. Und wo Schirrmacher die literarischen Vorbilder einer von Moral befreiten Ästhetik suche, habe er »Anfang des Jahres bekundet, als er seinen Ernst Jünger pries und leicht angeekelt notierte, daß sich die Ablehnung Jüngers ›moralisch und politisch gebärdet‹ «. Busche äußerte den Verdacht, daß die sich im vereinten und uneingeschränkt souveränen Deutschland nun ganz hemmungslos artikulierende Rechtsintelligenz mit der Befreiung der Ästhetik aus den Fesseln der Moral nur eine andere Gesinnung nahelegen wolle: »Nicht nur die Ästhetik, mehr noch das deutsche Wesen soll aus der Unmündigkeit heraustreten. Nicht mehr Schiller, der noch [...] Ehrenbürger der französischen Republik werden mochte; nicht mehr Hegel, der kosmopolitisch und kaum deutsch dachte - sondern Ernst Jünger ist der Stern, dem wir in eine bessere Zukunft folgen sollen, zunächst nur in eine für das Kunstwerk bessere Zukunft.«
Ähnlich bewertete Gert Heidenreich in einem relativ späten Beitrag zum Literaturstreit in der *Süddeutschen Zeitung* vom 2./3. Februar 1991 das Wort »Gesinnungsästhetik« als einen »politischen Kampfbegriff« zur Durchsetzung einer neuen Gesinnung. Mit dem Begriff werde »eine Nische des Vergessens eröffnet«, in der »die kritische Literatur der BRD seit der ›Gruppe 47‹ « verschwinden solle. Mit dem Begriff gehe es darum, »alles als literarisch wertlos zu denunzieren, was sich überhaupt auf gesellschaftliche Realität einläßt«, und den Autoren ein der Gesellschaft unschädliches Reservat zuzuwei-

sen. Darin zeige sich eine neue Neigung zum Normativen, die das Gegenteil der beschworenen ästhetischen Freiheit sei. Bohrers »Ausweisung der Kunst aus dem Raum der Sittlichkeit« sei »ein zutiefst stupider Rückfall zu den Futuristen um Marinetti, die den Krieg als Kunstwerk verherrlichten, weil er so hübsche Rauchspiralen und Feuersäulen enthält und ›die Kanonaden und Verwesungsgerüche zu einer Symphonie vereinigt‹ «.

»Gesinnungsästhetik« blieb 1991 ein Reizwort, das die Intellektuellen in der Bundesrepublik weiter spaltete. Peter Glotz griff es auf, als er in seinem Beitrag zur Golfkrieg-Debatte *Wider den Feuilleton-Nationalismus* in der *Zeit* vom 19. April 1991 der intellektuellen Rechten in Deutschland und dabei vor allem Karl Heinz Bohrer vorhielt: »Gegenüber der ›Gesinnungsliteratur‹ entsteht eine ähnliche Ungeduld wie gegenüber der ›Friedensbewegung‹.« Jürgen Habermas nannte es in der *Zeit* vom 10. Mai 1991 »skurril«, wie jetzt gegen seine Generation rebelliert und ein neuer Anfang proklamiert werde: »Unter dem Vorwurf der ›Gesinnungsästhetik‹ werden die in den ersten Nachkriegsjahrzehnten prominent gewordenen Schriftsteller als ›staatstragend‹ abserviert.«

UWE WITTSTOCK

Die Dichter und ihre Richter

Literaturstreit im Namen der Moral: Warum die Schriftsteller aus der DDR als Sündenböcke herhalten müssen

Wir neigen seit je zur Selbstbespiegelung; »Was deutsch und echt, wüßt keiner mehr,/lebt's nicht in deutscher Meister Ehr'«, so Hans Sachs in der Schlußszene von Wagners »Meistersingern«. Zur Zeit fällt es uns besonders schwer, den Blick von unserem neuerdings wieder gesamtdeutschen Nabel zu heben. Raffen wir uns dennoch dazu auf, wird schnell deutlich, daß der Vereinigung von Bundesrepublik und DDR Perspektiven abzugewinnen sind, die weit übers Nationale hinausreichen, daß es dabei um mehr gehen kann als nur um eine weitere Episode der an Spaltungen, Bruderzwisten und abrupten Wiederverschmelzungen so reichen deutschen Geschichte. Das gilt auch für die deutsche Literaturgeschichte.

Noch nie ist die Belletristik eines Landes so gescholten worden wie seit dem November 1989 die der DDR. Dagegen ist, nebenbei bemerkt, nichts einzuwenden - wenn sie es verdient hat; wenn sie nichts Nennenswertes hervorgebracht haben sollte, außer einem neuen Nachweis für die alte Erkenntnis, daß auch Schriftsteller Menschen und also korrumpierbar sind. Allerdings stellt der Versuch, vier Jahrzehnte zeitgenössischer Literatur zu beurteilen, an die Kritiker erhebliche Anforderungen. Nicht wenige von denen, die sich nun laut und entschieden zu Wort melden, lassen bald erkennen, daß sie nur schemenhaft wissen, wovon sie reden.

Zieht man ein knappes Resümee, so wird den DDR-Schriftstellern zumeist vorgeworfen, sie hätten Konflikte mit den Machthabern ihres Staates vermieden und sich Privilegien verschafft, indem sie in ihren Büchern die bitteren politischen Tatsachen des Landes ausblendeten. Bevormundung und Be-

spitzelung, die Zerstörung der Umwelt, Ämterpatronage und Bonzenbereicherung, heißt es, tauchten in den Texten von DDR-Autoren nicht auf. Wenn es nach deren Literatur ging, dann hätte die DDR, die wir kennen, nie existiert.
Diese Angriffe sind verräterisch. Sie sprechen, genau betrachtet, noch einmal mit dem normativen Ingrimm des Aristoteles ein Mimesisgebot aus. Der Tendenz nach ist ihr Verdikt damit genauso diktatorisch, wie es die Dogmen der stalinistischen Kulturfunktionäre waren.
Wirft es, wenn eine Gegenfrage erlaubt ist, irgend jemand Peter Handke vor, daß wir aus seinen Büchern nichts über Österreich erfahren? Verlangen wir von Italo Calvinos Büchern, daß sie uns den nächsten Trip in die Toskana ersetzen? Wer nur die Romane des Amerikaners Thomas Pynchon gelesen hat, wird sich in den Vereinigten Staaten nicht ohne weiteres zurechtfinden. Wer greift Pynchon deshalb an? Niemand; und das ist gut so. Denn mittlerweile wurde man sich im allgemeinen einig, daß ein Roman kein Reiseführer sein muß.

Außerdem gehen die genannten Attacken entschlossen an den Tatsachen vorüber. Denn selbstverständlich konnte und kann man in der DDR-Literatur den politischen Realitäten in der DDR begegnen. Die Schriftsteller dort haben sich in weit höherem Maße als ihre westlichen Kollegen mit traditionell realistischen Erzähltechniken beschäftigt - nicht zuletzt, weil die Machthaber immer wieder einmal versuchten, sie auf die biederen Glaubenssätze des Sozialistischen Realismus einzuschwören. Natürlich ist es möglich, die DDR mitsamt ihren politischen, wirtschaftlichen und menschlichen Abgründen wiederzufinden in den Romanen von Günter de Bruyn und Erich Loest, Uwe Johnson und Jurek Becker, in den frühen Produktionsstücken von Heiner Müller oder Volker Braun ebenso wie in den späten Erzählungen von Franz Fühmann, in der Prosa Wolfgang Hilbigs und Günter Kunerts nicht weniger als in den dramatischen Romanen und romanhaften Dramen von Christoph Hein - um nur ein paar Bücher herauszugreifen.

Das Verhältnis der bedeutenden DDR-Schriftsteller zu ihrem Land war nie affirmativ, auch wenn sich manche von ihnen zu sozialistischen Überzeugungen bekannten und bekennen. Denn es war nicht der reale, sondern ein idealer Sozialismus, dem sie anhingen. Mag sein, daß sie deshalb oder aus Furcht vor der Zensur nicht in jedem Buch alle bizarren Züge ihrer Gesellschaft mit der wünschenswerten Schärfe angriffen. Aber eine derart umfassende Kritik ist auch einem einzelnen Werk oder einem einzelnen Autor nur schwer möglich.
Begreift man jedoch die Literatur der DDR als Zusammenhang, läßt sie keine Wünsche offen: Es läßt sich kaum ein herberer Widerspruch gegen das Erziehungssystem der DDR denken als Rainer Kunzes »Wunderbare Jahre«; kein entschlossenerer Protest gegen die Verpestung der Umwelt als Monika Marons »Flugasche«; und kein radikaleres Aufbegehren gegen die Bevormundung als »Der Weg nach Oobliadooh« von Fritz Rudolf Fries.
Natürlich gab es unter den Schriftstellern der DDR auch Opportunisten und Dummköpfe, Fanatiker, Trendsetter und schwankende Gestalten, die mal mutig, mal feige auftraten – aber ist dies, genau betrachtet, nicht ein Beleg dafür, daß sich die Autorenschaft der DDR von der anderer, auch demokratischer Länder nicht unterscheidet? Nein, die wirklich wichtigen Schriftsteller aus dem anderen Deutschland brauchen sich weder Duckmäusertum noch Schönrednerei vorwerfen zu lassen.

Eine ganz andere Frage dagegen ist es, ob die DDR-Literatur ein unverwechselbares Charakteristikum hat, einen Wesenszug, der im Westen fehlt und den sie mitbringt in die zukünftige gesamtdeutsche Literatur. Was die Bürger der DDR von denen der Bundesrepublik trennt, sind vor allem ihre grundverschiedenen politischen Erfahrungen; die Schriftsteller dürften da keine Ausnahme machen. Ob diese recht banale Tatsache ausreicht, um aus ihr Literaturen beider Länder zu destillieren, wird sich wohl erst aus dem Abstand einiger Jahrzehnte klären lassen. Ich glaube nicht, daß es gelingen wird. Die Literatur der DDR zerfällt wie die der Bundesrepublik in ein Ensemble individueller Stimmen und Temperamente, denen man Gewalt antäte, wollte man sie auf ihre geographische Herkunft festlegen.

Vor dem Hintergrund der politischen Gegensätze der beiden deutschen Staaten wird jedoch ein gewisses Spezifikum der DDR-Literatur sichtbar: die Wahl der Sujets. Die Autoren jenseits der Elbe zeigen seit Jahrzehnten eine auffällige Vorliebe für ein Motiv, mit dem ihre Kollegen diesseits der Elbe überhaupt nichts anfangen können. Es ist eine geradezu archaische Konstellation, die sich schnell skizzieren läßt. Ein Mensch gerät per Zufall oder unbeabsichtigt oder mit Bedacht in Widerspruch zu seiner sozialen Umwelt; woraufhin seine Existenz in allen Bereichen, politisch wie juristisch, beruflich und privat, auf einen Schlag in Frage gestellt wird. Er sieht sich mit einem monolithischen Machtapparat konfrontiert, der ihn einer geringen Verfehlung wegen unerbittlich zum Außenseiter stempelt. Diesem Handlungsmuster folgen, mit den nötigen Abwandlungen und Zutaten, Volker Brauns »Unvollendete Geschichte« ebenso wie Christoph Heins Romane »Horns Ende« und »Der Tangospieler«, Monika Marons »Flugasche« genauso wie Erich Loests »Es geht seinen Gang«, Günter de Bruyns »Neue Herrlichkeit« nicht weniger als Jurek Beckers »Schlaflose Tage« und Ulrich Plenzdorfs »Die neuen Leiden des jungen W.«. Die Zahl der Beispiele ließe sich leicht vermehren.

Die politische Dimension des Motivs liegt auf der Hand: Die DDR war ein straff durchorganisierter, totalitärer Staat, der jeden Oppositionellen, ließ er sich erwischen, konsequent an den Rand drängte, öffentlich wie privat. Die Autoren erzählen also nur, was tagtäglich passierte und wovon jeder sich bedroht fühlen mußte.
Auf der Hand liegt freilich auch, weshalb Schriftsteller im Westen diesem Topos nichts abgewinnen konnten: Die subtilen Kontroll- und Kommunikationsstrukturen einer modernen Demokratie, ihre vielfältig sich überlagernden, durchkreuzenden und einander widerstrebenden Machtstrukturen können

mit einem solchen, relativ einfachen Modell nicht auf ihren literarischen Nenner gebracht werden. Wer sich bei uns an einer vergleichbaren Story versuchte, stünde rasch im Verdacht, die Tatsachen kraß zu trivialisieren.
Damit ist allerdings auch klar, daß die einschlägigen Werke der DDR-Literatur mit dem Ableben der DDR als ein verdienstvolles und möglicherweise sogar mutiges, ganz sicher aber als ein endgültig abgeschlossenes Kapitel in die Geschichte eingehen. Sie werden weiter an einen Abschnitt der Vergangenheit erinnern, werden Leid und Not der Opfer des ehemals realen Sozialismus veranschaulichen, doch ihr Thema hat inzwischen unwiderruflich – glücklicherweise – seine Aktualität verloren.

Aktuell bleibt dagegen, obwohl es zur Zeit gründlich aus der Mode gekommen ist, ein anderes Element der DDR-Literatur: die Geschichts-Literatur im strengen Wortsinn, eine Literatur also, die ihren Stoff nicht aus der Vergangenheit schöpft, sondern die den Geschichtsverlauf selbst zu ihrem Gegenstand macht, die den Wechsel von revolutionären Auf- und katastrophalen Zusammenbrüchen in der Historie zu verfolgen, zu analysieren und zu begreifen versucht.
Ein Gegenstand mithin, bei dem es immer auch um die Sehnsucht nach einer fairen, humanen Sozialordnung geht, und an dem sich von Lessing bis Hölderlin, von Kleist bis Büchner, von Heine bis Brecht nicht die schlechtesten Geister der deutschen Dichtung oft bis zur Verzweiflung erschöpft haben. Deren Erbe traten in der DDR Volker Braun, Thomas Brasch, Günter Kunert und vor allem Heiner Müller an. Was sie auf diesem Gebiet geleistet haben, findet im Westen sein Gegenstück allenfalls im Werk des nach Schweden emigrierten Peter Weiss und, mit Abstrichen, in den Theaterstücken von Tankred Dorst.
Um Mißverständnisse zu vermeiden: Die betreffenden Texte haben nichts mit operativer und nur wenig mit der sogenannten politisch engagierten Literatur zu tun – auch wenn die Autoren aus ihrem in aller Regel »linken« Engagement (was im-

mer man heute darunter versteht) kein Geheimnis machen. Es geht ihnen nicht darum, Patentrezepte für ein Paradies auf Erden zu propagieren, sondern darum zu registrieren, welche sozialen Mechanismen sich dem Menschheitstraum von einer besseren Welt entgegenstellen. Kurz: Sie tendieren weniger zu der Haltung des ideologischen Missionars als vielmehr zu der des Geschichtsphilosophen.
Deshalb blieben sie in den letzten Jahren auch nicht verschont von jener Krise, die unsere an die Traditionen des deutschen Idealismus gefesselte Geschichtsphilosophie vor allem durch die Kritik der französischen Strukturalisten (und nicht erst seit dem Bankrott des realen Sozialismus) erfaßt hat: Thomas Brasch ist seine schriftstellerische Arbeit in Splitter zerfallen, Kunert wird nicht müde, die Zukunftslosigkeit der Posthistorie zu beschwören, Volker Braun versucht in immer zarteren Sprachgebilden, die Erinnerung an eine verlorene Utopie zu bewahren, und Heiner Müller erklärte schon vor zehn Jahren bündig, unter den gegebenen Umständen könne er als Dramatiker »nur noch leere Seiten abliefern«.
Aber das widerlegt ihr Werk nicht, im Gegenteil, es beweist, daß sie einen Weg der Geistesgeschichte des 20. Jahrhunderts mit literarischen Mitteln konsequent bis zu seinem gegenwärtigen Ende abgeschritten haben. Davon, ebenso wie von den Anstrengungen und Opfern, die dieser Weg der ganzen Epoche abverlangte, werden ihre Bücher auch künftig noch Nachricht geben. Sie beschreiben, wie es ein einem Stück von Heiner Müller heißt, »die Versteinerung einer Hoffnung«. Sie zeichnen ihr langsames Sterben nach und setzen ihr zugleich ein Denkmal.

Eine geheimnisvolle Fügung brachte mich in den Besitz der Examensunterlagen der Leipziger Schriftstellerhochschule aus dem Jahr 2000. Nach der deutschen Vereinigung war zunächst erwogen worden, das »Johannes-R.-Becher«-Institut mit Hinweis auf seine doktrinäre Vergangenheit zu schließen. Dann aber konnten die westlichen Kulturpolitiker der verlockenden Vorstellung nicht widerstehen, Lehrpläne und Studienziele für Nachwuchsdichter festsetzen zu dürfen. So ließen sie am Ende nur den Namen der Schule verschwinden und machten sich lustvoll an die selbstgestellte Aufgabe.

Natürlich sind zehn Jahre nach der Geburt des vereinigten Deutschland die Querelen um ideologische oder moralische Verfehlungen ehemaliger DDR-Schriftsteller längst abgeflaut. Doch am Leipziger Autoren-Institut werden sie immer noch gern zitiert, vor allem natürlich im Aufbaukurs »Ethik und Poetik. Der Dichter als Richter in allen moralischen Lebenslagen«. Zwei Fragen aus der Abschlußprüfung möchte ich zitieren:

»Der Romancier A. war in der DDR überzeugter Kommunist und verfolgte oppositionelle Kollegen, bekam dafür von der SED einen Reisepaß und eine Datsche, blieb seinen Überzeugungen aber nach der Wende treu. Die Schriftstellerin B. war zunächst Kommunistin und hatte Paß und Datsche, schrieb dann feministische Bücher, weshalb sie bei der SED in Ungnade fiel, trat aber sicherheitshalber erst am Tag nach der Wende aus der Partei aus. Der Dramatiker C. war kein Parteimitglied, hatte keine Datsche und seine Stücke wurden in der DDR lange Zeit nicht gespielt, aber er hatte einen Paß und verteidigte nach der Wende die DDR-Kultur. Der Erzähler D. hatte keinen Paß und keine Datsche und saß in den fünfziger Jahren im Gefängnis, weil er Ulbricht widersprochen hatte, doch war er damals begeisterter Kommunist und hätte wissen müssen, was ihm blühte. Der Lyriker E. war von Anfang an gegen die SED, was ihm keinen Paß und keine Datsche, sondern eine Haftstrafe einbrachte, nach der Wende aber bezeichnete er sich als Sozialist und trauerte der DDR nach.

Erörtern Sie schriftlich, welcher Autor noch politisch glaubwürdig ist, wer nach der Wiedervereinigung kein moralisches Recht mehr hatte, mit Appellen an die Öffentlichkeit zu treten und was das Ganze mit Literatur zu tun hat.«

Leicht wird es, wie man sieht, den Absolventen der Hochschule nicht gemacht. Gleiches gilt für eine zweite Prüfungsfrage, die sich gewissermaßen um westöstliche Ausgewogenheit bemüht: »Der westdeutsche Romancier Z. war früher in der

DKP und zog gegen den Kapitalismus zu Felde, in den achtziger Jahren entdeckte er für sich die deutsche Frage und warb nach der Wende für ein neues Nationalgefühl. Der sozialdemokratische Publizist Y. ist in der Bundesrepublik geboren, hat immer dort gelebt und nimmt den Bürgern der DDR übel, daß sie nach dem Ende des SED-Regimes keinen neuen sozialistischen Versuch mehr wagen wollten. Der Erzähler X. war 1968 ›links‹, in den siebziger Jahren ›grün‹, und in den achtziger Jahren ›konservativ‹ – seit der Wiedervereinigung kritisierte er ehemalige DDR-Autoren gern öffentlich als Wendehälse. Der Dramatiker W. war ebenfalls in der DKP, bejubelte einst die DDR als Paradies auf Erden, trat dann in den achtziger Jahren aus der Partei aus, ins Showgeschäft ein und schrieb in der *Bild-Zeitung* obszöne Kommentare über Raissa Gorbatschowa.
Erörtern Sie schriftlich, aus welchen Gründen der politische Einfluß der Schriftsteller in der Bundesrepublik nachgelassen haben könnte, weshalb sich Autoren glücklich schätzen sollten, in demokratischen Ländern zu leben – und was das Ganze mit Literatur zu tun hat.«

Auf die Ergebnisse dieser Prüfung darf man gespannt sein. Gerade uns, die wir noch mitten im Schlachtenlärm des deutsch-deutschen Literaturstreits stehen, würde die klärende Distanz von zehn Jahren guttun, um die Positionen besser abgrenzen und beurteilen zu können. Eine Trennlinie kann allerdings heute schon ausgemacht und respektiert werden: die zwischen Ethik und Ästhetik. Das ist seit Kants »Kritik der Urteilskraft« eine Platitüde, gewiß, aber zur Zeit lohnt es sich, an sie zu erinnern: Welche moralischen oder ideologischen Sünden ein Schriftsteller auch auf sich geladen hat, das Urteil über seine künstlerischen Qualitäten bleibt davon unberührt.

Die Kulturfunktionäre der DDR wurden im Westen nicht zuletzt deshalb angegriffen, weil sie dazu neigten, den literarischen Rang eines Autors von seiner politischen Zuverlässigkeit abhängig zu machen. In ihre Fußstapfen tritt jeder, der heute

Bücher verdammt, weil ihre Autoren SED-Mitglieder waren, bei Honecker antichambrierten oder peinliche Elogen auf den ersten »Arbeiter-und-Bauern-Staat auf deutschem Boden« verbreiteten.
Auch Céline oder Ernst Jünger, Ezra Pound oder D'Annunzio, Hamsun oder Yukio Mishima haben haarsträubende politische Thesen vertreten. Doch deshalb stellt inzwischen niemand mehr den Wert ihrer Arbeit in Frage – ihre Bücher sind zu einem Kapitel der Literaturgeschichte geworden, das einem nicht gefallen muß, dem man aber seine Anerkennung nicht verweigern kann.
Anläßlich einer Preisverleihung hat Christoph Ransmayr einmal die wunderbar knappe und präzise Formel geprägt, daß ein Schriftsteller, »der ein gutes Kunstwerk zustande gebracht hat, nicht notwendig ein guter Mensch sein muß«, ja daß er sich unter Umständen »vorbehalte (...) selbstsüchtig, geldgierig und unmoralisch zu sein, ungerecht und ohne Mitleid – wie vieles in der Kunst«.

Hat es also überhaupt einen Sinn, wenn jetzt die Biographien der ehemals SED-hörigen Schriftsteller öffentlich auf den Prüfstand gestellt werden, wenn man ihnen nachträglich ihre ideologische Verblendung, ihre Denunziation, oder auch nur ihre Ergebenheitsadresse und schmutzigen kleinen Zugeständnisse an ein diktatorisches Regime vorrechnet? Für die Beurteilung ihrer Literatur sicher nicht.
Wenn es dennoch einen guten Grund gibt, die Auseinandersetzung mit der Vergangenheit linientreuer DDR-Autoren fortzusetzen; so hat der nichts mit Literatur, wenig mit Gerechtigkeit und viel mit Lebenserfahrung zu tun: In allen anderen Bereichen unserer Gesellschaft, in Politik, Wirtschaft und Wissenschaften, wird schon sehr bald von persönlicher Schuld für die Schäbigkeiten und Verbrechen des realen Sozialismus keine Rede mehr sein. Den meisten Verantwortlichen, die nicht in der ersten Reihe standen, dürfte es gelingen, sich als Opfer diffuser bürokratischer Zwänge hinzustellen und sich aufgrund ihrer Sachkompetenz für Aufbau und Ver-

waltung des Landes unentbehrlich zu machen. Wobei man ihnen von offizieller Seite wohl auch keine Hindernisse in den Weg legen wird - so lehrt es jedenfalls ein Blick auf die Jahre nach 1945 -, denn kein Staat kann es sich auf Dauer leisten, seinen sozialen Frieden zu gefährden durch einen kalten Bürgerkrieg zwischen den ehemals Unterdrückten und ihren ehemaligen Unterdrückern.
Allein im kulturellen und literarischen Leben - auch das lehren die Nachkriegsjahre - wird das Vergessen und Verdrängen nicht so rasch voranschreiten. Die Gründe dafür sind vielfältig: Sie sind sicher unter anderem in dem hohen moralischen Anspruch zu suchen, mit dem deutsche Dichter gerne auftreten und an dem sie dann gemessen werden; auch huldigt man immer noch der ehrwürdigen Tradition, jeden Autor für jede Zeile, die er irgendwann einmal geschrieben hat, uneingeschränkt verantwortlich zu machen; und schließlich zielt die Arbeit von Schriftstellern, anders als die von Managern oder Ministerialen, stets auf die Öffentlichkeit und läßt sich deshalb im nachhinein nur schlecht vertuschen.

Der Literaturbetrieb ist also geradezu prädestiniert dazu, die aufgebrochenen moralischen Konflikte der Allgemeinheit auszufechten. Er dient als Modell, an dem vor aller Augen und bei geringem Risiko durchgespielt werden kann, was an der ganzen Bevölkerung zu exekutieren sich niemand leisten kann und will. Dies vor allem rechtfertigt den deutsch-deutschen Schriftstellerstreit, auch wenn er mitunter lächerliche, peinliche, inquisitorische Züge annimmt: Es geht *nicht* um die Literatur, sondern um eine exemplarische Abrechnung mit exemplarischen Lebensläufen. Die Schriftsteller sind Stellvertreter.

Süddeutsche Zeitung, 13./14. Oktober 1990

ULRICH GREINER

Die deutsche Gesinnungsästhetik

Noch einmal: Christa Wolf und der deutsche Literaturstreit. Eine Zwischenbilanz

Der deutsche Literaturstreit, der mit der Auseinandersetzung um Christa Wolfs Erzählung »Was bleibt« begonnen hat, geht weiter. Mit dem Ende der Zweiteilung Deutschlands ist auch das Ende der literarischen Teilung gekommen. Die Literaturen der DDR und der Bundesrepublik sind zum Rückblick freigegeben. Die ersten Abrechnungen und Apologien sind bereits erschienen. Es geht um die Deutung der literarischen Vergangenheit und um die Durchsetzung einer Lesart. Das ist keine akademische Frage. Wer bestimmt, was gewesen ist, der bestimmt auch, was sein wird. Der Streit um die Vergangenheit ist ein Streit um die Zukunft.

Die derzeit herrschende Lesart läßt sich etwa so umschreiben: Trotz der unterschiedlichen gesellschaftlichen Systeme hatten die beiden deutschen Literaturen etwas Gemeinsames und waren im Grunde *eine* Literatur. Sie zeichnete sich in ihren besten und repräsentativen Beispielen durch zweierlei aus: Sie kämpfte mit hoher moralischer Integrität für humane Prinzipien, sie leistete Widerstand gegen Repression und Restauration.

In der DDR sei dies natürlich schwieriger gewesen (so will es die Lesart), weil die Schriftsteller dort sich größeren Aufgaben und härteren Bedingungen gegenüber gesehen hätten. Sie hätten sich für den Aufbau eines neuen und besseren Deutschlands eingesetzt, später dann, als der Stalinismus diesem Ziel sich in den Weg stellte, listig und hartnäckig Widerstand geleistet. So sei in der DDR eine vielfach gebrochene, alles in allem aber tapfere Literatur entstanden, als deren Inkarnation Christa Wolf mit Recht gelte.

So die herrschende Lesart. Sie erklärt uns weiterhin, die

Schriftsteller in der Bundesrepublik hätten es zwar leichter gehabt, aber nicht leicht. Sie hätten gekämpft gegen die Restauration der Adenauerzeit, gegen die Aufrüstung und gegen die wachsende Einschränkung der Meinungsfreiheit, und sie seien dafür bestraft worden durch Ausgrenzung und Mißachtung. Als Beispiele werden Radikalenerlaß und Sympathisantenjagd genannt, und gerne zitiert man in diesem Zusammenhang die »Pinscher« des Ludwig Erhard und die »Ratten und Schmeißfliegen« des Franz Josef Strauß.

Es waren, wenn wir dieser Lesart glauben wollen, und wir dürfen sie getrost eine Legende nennen, heroische Zeiten, im Osten wie im Westen. Viele Opfer blieben auf der Walstatt, manch einem brach das Rückgrat (DDR), manch einer hielt die unerträglichen Verhältnisse nicht mehr aus (BRD). Die Legende ist alt. Der erste, der sie in diesem Jahr der deutschen Einigung und der deutschen Zwietracht wiederbelebte, war Walter Jens auf dem Bertelsmann-Kolloquium in Potsdam. Ihm folgten all jene, und ihre Schar ist inzwischen Legion, die aus der Tatsache, daß in der *FAZ* und in der *ZEIT* zwei Verrisse von Christa Wolfs Erzählung erschienen waren, den Schluß zogen, es finde eine Hetzkampagne statt, die an finsterste Repressionen früheren Datums gemahne.

Es müßte dazu, weil Legenden unwiderlegbar sind, nichts weiter gesagt werden, wäre nicht der Literaturstreit in eine neue Phase getreten. Frank Schirrmacher hat in einem Aufsatz unter dem Titel »Abschied von der Literatur der Bundesrepublik«, erschienen in der Buchmessenbeilage der *FAZ,* den Versuch unternommen, der erwähnten Lesart eine andere entgegenzusetzen. Die Schriftsteller aus dem Umkreis der Gruppe 47 hätten sich keineswegs, wie sie selber bis heute behaupteten, gegen eine reaktionäre Öffentlichkeit durchsetzen müssen, sondern seien »eine der Produktionszentralen des bundesrepublikanischen Bewußtseins« gewesen: »Tatsächlich wartete die überwältigende Mehrheit der nachwachsenden Generationen nur darauf, die neue fortschrittliche Identität annehmen zu können. Sie protegierte diese jungen, moralisch aufgewühlten Autoren.«

Dieses Sakrileg ahndend, trat Wolfram Schütte in der *Frankfurter Rundschau* auf den Plan, opferte eine Seite seiner Wochenendbeilage und donnerte dem Herausforderer ein »Bis hierhin und nicht weiter« entgegen. Wir müssen die Kontroverse nicht en détail (und der Jean-Paul- und Arno-Schmidt-Enthusiast Schütte liebt das Detail) verfolgen, um zwei zentrale Themen, die über die lokalen Animositäten von Frankfurter Zeitungen hinausführen, ausfindig zu machen.

Das eine ist der Generationskonflikt. Schirrmacher, Jahrgang 1959, hatte, das ist der Mangel seines Vorstoßes, seinen Abschied von der Literatur der Bundesrepublik mit dem Vorwurf begründet, die tonangebende literarische Gesellschaft der Bundesrepublik sei die Generation jener ewig alterslosen, inzwischen gealterten Revoltierer gewesen, die den Nachwachsenden immer den Zutritt zu ihrer moralischen Exklusivität verweigert hätten. Dies nimmt Schütte, Jahrgang 1939, zum Anlaß, dem Grünschnabel Schirrmacher mangelnde Erfahrung vorzuhalten. Natürlich zitiert er die »Pinscher« – mit billigem Gewinn, weil sein Gegner damals noch nicht das Licht der Welt, geschweige denn das eines Schütte, erblickt hatte.

Sich gegenseitig das Lebensalter vorzurechnen ist noch nie besonders intelligent gewesen, und es ist, auf die Nachgeborenen gemünzt, insofern riskant, als Jungsein ein Fehler ist, der von selber besser wird, was für das Altsein nicht gilt. Die Pointe besteht darin, daß Schütte mit seinem alttestamentarischen Verdikt gegen die Unwissenheit der Jugend Schirrmacher recht gibt, indem er die Regel bestätigt, daß die Alten, und seien es jene, die einst den »Muff aus tausend Jahren« vertreiben wollten, immer dazu neigen, sich auf die Zahl ihrer Jahre etwas einzubilden.

Lassen wir das. Der eigentlich interessante und den Fall Christa Wolf erhellende Streit betrifft den Zusammenhang von Ästhetik und Moral. Auf Schirrmachers Kritik, wichtige bundesdeutsche Autoren hätten die Ästhetik durch Gesinnung ersetzt, antwortet Schütte wie folgt: Die Literatur der Bundesrepublik habe die Rolle »eines Spür- und Minenhundes wider eine auf Restauration und kollektive Vertuschung bedachte Staats- und Herrschaftsanwaltschaft« übernehmen *müssen,* und er spricht deshalb von einem »intellektuell-moralischen Dissens« zwischen den Schriftstellern und der Bundesrepublik.

Hier, in der Tat, liegt der Hase begraben. Man könnte mit Hebbel (»Maria Magdalene«) antworten: Kein Mensch muß müssen. Dennoch bleibt richtig, daß die Literatur der Bundesrepublik von Anfang an unter einer moralischen Überlast gelitten hat, die sie nicht abwerfen durfte. Die unterbliebene (und auf fürchterliche Weise von der RAF-Generation exekutierte) Auseinandersetzung mit denen, »die Auschwitz möglich gemacht haben«, halste den moralisch engagierten Autoren der BRD (und auf andere Weise jenen der DDR) ein humanitäres und politisches Debet auf, von dem die ästhetischen Zinsen, die zum Beispiel jemand wie Grass erwirtschaftet hatte, aufgezehrt wurden.

Was folgt daraus? Daß es so gewesen ist, heißt nicht, daß es so bleiben muß, heißt nicht, daß Literatur und Moral ihre Vernunftehe fortsetzen müssen. Exakt diese Vorstellung aber beherrscht die Christa-Wolf-Debatte. Es geht dabei nicht um einen Generationskonflikt, nicht um die vertrauten Muster rechts und links – wobei nach der Schrecksekunde des vergangenen Jahres wieder klar zu sein scheint, daß, wer an Christa Wolf Kritik übt, rechts sein muß. Das ist ein Witz, der allen empörungsfreudigen, den linken Schulterschluß suchenden Intellektuellen von Jens bis Grass und Wolf und ihren zahllosen Sekundanten zu entgehen scheint. Nein, die Frage lautet, wie es den Literaturen von DDR und BRD bekommen ist, daß sie einen »Kulturkampf« (Schütte) gefochten haben, und wie hoch der Preis ist, den sie dafür zu entrichten hatten.

Es lohnt sich, einen Blick auf die Jubiläumsnummer der Zeitschrift *Merkur* (Heft 500) zu werfen, wo deren Herausgeber Karl Heinz Bohrer nicht bloß eine wunderbar kaltschnäuzige Glosse in Sachen Christa Wolf (»Kulturschutzgebiet DDR?«) veröffentlicht, sondern auch und in der Hauptsache den Essay »Die Ästhetik am Ausgang ihrer Unmündigkeit«. Sein Ziel besteht darin, die Ästhetik »als Geschichte einer Selbstbefreiung von theologisch-metaphysischer, schließlich ideologisch-geschichtsphilosophischer Bevormundung« zu schreiben. Seine Gegner sind Schiller, Schelling, natürlich Hegel, schließlich all jene, die dem Kunstwerk eine Zielsetzung außerhalb seiner ästhetischen Erscheinung abverlangen. Am wichtigsten ist es ihm, den Zugriff der Geschichtsphilosophie abzuwehren, also jener Konzeptionen, die in der Geschichte einen Plan zu erkennen glauben, dem sich die Menschen (also auch die Künstler) zuordnen müssen, wenn sie Subjekte ihres Handelns sein wollen. Am radikalsten hat der Sozialismus dieser Vorstellung angehangen und daraus die Legitimation abgeleitet, die Ästhetik in den Dienst der Geschichte zu zwingen.

Bohrers Kronzeuge, neben Baudelaire und Nietzsche, ist Friedrich Schlegel, »der die ästhetische Reduktion auf den Gegenstandsbereich gewagt« und der gefordert hat, »mit der Selbständigkeit des Schönen zu beginnen und dieses vom Wahren und Sittlichen getrennt zu halten«. Es gebe, so Schlegel, für die Kunst keinen gefährlicheren Irrtum, als sie in Politik und Universalität zu suchen wie Schiller. Bei seinem Versuch, »das ästhetische Phänomen ohne metaphysische Referenz zu bestimmen«, folgt Bohrer ein Stück Wegs dem Kunsttheoretiker (nicht dem Philosophen) Adorno: »Ihm geht es mit Nachdruck darum, das *Nichtidentische* zu retten.«

Das Dilemma, an dem Bohrers hier nicht weiter zu referierende Überlegungen arbeiten, ist offensichtlich: Wenn wir unter Moral den geschichtsphilosophischen Anwendungsfall verstehen, dann ist die Moral des Kunstwerks nicht die Moral. Andererseits scheint Bohrers radikale Abwehr des Moralischen in einer bloßen Tautologie zu enden: Das Ästhetische ist das Ästhetische, nichts sonst. Wir könnten dann nur Erfahrungsurteile abgeben und müßten ansonsten schweigen.

Eben das empfiehlt uns George Steiner in seinem Essay »Von realer Gegenwart«. In dieser leuchtend klaren und ebenso scharfsinnigen wie diskreten Annäherung an das Wesen der Kunst kommt Steiner auf einige häretische Punkte: daß das sekundäre Geschwätz den primären Kunstgegenstand unter sich begrabe; daß die Begegnung mit dem Kunstwerk riskant sei und nur dem gelinge, der sich ihm mit Verantwortlichkeit und Höflichkeit aussetze; daß Kunst und ihr Verständnis nur denkbar seien als ein Akt der Transzendenz. Und Steiner zögert nicht, dieses Hinüberschreiten als einen Weg zum Göttlichen zu beschreiben. Wir könnten auch, wenn uns dies zu christlich klingt, vom Geheimnis der Kunst sprechen - oder vielmehr schweigen.

Wie auch immer wir das nennen wollen, was das Kunstwerk von allen anderen menschlichen Anstrengungen (etwa der Wissenschaft) unterscheidet: Aus ihm folgt Moralität; nämlich nicht eine praktische Handlungsanweisung oder verallgemeinerbare Maxime. Gemeint ist damit der Augenblick jener höchsten Aufmerksamkeit, die den Leser ein für allemal verändert. Steiner spricht von »einer Verkündigung, einer ›schrecklichen Schönheit‹ oder eines Ernstes, die in das kleine Haus unseres vorsichtigen Daseins hereinbrechen«.

Das Hereinbrechen des Anderen kann man nur beschreiben. Man kann keine Theorie daraus machen, keine Politik damit treiben, keine Schulen bilden. Genau das aber versucht jene Ästhetik, die, von Bohrer und Steiner aus entgegengesetzter Position angegriffen, als Geschichtsphilosophie beginnt und als pure Gesinnungsästhetik endet. Diese Gesinnungsästhetik hat eine zutiefst deutsche Tradition. Sie wurzelt in der Verbindung von Idealismus und Oberlehrertum. Sie ist eine Variante des deutschen Sonderweges. Sie läßt der Kunst nicht ihr Eigenes, sondern sie verpflichtet sie (wahlweise) auf die bürgerliche Moral, auf den Klassenstandpunkt, auf humanitäre Ziele oder neuerdings auf die ökologische Apokalypse.

Die Gesinnungsästhetik (und der geneigte Leser wird sich freuen, daß der Autor zu seinem Thema zurückfindet) ist das gemeinsame Dritte der glücklicherweise zu Ende gegangenen Literaturen von BRD und DDR. Glücklicherweise: Denn allzu sehr waren die Schriftsteller in beiden deutschen Hälften mit außerliterarischen Themen beauftragt, mit dem Kampf gegen Restauration, Faschismus, Klerikalismus, Stalinismus etcetera. Diejenigen, die ihnen diesen Auftrag gaben, hatten verschiedene Namen: das Gewissen, die Partei, die Politik, die Moral, die Vergangenheit. In der Bundesrepublik verwendete man dafür den Begriff der engagierten Literatur. Ihr gehörten nahezu alle an, die noch heute Rang und Namen haben: Böll, Grass, Lenz, Fried, Walser, H. M. Enzensberger, Weiss, Kipphardt, Andersch. Sie und die Gruppe 47 waren es, die das literarische Leben in der Bundesrepublik bestimmten, und sie gehörten keineswegs, wie die Legende es will, zu einer mißachteten Minderheit. In diesem Punkt hat Schirrmacher recht. Natürlich gab es Repressalien, vor allem am Anfang, natürlich gab es Spott und Häme. Das hat den Einfluß der »Pinscher« nicht gemindert.

Die Radikalisierung dieses literarischen Konzepts führte in den sechziger Jahren zum Dokumentartheater eines Peter Weiss oder Heiner Kipphardt, zu den damals berühmten »Bottroper Protokollen« Erika Runges, zur Arbeiterliteratur à la Max von der Grün und zum »Werkkreis Literatur der Arbeitswelt«. Es war dies eine Literatur des politischen Engagements und der Opportunität des Augenblicks. Ästhetische Radikalität lag ihr fern, und wer, etwa wie Heimito von Doderer oder Hans Henny Jahnn (beide waren und sind nahezu inexistent), aus der Reihe tanzte, bekam kein Bein auf den Boden.

Es ist klar, wie ungerecht es ist, wenn wir derart über Literatur reden. Denn die Werke (im Unterschied zu den Autoren), die in den vergangenen vierzig Jahren hüben wie drüben entstanden sind, haben, sofern sie überhaupt erwähnenswert bleiben, etwas Unvergleichbares und Unreduzierbares, und die Ausnahmen, die dem hier vorgetragenen Argument widersprechen, sind zahlreich. Dennoch gilt: Die Gesinnungsästhetik war das herrschende Merkmal des deutschen Literaturbetriebes, in der DDR sowieso, aber auch in der Bundesrepublik. Wie anders wäre es zu erklären, daß die Literaturkritik sich immer wieder bemüht hat, einen Journalisten wie Simmel zum Gegenstand ästhetischer Darlegungen zu machen. Woher kommt es, daß der Verdacht, Wallraff habe seine Bücher gar nicht selber geschrieben, niemanden sonderlich erschüttert und seinen Ruhm nicht geschmälert hat. Wallraff ist die bizarre Pointe einer literarischen Öffentlichkeit, deren erstes Interesse die Gesinnung, die moralische Kampfkraft und die politische Richtigkeit ist. Dann kommt es aufs Schreiben fast nicht mehr an.

Das alles ist Vergangenheit. Es hatte durchaus seine Notwendigkeit, auch wenn keine gute Literatur dabei herauskam. Und man darf nicht (wie Schirrmacher) die Tatsache unterschätzen, daß die Autoren in Ost und West eine lebenswichtige Ersatzfunktion wahrgenommen haben: Öffentlichkeit herzustellen. Aber wir reden ja doch von Literatur. Und da ist es erklärungsbedürftig, weshalb der pure Gesinnungskitsch eines »Störfalls« (Christa Wolf) Hunderttausende in diesem Land seelisch erschüttert und die Kritik zum Kniefall gebracht hat. Da hat es eine Autorin verstanden, diese deutsche Mischung aus Leidenslust, Unheilserwartung und Trostbedürfnis in eine ansprechende Form zu bringen, gegen die man einfach nichts haben kann.

Das alles ist ja eben leider nicht Vergangenheit. Das vergeht nicht so rasch. In Deutschland wechselt man das Hemd, nicht die Gesinnung. Was gestern links war, kann heute nicht schlecht sein. Es gibt auch so etwas wie geistige Besitzstandswahrung. Der obliegen zur Zeit die meisten Intellektuellen. Der berühmte Zug ist abgefahren, und sie sitzen im anderen Zug auf dem Weg nach Potjemkinsk. Wehe dem, der ihnen auf den Pelz rückt, den sie, am Samowar der Erinnerung sitzend, um ihre gebeugten Schultern ziehen.

Dann kommt es so: Grass sagt im *Neuen Deutschland,* Greiner und Schirrmacher hätten zur Hetzjagd gegen Christa Wolf »aufgerufen« und seien im übrigen die Sklaven ihres Meisters Reich-Ranicki. Heiner Müller nennt auf einer Podiumsdiskussion in Berlin die Kritik an Christa Wolf einen »Stalinismus des Westens«, und Ivan Nagel spricht eben dort von »einer rechten Verschwörung«. (Dies entnehmen wir einem Bericht der *Süddeutschen Zeitung,* die ihrerseits die Kritik an Christa Wolf »blamabel und peinlich« findet.) Christa Wolf erweitert, als sie aus der Hand des französischen Kulturministers Jacques Lang eine hohe Auszeichnung entgegennimmt, die Jagdmetaphorik um den Ausdruck »Hexenjagd«. Das PEN-Präsidium der Bundesrepublik spricht von McCarthyismus. Die Herausgeberin Gräfin Dönhoff macht dem PEN schriftlich bekannt, sie sei über den Leitartikel ihres Redakteurs Greiner »entsetzt« gewesen, was dieser aus einem Rundschreiben des PEN erfährt. Lothar Baier schließlich wundert sich in der *SZ,* daß die Kritiker Christa Wolfs deren Auszeichnung durch Jacques Lang nicht »als Ohrfeige« empfunden hätten.

Was ist los? Weshalb geraten geschätzte Autoren und Journalisten plötzlich aus der Fasson? Es ist leicht zu erklären. Ein Tempel wurde geschändet, ein Treuegebot wurde verletzt, ein Vertrag wurde gebrochen. Es bestand die Übereinkunft, daß die deutschen Schriftsteller (die linken, die engagierten, die kritischen) das Gute gewollt, gesagt und geschrieben haben. Und die Literaturkritik ist dieser Übereinkunft gefolgt, indem sie nicht ästhetisch geurteilt hat, sondern moralisch und politisch. Der deutsche Literaturbetrieb war das Bündnis der Aufrechten – und der Rechthaber, die nun darunter leiden, daß sie nicht recht behalten haben, sondern daß sich das von ihnen verachtete Volk sein Recht genommen hat, und sei es das Recht auf Bananen.

In der Gesinnungsästhetik, und ihr hervorragendes Beispiel bleibt Christa Wolf, sind Werk und Person und Moral untrennbar. Der Text ist der moralische Selbstentwurf des Autors. Und der Autor ist identisch mit seiner moralischen Absicht. Diese Moral beruft sich auf Humanität und Universalität. Wer also das Werk Christa Wolfs kritisiert, der kritisiert ihre Moral und macht sich damit der Inhumanität schuldig. So einfach ist das. Aber diese Ästhetik ist ein grandioses Mißverständnis. Vierzig Jahre haben wir gebraucht, um das zu begreifen, und manche brauchen länger.

Die Zeit, 2. November 1990

Internationale Ringrichter

Stimmen aus dem Ausland

Der deutsche Streit um Christa Wolf, deren Werke in viele Sprachen übersetzt sind, wurde bald auch von der ausländischen Presse wahrgenommen und zum Teil ausführlich kommentiert. So wie sich später in der Golfkrieg-Debatte die Gegner der deutschen Friedensbewegung auf die Stimmen aus dem Ausland beriefen, um ihre Position zu stützen und die »provinzielle Zurückhaltung« des vereinten Deutschland in der internationalen Allianz gegen Saddam Hussein zu kritisieren, so stützten sich im Literaturstreit umgekehrt die attackierten Intellektuellen und Verteidiger Christa Wolfs im gleichen Tenor auf Reaktionen außenstehender Beobachter.
Beendete Herbert Riehl-Heyse am 4./5. August 1990 in der *Süddeutschen Zeitung* seine Reportage über die Auseinandersetzung mit der DDR-Literatur noch mit dem Ruf nach ein »paar internationalen Ringrichtern«, so konnte Lothar Baier in seinem Aufmacher zur Buchmessenbeilage vom 2./3. Oktober 1990 in derselben Zeitung schon die Resonanz aus Frankreich und Italien auf den Streit in die Debatte werfen: Diejenigen, die mit ihren Angriffen auf die Autorin den Streit entfachten, »haben sich und damit die gesamte deutsche Literaturszene jenseits der Grenzen, in jenem Europa, das einem angeblich so nah und wichtig ist, der Lächerlichkeit preisgegeben«. Baier beruft sich auf das hohe Ansehen, das Christa Wolf bei ihren zahlreichen Lesern im Ausland genieße und das sie nicht irgendwelchen innerdeutschen Rücksichtnahmen, sondern allein ihren literarischen Qualitäten verdanke. »Und wenn Christa Wolf im September 1990 in Italien mit dem Mondello-Preis und in Frankreich mit dem hochoffiziellen Offiziersrang ›des Arts et des Lettres‹ ausgezeichnet wur-

de, so muß jemand schon ein verdammt dickes Fell haben, um in den Auszeichnungen nicht die Ohrfeige zu verspüren, die damit den Helden des ›deutschen Literaturstreits‹ verabreicht wurde.« Mit der staatlichen Vereinigung gehe in der deutschen Literaturszene eine merkwürdige Tendenzwende einher: »Je größer das Land äußerlich wird, desto provinzieller nimmt sich sein literarisches Leben aus.« Auch Reinhard Baumgart hielt in einem späten Beitrag zum Literaturstreit, seiner vom *Bayerischen Rundfunk* am 9. Juli 1991 gesendeten Antrittsvorlesung an der TU Berlin, den deutschen Debattenbeiträgen, die sich auf *Was bleibt* kaum eingehender einließen, entgegen, »wie sorgfältig, nachdenklich auf diese Erzählung von Christa Wolf in Wien oder Zürich, in London oder New York reagiert werden konnte, fern von den querelles allemandes«.
Nachprüfen lassen sich solche mahnenden Hinweise auf die Stimmen im Ausland hierzulande jedoch nur schwer. Der folgend Überblick zeigt denn auch, daß die Kommentare, die in Österreich, in der Schweiz, in Frankreich, England und den USA geschrieben oder veröffentlicht wurden, keineswegs einen einheitlichen Standpunkt bezogen und sich kaum dazu eignen, pauschal für diese oder jene Fraktion der hierzulande am Streit Beteiligten vereinnahmt zu werden.

ÖSTERREICH

In der *Süddeutschen Zeitung* erschien am 13./14. April 1991 unter dem Titel *Kalte Enteignung des nationalen Erbes?* ein Bericht über die in Österreich verbreiteten Befürchtungen, »vom vereinten Deutschland kulturpolitisch vereinnahmt zu werden«. Der Verfasser wies darauf hin, daß die kulturellen Interessen der DDR und Österreichs trotz konträrer Gesellschaftsverhältnisse vielfach identisch gewesen seien, »nämlich auf Abgrenzung ausgerichtet, auf die Formulierung einer ganz eigenständigen National- oder Staatskultur, für die der übergreifende deutsche Sprachraum fast etwas Bedrohliches hatte, statt gemeinsame Heimat zu sein«.
Die meisten Reaktionen der österreichischen Presse auf die westdeutschen Polemiken gegen Christa Wolf bestätigen diese

Einschätzung. Ähnlich wie in der DDR bewerten sie die Artikel von Greiner, Schirrmacher oder Serke als literaturkritische Äußerungen westdeutscher Siegermentalität. Besonders scharf formulierte dies Herbert Hrachovec in der Wiener Wochenzeitung für Kunst und Literatur *Falter* vom 13.–19. Juli 1990 unter dem Titel *Die böse Wolf:* »Konquistadoren, wenn sie die Könige besiegt haben, verbrennen gerne Priesterinnen. Es reicht nicht, die weltliche Macht einer überwältigten Kultur zu brechen. Die Glaubensinhalte, auf welche sie sich stützte, müssen auch dran glauben. Zum Recht der Sieger gehört es, die Gebräuche der Verehrung und Verheerung neu zu regeln. Wehe denen, die sich im unterlegenen Regime als moralische Autorität hervorgetan haben, sie trifft eine spezielle Wut.« Gleich zweimal zitiert der Artikel den auch in anderen österreichischen Stellungnahmen immer wieder empört angeführten Satz, mit dem Ulrich Greiner seinen Bericht in der *Zeit* vom 22. Juni 1990 über die Tagung in Potsdam zur »Kulturnation Deutschland« abgeschlossen hatte: »Die toten Seelen des Realsozialismus sollen bleiben, wo der Pfeffer wächst.« Der Satz sei »ein Beispiel, wie der Siegestaumel sich anschickt, das Weiterleben zu verpesten«. Es sei leider gut bekannt, »wie sich die Deutschen aufführen, wenn sie einmal in Fahrt sind. (Nicht daß die Österreicher besser wären, es sind nur weniger.) Mit einem Minimum an Aufmerksamkeit wäre zu sehen, daß Christa Wolf sich auf ihre Weise präzise dem Gebot der Stunde stellt, die alte Ordnung mitsamt dem eigenen Anteil einem Sprachgericht zu unterziehen.« In größerer und kursiv gedruckter Schrift sind dem Artikel einige Zwischentexte eingefügt, die seinen aggressiven Ton noch verschärfen: »Bald ist Deutschland eins, jetzt schon wird abgerechnet. [...] Die Hitlertagebuchveröffentlicher nennen die Autorin eine ›Heulsuse‹. Deutschland erwacht.« In der gleichen Ausgabe erschien ein weiterer Artikel zum Thema. Er lastet die Vereinnahmung einer anderen Kultur nicht »den Deutschen« an, sondern, allgemeiner, »dem Westen«, der jetzt auch die oppositionellen Gruppen in den eigenen Ländern kolonialisiere. Die Verfasserin, Elisabeth Nemeth, bewertet die Attacken auf

Christa Wolf vor allem als Angriffe auf das Prestige, das die Autorin bei bestimmten Lesergruppen in westlichen Ländern genieße. Angegriffen worden sei sie vor allem als Symbolfigur »für Teile der westdeutschen Friedensbewegung, der Grünen, der Frauenbewegung«. Christa Wolf habe ihre »größte Wirksamkeit in dem Westen entwickelt, der im letzten Jahr sein Gegenüber, sein Anderes verloren hat; und nun alternativlos geworden, die Expansion zum totalen Westen angetreten hat. Der massive, konzertierte Angriff auf eine Kunst, die ihre Fragestellungen, ihre Formen, ihr Ethos einer gesellschaftlichen Ordnung verdankt, die zum gegebenen Zeitpunkt doch sowieso als endgültig gescheitert gilt, gibt zu denken.«

In ähnlichem Tenor wie der *Falter* befand einen Monat später die Tageszeitung *Volksstimme* vom 17. August 1990: »Der Anschluß der DDR geht voran. ›Test the West‹ wirbt eine Zigarettenmarke überall in der DDR mit großen, sich drehenden Uhren. Es geht um die Wiedereinführung der westlichen Zeit. Dazu gehört, alles, was die Identität der Menschen in diesem Land ausgemacht hat, systematisch zu zerstören. Neuerdings die Kultur und Kunst in der DDR, im besonderen die Schriftstellerinnen. Erster Vorgeschmack sind die Angriffe auf die Person Christa Wolfs.« Begonnen habe der westdeutsche Ärger über sie und andere DDR-Schriftsteller »am 26. November 1989, als sie mit ihrem Aufruf *Für unser Land* an die BürgerInnen der DDR den Appell richteten, den Weg einer eigenständigen sozialistischen Alternative in der DDR einzuschlagen«.

An den österreichischen Reaktionen auf den Streit um Christa Wolf fällt auf, daß sie nicht versuchen, die Autorin mit Akzentuierungen ihrer staatskritischen Rolle in der DDR zu verteidigen. Elisabeth Nemeth schrieb im *Falter* über Wolfs »grundsätzlich loyales Verhältnis zur DDR«. Herbert Hrachovec konstatierte dort: Christa Wolf »stand, wenn schon nicht auf der Seite der Regierung, so doch im Einzugsbereich ihrer Macht, bemüht, für sich und andere das Ärgste zu vermeiden«. Als Beleg dafür zitiert er Thomas Rosenlöchers 1990 erschienenes *Dresdner Tagebuch* mit einer Eintragung vom 8. Oktober 1989: »Chr. Wolf bittet im Radio zu überlegen, wem Demonstrationen nützen, da dergleichen die Führung nur verhärten würde.« Die *Arbeiterzeitung/Neues Salzburger Tagblatt* vom 21. Juli 1990 referierte zunächst ohne eigene Vorbehalte Frank Schirrmachers »Anklagepunkte« gegen die Autorin: Sie habe keine »buchenswerten Äußerungen« zum Aufstand vom 17. Juni, zum Mauerbau, zum Einmarsch in die Tschechoslowakei und in Afghanistan oder zum Kriegsrecht in Polen von sich gegeben. *Die Presse* vom 7./8. Juli 1990 vermerkte, es sei schon lange vor dem Streit bekannt gewesen, daß die »erfolgreiche Autorin keineswegs zu den rigorosen Kritikern, eher schon zu den kritischen Befürwortern des SED-Regimes gehörte«. Elisabeth Grotz spricht in diesem Artikel von Christa Wolfs »Gratwanderung zwischen Anpassung und Kritik«. Dabei habe sie stets auch »ihr Mißfallen am politischen System der Bundesrepublik« bekundet und damit dem entsprochen, »was die westdeutsche Linke von ihr erwartete«. Und wie diese Linke habe sich Christa Wolf nicht entschieden genug für die Opfer des »praktizierten Sozialismus« eingesetzt. »Kein Zweifel: Christa Wolf hätte - kraft ihrer Autorität - manchen Dissidenten (von dem sie wissen mußte, daß er im Grunde für den Sozialismus stand) vor Willkür und Schikane seitens des Staatsapparates schützen können. Sie hatte den direkten Draht sowohl zur SED-Spitze als auch zur Opposition. Sie, der in ihrem Werk immer an der Wahrheit gelegen war, mag in diesem Punkt ihrer Verantwortung nicht gerecht geworden sein.« Dennoch findet Elisabeth Grotz, wie fast alle ihre österreichischen Kolleginnen und Kollegen, die Art, wie Christa Wolf jetzt von westdeutschen Kritikern angegriffen werde, völlig unangemessen. Sie sei jetzt »zu einem Hauptlastenträger des Scheiterns im und am Sozialismus geworden: sie muß dafür geradestehen, daß sich die sozialistische Utopie nicht als wirklichkeitstauglich erweisen wollte«. Die Erzählung *Was bleibt* sei nicht als nachträgliche Stilisierung der Autorin zur Verfolgten des SED-Regimes, sondern als »Geschichte einer Depression« zu lesen. »Anstatt nach den psychischen Verheerungen zu fragen, die Diktaturen in Menschen anrichten, anstatt die seelischen Verkrüppelungen einer Christa Wolf ernsthaft analysierend zur Kenntnis zu nehmen, anstatt zu berücksichtigen, daß die Diskussionen, obschon in der Sache entschieden, dennoch verständnisbereit geführt werden können, wird Christa Wolf von einer demagogisch versierten Literaturkritik moralisch exekutiert.« In ähnlichem Tenor sprach sich die *Arbeiterzeitung/Neues Salzburger Tagblatt* vom 21. Juli 1990 über »die Herren in ihren selbstgeschneiderten Talaren« aus, die »gleich in mehreren Doppelrollen glänzten: als Richter, Staatsanwälte und psychologische Gutachter in einer Person«. Eine »notwendige Vergangenheitsdiskussion« drohe unterzugehen »im allgemeinen Lärm der Selbstgerechtigkeit und Heuchelei«. Am 7. Januar 1991 hieß es in der gleichen Zeitung: »Plötzlich wurde mit typisch deutscher Gründlichkeit der politisch-moralische Reinheitsgrad der Literatur aus der Ex-DDR untersucht.«

Der Artikel ist im übrigen der einzige, der erwähnt, daß auch in Westdeutschland die Angriffe auf Christa Wolf auf Kritik gestoßen sind. Aus dem Rahmen fallen weiterhin zwei Rezensionen zu *Was bleibt,* die den Text wichtiger nehmen als den Streit. In der *Tiroler Tageszeitung* vom 18. Juli 1990 erschien eine kurze, negative Kritik der Erzählung, die den Streit nicht einmal erwähnt. Die *Vorarlberger Nachrichten* vom 21./22. Juli 1990 publizierten ein enthusiastisches Lob mit dem Resümee: »Bleiben wird der DDR-Literatur bedeutendste Prosaistin: Christa Wolf.«

SCHWEIZ

Im Bereich der Literaturkritik scheinen die Grenzen zwischen Deutschland und der Schweiz durchlässiger zu sein als zwischen Deutschland und Österreich. Jedenfalls sind die in der Schweiz erschienenen oder von Schweizer Publizisten verfaßten Stellungnahmen zum Fall Christa Wolf vom Streit, wie er in Deutschland geführt wurde, nicht so klar zu trennen wie die österreichischen Beiträge. Deutsche Kritiker publizierten in schweizerischen Zeitungen, Publizisten aus der Schweiz wiederum in deutschen.

Die ersten Reaktionen auf Christa Wolfs Erzählung in der

Schweiz gehen nicht ausdrücklich auf den in Deutschland kurz zuvor initiierten Streit ein, können aber durchaus als Beiträge dazu gelesen werden. Die *Neue Zürcher Zeitung* begann am 7. Juni 1990, also wenige Tage nach dem Erscheinen von Greiners und Schirrmachers Artikeln, mit dem Vorabdruck von *Was bleibt.* Hanno Helbling führte den Abdruck des »Berichtes«, wie die Erzählung hier genannt wurde, mit Erinnerungen an ein langes Gespräch mit Christa Wolf ein, das in Darmstadt ein paar Monate nach jenem Sommer 1979 stattgefunden hatte, von dem *Was bleibt* erzählt. Die Rede sei damals auf die deutsche Emigration der dreißiger Jahre sowie auf Thomas Manns schweren Entschluß gekommen, die Verbindung zu seinem Land und zu seinen Lesern abzubrechen. Geredet worden sei auch über Manns Mahnung an die Wortführer der Emigration, sie sollten »nicht mit allzu wahlloser Verachtung auf diejenigen herabblicken, die zu Hause bleiben wollten oder mußten...« Der von Helbling zitierte Satz liest sich wie eine Mahnung an westdeutsche Kritiker des Jahres 1990, doch werden diese in dem Artikel allenfalls in einem Nebensatz erwähnt. Mit dem derzeitigen Umbruch in der DDR hätten wohl auch die Schriftsteller, die im Lande geblieben waren, einiges zu tun gehabt. »Wobei immer zu unterscheiden sein wird, wie weit es, und wem, um die Abwendung vom Sozialismus oder um seine Preisgabe und wem es ›nur‹ um die Überwindung seiner totalitären Formen ging. *Der* Schriftsteller, der in der DDR ausharrte, um dort das kapitalistische System einzuführen, ist bis heute anscheinend noch nicht entdeckt worden. Andererseits soll es im Verhalten gewisser Autoren zu etwas gekommen sein, das der freie Westen - nicht kennt? Kompromisse. Auch Christa Wolf hat, wenn man alles glauben will, was in der Bundesrepublik über sie geschrieben wird, mitunter geschwiegen, wo sie hätte reden sollen, um sich so tapfer zu zeigen, wie man es, ohne dabei gewesen zu sein, unbedingt wünschen würde.«

In der *Neuen Zürcher Zeitung* blieben die noch folgenden Beiträge zum Streit distanziert gegenüber den westdeutschen Kritikern Christa Wolfs, ohne sie jedoch heftig zu attackieren.

Am 13. Juli 1990 erschien hier ein ausführlicher Bericht von Rainer Hoffmann über den Verlauf der deutschen Debatte, die, so die Prognose, »weiter die Gemüter erregen und die Geister beschäftigen wird«. Der Streit zeige, »welche Assimilationsprozesse noch notwendig sind, wenn beide deutschen Staaten und die in ihnen lebenden Menschen zueinander und zu einem normalen Miteinander finden sollen«. Erst im letzten Absatz gibt der Artikel die Perspektive der wertneutralen Beobachtung auf. »Nicht Exekutionen haben auf der Tagesordnung zu stehen; nicht durch rücksichtslosen Moralismus, dessen fragwürdiges Legitimationsfundament nur im Zufall der Gnade der westlichen Geburt besteht, wird die notwendige Gemeinsamkeit oder Identität erreicht werden. Gemeinsame Zeitgeschichte muß dialektisch verhandelt werden.« Am 4. September 1990 veröffentlichte die *NZZ*-Redakteurin Beatrice von Matt einen Kommentar zu Wolf Biermanns *Zeit*-Artikel vom 24. August (siehe S. 139), griff dessen Bemerkung auf, der von Schirrmacher und Greiner entfachte Streit sei »fällig« gewesen, und fragte: » ›Fällig‹ wirklich auf Kosten einer einzigen Autorin, die ja gar nicht so ausschließlich das ›Kuscheltier des kalten Krieges‹ gewesen ist, wie das jetzt insinuiert wird?« Der Artikel steht der Autorin nicht unkritisch gegenüber, wendet sich indes gegen Biermanns Rechtfertigung von Angriffen, die eine einzelne Exponentin der DDR-Literatur »auf die Sündenbank« schleppten.
Weniger vorsichtig und ausgleichend als die *Neue Zürcher Zeitung,* in der am 28. September 1990 noch eine wohlwollende Rezension Alexander von Bormanns zu den »aktuellen Texten« erschien, die Christa Wolf unter dem Titel *Im Dialog* als Buch publiziert hatte, reagiert *Die Weltwoche* auf die Erzählung und den Streit. Hier attackierte am 14. Juni 1990 der westdeutsche Kritiker und Rundfunkredakteur Hajo Steinert den Text und die Autorin mit den gleichen Argumenten und im gleichen Stil wie vorher in der Bundesrepublik die *FAZ, Die Zeit* und *Die Welt,* ohne diese indes zu erwähnen. Steinert kritisiert vor allem den verspäteteten Zeitpunkt der Veröffentlichung, beschreibt das Entstehungsjahr 1979 der Erzählung, in

dem der fünfzigste Geburtstag der Autorin gefeiert wurde, als Höhepunkt ihrer literarischen Karriere, in dem die Publikation des Textes »kein existentielles oder ökonomisches Risiko gewesen« wäre, und nennt die literarische Qualität des Textes »hundsmiserabel«. Den Streit kommentierte *Die Weltwoche* zwei Wochen später, am 28. Juni 1990, mit einem Artikel, der sich ganz auf die Seite der Gegner Christa Wolfs stellte. Der Autorin wirft Wolfram Knorr vor, überempfindlich auf ihre Kritiker reagiert zu haben: »Wofür hält sich Christa Wolf, daß man ihre Prosa nicht kritisieren darf? Fehlt ihr und ihren Verteidigern (in Ost) die Staatsfürsorge und damit die Ausschaltung von Kritik und ihren Befürwortern (im Westen) die Errichtung eines Schutzraumes, in dem die sensible Kassandra, noch unbehelligt von der rauhen Meinungsvielfalt, sich erst einmal an das neue Klima gewöhnen kann?« Neben Christa Wolf seien es »die weniger bekannten Schriftsteller in der DDR, die plötzlich im Kapitalismus eine Gefahr sehen, weil sie schlicht und einfach befürchten (müssen), daß sich ihre einst von Staatsunternehmen verlegten Bücher im neuen Wettbewerb nicht mehr verkaufen werden«.

Der deutsche Literaturstreit wird in der Schweiz jedoch nicht nur kommentiert, sondern mitausgetragen. In der Zürcher *Wochenzeitung* veröffentlichte Paul Parin am 6. Juli 1990 unter dem Titel *Die Vernichtung einer Schriftstellerin* eine außerordentlich scharfe Antwort auf Hajo Steinerts Artikel in der *Weltwoche.* Der Artikel begründet zunächst aus der Perspektive eines Psychologen, warum die Erzählung »von höchster Aktualität« sei. Nachdem jetzt der Umfang der staatlichen Überwachungsmaßnahmen in der DDR bekannt geworden sei, zeige dieser Text etwas über die dabei »verdrängten« seelischen Schäden: »Mit der Protagonistin erleben wir, wie die Überwachung eingreift, das Leben aufsaugt, das Selbstgefühl erschüttert. Die Beschädigung des Menschen, genauer gesagt, die seelische Dimension der Verheerung im Überwachungsstaat, wird offensichtlich.« Aktualität bekommt die Erzählung in der Schweiz für Parin auch vor dem Hintergrund des dort unlängst erst aufgedeckten »Überwachungsapparates«. Der habe »zwar

nicht die Machtmittel und die brutale Gewalt der ostdeutschen Staatssicherheitspolizei. Die Staatsräson der eidgenössischen Bundesanwaltschaft/Bundespolizei ist jedoch die gleiche wie die des M.F.S., des Ministeriums für Staatssicherheit. [...] Wenn man von einigen Worthülsen absieht – hier die Roten, Kommunisten, dort Dissidenten, bürgerlich-imperialistische Schädlinge –, sind in der Schweiz und in der DDR die Kriterien für die Verdächtigungen die gleichen. Wer immer kritisch denkt, an den bestehenden Verhältnissen etwas ändern möchte, diese Gesinnung unter Umständen auch äußert und verbreitet oder gar aktiv an einer Veränderung des Bestehenden arbeiten könnte, ist verdächtig, muß bespitzelt und erfaßt werden.« Parin geht auf die Angriffe gegen Christa Wolf ein, insbesondere auf Hajo Steinerts Artikel in der *Weltwoche:* »Es handelt sich um den Versuch, mit Lügen, Unterstellungen und Grobheiten ein literarisches Werk zu diffamieren und die Person einer großen Schriftstellerin zu vernichten, wie er in deutscher Sprache seit Goebbels' Kampagne gegen die Künstler und Literaten der entarteten Kunst nicht mehr erscheinen konnte. Dies nenne ich einen ›Skandal‹.« Und unter dem Zwischentitel »Rufmord« fährt der Verfasser fort: »Es würde sich nicht lohnen, dem Machwerk eine Zeile zu widmen, wenn es nicht unter dem Mantel der Literaturkritik den Zeitgeist der brutalen Einnahme der DDR durch die Bundesrepublik auf das Gebiet der Kultur ausdehnen würde. Nachdem das Regime der realsozialistischen Deutschen Demokratischen Republik mit der Billigung der Sowjetunion durch den Protest seiner Bürger und Bürgerinnen zusammengebrochen war, gingen Bundeskanzler Helmut Kohl und die Seinen in der Attitüde triumphaler Sieger daran, die tote Beute für Kapital- und Machtinteressen auszuweiden. Mit der gleichen leichenfleddernden Genugtuung vermeint dieser Steinert, den Rufmord der größten Dichterin der DDR ausführen zu dürfen.«
Unter den Schweizer Schriftstellern war es vor allem Adolf Muschg, der sich in dem deutschen Literaturstreit exponierte – allerdings in jener Grundsätzlichkeit und Allgemeinheit, die der Streit im Oktober 1990 erreichte, als Frank Schirrmacher

das Ende der von den Linksintellektuellen aus dem Umkreis der Gruppe 47 geprägten Literatur der Bundesrepublik verkündete und damit noch einmal die Verteidiger Christa Wolfs angriff, ohne die Autorin selbst noch zu nennen. Gegen diesen Artikel in der *FAZ* vom 2. Oktober 1990 vor allem richtete sich Muschgs *Rede an einen abgefahrenen Zug,* die er Ende November in Wien während des Erich-Fried-Symposions hielt und die am 8. Dezember von der *Frankfurter Rundschau* veröffentlicht wurde. Die Wende in der DDR, so Muschg, habe die westdeutschen »Sieger« am meisten überrascht: »Sie dürfen Triumphe melden, die ihre Vorstellungen von gestern beschämen und die von vorgestern unverhofft zu Ehren bringen. Nun bestrafen die Sieger die Besiegten für die Zumutung offenbar gänzlich irreführender Lernprozesse. [...] Verlangt wird von jedem und jeder, der sich einmal der Hoffnung auf den Sozialismus schuldig machte, ein Geständnis umfassenden Bankrotts.« Jetzt wolle man die kritische Literatur der Bundesrepublik »rückwirkend, und in DDR-Analogie, zur Staatsdichtung erheben, um sie zur Feier der deutschen Einheit gleich mit beerdigen zu können«. Abserviert würden jetzt »jene kritischen Intellektuellen und linken Schriftsteller«, die »der noch nicht lange geübten Demokratie Substanz abverlangten - und gaben«.

FRANKREICH

Die größte Resonanz in nicht deutschsprachigen Ländern fand der deutsche Literaturstreit in Frankreich, wo 1990 die Übersetzungen von *Sommerstück* und *Was bleibt* erschienen. Am 3. August 1990 berichtete *Le Monde* sowohl über die jüngste Erzählung als auch über den Streit in den deutschen Zeitungen, zitierte ausführlich aus den Artikeln von Hage, Serke, Greiner, Schirrmacher, Jens sowie aus dem *Spiegel*-Gespräch mit Günter Grass und merkte an, daß eigentlich Schriftsteller wie Hermann Kant die Kritik verdient hätten, die gegen Christa Wolf vorgebracht wurde. Im September 1990 erhielt die Autorin in Paris hochoffizielle Unterstützung durch die Ernennung zum »Officier des Arts et des Lettres«. Der französische Kulturminister Jack Lang benutzte einen großen Teil seiner Laudatio dazu, die Autorin gegen ihre deutschen Kritiker zu verteidigen. In dem Abdruck im Dezemberheft der Zeitschrift *neue deutsche literatur* heißt es: »Zu einer Zeit, das möchte ich gerne denen in Erinnerung rufen, die heute gegen Sie polemisieren, zu einer Zeit, als noch die absurden Anforderungen des ›sozialistischen Realismus‹ den Kanon der Literatur bestimmen, durchbrechen Sie die Disziplin, verletzen Sie diese Regeln, schlagen Sie einen anderen Ton an. Und folglich stehen Sie gegen die Strömung der dort, wo Sie lebten, herrschenden Kulturideologie. Ihr auf das Jahr 1964 datierter Roman *Der geteilte Himmel* zählt zu den allerersten literarischen Werken, welche die individuellen psychologischen Auswirkungen der großen politischen Tragödie der Nachkriegszeit, des Baus der Berliner Mauer, erkunden. Jene, die heute mit einer gewissen Leichtfertigkeit gegen Sie polemisieren, haben sie das vergessen?« Nach einer Würdigung weiterer Werke der Autorin kommt Lang auch auf ihre Rolle bei den politischen Ereignissen des vorangegangenen Jahres zu sprechen: »Und vor kaum einem Jahr haben Sie zusammen mit einigen anderen befreundeten Schriftstellern gefordert, daß das damalige Regime aus dem Schweigen heraustreten sollte. Und am 4. November sind Sie selbstverständlich an der Spitze der gewaltigen Kundgebung in Berlin, jener, die die stalinistische Macht auf immer hinwegfegen sollte.« Schließlich nimmt Lang noch einmal zu der »Kampagne« gegen Christa Wolf und ihr Buch *Was bleibt* Stellung: »Die Veröffentlichung Ihres letzten Buches *Was bleibt* hat in einigen Zeitungen zu einer Polemik geführt, deren Echo bis nach Frankreich gedrungen ist. Ich möchte Ihnen heute sagen, daß uns diese Kampagne als ungerechtfertigt erscheint, ungerechtfertigt, weil dieses Buch, ein sehr schönes Werk der Erinnerung, des Schmerzes und der Ironie, nicht wie ein Leitartikel beurteilt werden kann, wie eine Petition oder ein Pamphlet. Ungerechtfertigt auch, weil die Neunmalklugen von heute leichtes Spiel haben, wenn sie die denunzieren, die, obwohl sie das Schlimmste erdulden, ihre Jugendideale nicht aufgeben; aber diese Neunmalklugen, was wissen sie von der täglichen Wirklichkeit im realen Sozialismus, was wissen sie von der Schwierigkeit zu schreiben, was wissen sie von der Gefahr, die in den Worten liegt? Ich füge hinzu, allein die Literatur kann uns vor der lockenden Versuchung der Verdrängung und des Vergessens bewahren, und wir wissen, daß wir auf Sie zählen können, liebe Christa Wolf, wenn wir das Schweigen zurückweisen, das Ihnen gewisse Leute vielleicht auferlegen wollen...«

Die französischen Zeitungen, die im September und Oktober 1990 über den Fall Christa Wolf informierten, waren in ihren Stellungnahmen deutlich zurückhaltender als Jack Lang in seiner Rede. Der kurze Artikel im konservativen *Le Figaro* vom 3. September 1990 referierte lediglich die unterschiedlichen Standpunkte in der deutschen Diskussion. Sehr viel ausführlicher und mit mehr analytischer Distanz ging *Libération* am 20. September unter dem Titel *Wer hat Angst vor Christa Wolf?* auf den Fall ein. Gerard Meudal vergleicht die problematische Situation Christa Wolfs und der Intellektuellen in der DDR mit der Situation der Schriftsteller während des 2. Weltkrieges, als man unterschied zwischen denen, die emigrierten, und denen, die in Deutschland blieben, und dabei fragte, welche Entscheidung dem Hitler-Regime mehr schadete bzw. nützte. »Es ist evident, daß das Honecker-Regime von der Abwesenheit einer hartnäckigen intellektuellen Opposition profitiert hat. Aber es ist ebenso verständlich, daß dasselbe Regime mehr als in anderen Ländern des Ostens sich das Trugbild nicht nur eines sozialistischen, sondern auch antifaschistischen Engagements bewahrt hat. Die gemäßigte Haltung einer Christa Wolf hat es ihr erlaubt, eine außerordentlich einflußreiche moralische Autorität und die Protagonistin einer Art leisen Dissidenz zu werden.« Der Artikel geht mit der Autorin wohlwollend, doch nicht ohne Vorbehalte um. »Obgleich sie jedes Gespräch mit der Presse ablehnte, war sie doch einverstanden, von Claude Prevost, dem Literaturkritiker der [kommunistischen] L'Humanité, vorgestellt zu werden [...]. Als dieser den Mut der Schriftstellerin gewürdigt hatte, ließ er in deftigen Worten seinen Ärger an den westdeutschen Journalisten aus, deren Methoden seiner Meinung nach an die der politischen Polizei gewisser Länder des Ostens erinnerten. Man kann sich über die Unverfrorenheit wundern, die darin besteht, an jedem Ort die Protektion der Kameraden zu suchen. Man kann aber auch umgekehrt finden, daß unter den aktuellen Umständen gewisser Mut von Nöten ist, trotz allem seine Verbundenheit mit der kommunistischen Partei zu verkünden.«

Dem Artikel ist ein Interview mit einem »Spezialisten für deutsche Kultur«, Jean-Michel Palmier, beigefügt, in dem Meudal seine Einschätzung des Streites in Form einer Frage artikuliert: »Die Eilfertigkeit der Intellektuellen, in diesem Streit Stellung zu beziehen, erklärt sie sich nicht durch den Willen, wieder die Initiative in einem Prozeß zu finden, der sich ohne sie abgespielt hat?« Der befragte Palmier, Autor der Bücher *Weimar im Exil* und *Rückkehr nach Berlin,* wirft der »BRD-Presse« vor, sie »hätte ihren Ärger an einer Intellektuellen-Kaste auslassen sollen, die sich mit dem Regime identifizierte, anstatt Leute anzugreifen, die selbst kritisch waren«. Christa Wolf habe nur »als Sündenbock gedient«, und überhaupt lasse man »die Schriftsteller für das Scheitern der DDR büßen, als ob es ihre Aufgabe gewesen wäre, uns das gelobte Land zu bringen«. Palmier veröffentlichte in der Oktober-Ausgabe von *Le monde diplomatique* einen längeren Artikel zum Thema, in dem er seine Kritik an der »Beschimpfungs- und Anschwärzungskampagne« gegen die »Autorin von Kassandra, diese unerbittliche Kritikerin der bürokratischen Macht, die in der DDR herschte«, deutlich verschärfte. Wie indes schon der Titel anzeigt, nimmt der Artikel den Fall Christa Wolf nur zum Anlaß, die generellere Frage zu stellen: *Was bleibt von der ostdeutschen Kultur?* Oder, so formuliert es der Vorspann: »Was wird in einer Marktwirtschaft aus den kulturellen Institutionen der DDR werden, die zum Teil ein großes internationales Prestige genießen, aber ausschließlich vom Staat subventioniert sind?« Der kulturelle »Reichtum« der DDR, die erhebliche verlegerische, editorische, literarische und auch filmische Leistungen aufweisen konnte, sei in hohem Maße bedroht. »Die ostdeutsche Literatur hat als Reakti-

on auf die Zensur und die ästhetischen Dogmen des Realismus einen Formenreichtum und eine Subtilität der Sprache entwickelt – wovon besonders Christa Wolf und Volker Braun Zeugnis ablegen –, die man in der BRD selten findet. Es ist nicht sicher, daß diese Eigenheit sich aufrechterhalten kann. Und ihr Publikum droht ebenfalls abzunehmen. Ob die DDR-Autoren, einmal ›von der BRD verschluckt‹, bei den westdeutschen Lesern noch dasselbe Interesse finden werden? Was die ostdeutschen Leser betrifft, so zeigen sie bereits ihren Durst auf ›westliche‹ Lektüre, die für so lange Zeit unterdrückt wurde, und drohen die Autoren zu vernachlässigen, die sie früher lasen.« Gleiches gelte für die anderen kulturellen Institutionen: Theater, bildende Künste, Film.
Dem im Vergleich zu den Reaktionen in Österreich und in der Schweiz gelassenen Tenor der meisten französischen Stellungnahmen entsprach schließlich auch der am 4. Oktober 1990 im *nouvelle Observateur* erschienene Artikel von Ruth Valentini. Wie schon die Überschrift, *Ein Scheinprozeß gegen eine große Schriftstellerin der DDR,* zeigt, läßt auch sie keinen Zweifel am literarischen Rang der Autorin, tendiert dazu, sie gegenüber den westdeutschen Angriffen zu verteidigen, bleibt jedoch nicht ohne Vorbehalte: »Wahr ist, daß sie bis zum Sommer 1989 gewartet hat, um sich von der SED zu trennen, wahr ist aber auch, daß sie, die seit langem zurückgezogen lebt, nicht mehr ihre Verwirrung verheimlicht und weder mit Kritik noch Selbstkritik spart.«

ENGLAND

Deutscher Literaturstreit aus britischer Sicht lautet der Titel eines Aufsatzes, den die *neue deutsche literatur* im März 1991 veröffentlichte. Der Verfasser Ian Wallace konstatiert hier, daß sich das Interesse an dem Streit, »das die britische Publizistik und die britische Öffentlichkeit insgesamt an den Tag gelegt haben, bislang in Grenzen gehalten« habe. Auch unter Fachkollegen habe die Diskussion bislang nur ansatzweise stattgefunden. In der Tat erschienen in England nur wenige Artikel zum Fall Christa Wolf. Sie beschränken sich weitgehend auf Zusammenfassungen des Streits, enthalten sich jedoch nicht wertender Anmerkungen. Am 8. Juli 1990 berichtete der *Observer* über »das erste literarische Schlachtfeld in Deutschlands neuem Zeitalter«. Wie in der angelsächsischen Presse üblich, ist die Wortwahl in diesem Artikel von Robin Smyth recht drastisch. Er schreibt von »Schmähreden« gegen die Autorin, nennt Ulrich Greiner des »Teufels Advokat« und bezeichnet mit Blick vor allem auch auf Jürgen Serkes Beitrag in der *Welt* die Attacken auf Christa Wolf als »organisierte Hexenjagd«. Wie andere Kollegen blickt Smyth auf frühere Werke der Autorin zurück und zeigt sich verwundert über die Heftigkeit der deutschen Kritik.

Die Rezension zu *Was bleibt,* die am 24. August 1990 im *Times Literary Supplement* erschien, geht über das Referieren des Literaturstreits hinaus. In keinem anderen Werk, so schreibt hier Peter Graves über die Erzählung, hat Christa Wolf sich so direkt auf die stalinistischen Strukturen der DDR bezogen. Wie viele westdeutsche Kritiker bemängelt er jedoch das »timing« der Veröffentlichung. Eine frühere Publikation hätte dazu beitragen können, in der DDR etwas zu verändern. Stattdessen habe die Autorin so lange gewartet, bis »kein Risiko mehr für sie selbst bestand«. Verwunderlich sei, daß »niemand bei Luchterhand die zu erwartende Reaktion der Kritik voraussah«. Die Autorin sei keine »Staatsdichterin«, doch könne man an ihrem Fall erkennen, »wie ideologische Fixierung selbst feinfühlige Charaktere blind macht«. Der Artikel bescheinigt Christa Wolf moralische Integrität, doch zugleich auch eine »höchst erstaunliche politische Naivität«. Sie sei eine »deutsche Romantikerin des 20. Jahrhunderts mit chronisch schlechtem Gewissen«.

Der eingangs angeführte Beitrag von Ian Wallace »aus britischer Sicht« weist die Unterstellung, bei den Angriffen auf Christa Wolf handle es sich um eine gezielte Kampagne, ebenso zurück wie den »Hinweis auf junge, arrogante Kritiker, die andere verurteilten, ohne selber mit deren Problemen und Herausforderungen in der DDR konfrontiert gewesen zu sein«. Doch akzentuiert Wallace an dem deutschen Streit einen anderen Aspekt, der nicht nur Christa Wolf betrifft: die Auseinandersetzung »*unter* Schriftstellern«, nämlich zwischen den »Weggegangenen« und den »Hiergebliebenen«. Wallace verteidigt mit abwägenden Argumenten, aber doch entschieden diejenigen, die trotz ihrer Vorbehalte gegenüber dem SED-Regime in der DDR geblieben sind: »Ihre Motivation war nicht bloß Opportunismus bzw. Feigheit (wobei dieser Faktor in einzelnen Fällen durchaus eine Rolle gespielt haben mag), sondern Verantwortungsbewußtsein (de Bruyn). [...] Der Vorwurf, die Gebliebenen hätten mit ihrer versteckten oder offenen Kritik die DDR bloß ›wohnlicher‹ gemacht, dürfte in anderen Ohren wie eine Auszeichnung klingen, denn dahinter steckt die in vielen veröffentlichten Leserbriefen an den Tag gelegte, also empirisch belegte Tatsache, daß gerade diese Literatur das Leben vieler Menschen erst *erträglicher* gemacht hat. Wer dieser sogenannten Ventilfunktion bzw. Lebenshilfe letztendlich staatserhaltenden Charakter bescheinigt, unterschätzt meines Erachtens die Brisanz der Kritik und die mutmachenden, von der Utopie ausgehenden Impulse, die den literarischen Texten innewohnen. Allerdings läßt sich kaum abstreiten - wie beispielsweise Erwin Strittmatter selbstkritisch zugegeben hat -, daß diese Schriftsteller zu lange an die Möglichkeit einer Fürstenaufklärung und eines Aufbrechens der alten Struktur durch innere Wandlungen geglaubt haben, zu schnell die Fahne der Utopie wieder gehißt haben, als das Scheitern des Experiments DDR unübersehbar war.«

USA

In den USA informierte die *New York Times* ihre Leser am 24. August 1990 über den deutschen Literaturstreit und über das Paradox, daß in einem Augenblick, in dem die Vereinigung der beiden deutschen Staaten bevorsteht, die Schriftsteller in Ost- und Westdeutschland unter sich heftig zerstritten sind. Westdeutsche Kritiker hätten die Jagd auf ostdeutsche, kommunistische Autoren eröffnet, und Christa Wolf sei ihr augenblickliches Ziel. »Nur wenige Jahre zuvor haben Kritiker derselben westdeutschen Zeitungen Christa Wolfs Werk gepriesen.« Die

Rechtfertigung dieses Umschlags mit dem Argument, alle DDR-Autoren hätten jahrelang in Westdeutschland einen »Bonus« genossen, streue Salz in offene Wunden.
In einem sehr viel weiteren Rahmen ging ein umfangreicher, ungewöhnlich gut informierter Artikel in *The New York Book Review* vom 20. Dezember 1990 auf den Fall Christa Wolf ein. Ian Buruma sieht hier die deutsche Debatte im Zusammenhang einer seit 1945 latent existierenden Identitätskrise west- und ostdeutscher Intellektueller. Rechte Intellektuelle wie Hans-Jürgen Syberberg und linke wie Günter Grass oder Heiner Müller seien in bemerkenswerter Weise durch die Befürchtung verbunden, das deutsche Volk werde durch den westlichen Kapitalismus und dessen technologischen Fortschritt zerstört. Es sei ein altes Wunschdenken sowohl rechter wie linker Romantiker zu glauben, daß die Seele des Volkes unter dem alten kommunistischen System in einem reineren und unschuldigeren Zustand bewahrt werde. Dies sei charakteristisch auch für Christa Wolf, die stets glaubte, Amerika sei ein verdorbenes Land und das Vermächtnis der Nazis vornehmlich ein westliches, kapitalistisches Problem. Sie sei wie Grass und Syberberg in einem Teil Deutschlands aufgewachsen, der heute zu Polen gehört. Der Verlust dieser Heimat habe sie geprägt und stets nach einem Ersatz suchen lassen. Die Suche nach einer Identität sei das Hauptthema ihrer Werke. Im Westen sei Christa Wolf lange als unerschrockene Dissidentin gefeiert worden. »Aber sie war keine Dissidentin, wie subjektiv und ambivalent ihre schriftstellerische Tätigkeit auch gewesen sein mag. Sie zweifelte nie die moralische Überlegenheit des kommunistischen Staates an.« Wahr sei jedoch auch, »daß sie stets den Muff und die Dummheit von DDR-Bürokraten und Pädagogen kritisierte sowie deren absurde Vorliebe für Paraden, Flaggen, kommunistische Lieder, kurz: den allgemeinen Kommunismus, der im Namen des sozialistischen Ideals gefordert wurde«. Kennzeichnend für ihre Werke sei »nicht ihr Glaube, daß der gegenwärtige kommunistische Staat wundervoll ist«, wohl aber »ihr beharrlicher Wunsch zu glauben, daß er es eines Tages sein werde«. Obwohl Christa

Wolf an den Beschränktheiten des Systems litt und dieses Leiden auch literarisch artikulierte, habe sie nie an ihrer politischen Zugehörigkeit zu diesem System gezweifelt. »Das machte sie zur idealen Schriftstellerin eines kommunistischen Regimes, da sie es den Menschen leichter machte, in einem quasitotalitären Staat zu leben.« Sie brachte persönliche Opfer und schien standhaft auszuharren. »Und dies stellte diejenigen, die sich entschieden, in den Westen zu gehen, als schwach, wenn nicht sogar feige hin.«
In den Ausführungen zu *Was bleibt* lehnt sich Buruma zum Teil an den *Zeit*-Artikel Ulrich Greiners vom 1. Juni 1990 an, er endet indes mit einem Gedankengang, der die moralische Verurteilung der Autorin ausdrücklich von sich weist und ihr gegenüber ein erhebliches Maß an Respekt bekundet: »Die Frage, warum Schriftsteller wie Heym und Wolf sich von einem korrupten und unterdrückerischen Regime zu Kompromissen zwingen ließen, soll nicht deswegen erörtert werden, um sie moralisch zu verdammen oder um ihr Werk auf ein bloßes Beispiel für Propaganda zu reduzieren. Christa Wolfs Bücher haben sicher mehr verdient als das. Aber es ist unmöglich, das Wesen ihrer Kunst zu verstehen, ohne ihre politische Einstellung miteinzubeziehen. Denn in dem melancholischen Zusammenhang moderner Geschichte können besonders in Deutschland Kunst und Politik nicht klar voneinander getrennt werden, ohne gerade dem Schaden zuzufügen, was Christa Wolf als das zentrale Thema ihres Werkes betrachtet: unsere Erinnerung.«

Die Literatur als Kriegsschauplatz

Reaktionen von Christa Wolf

»Man erwartet jetzt von ihr, daß sie redet«, schrieb Karin Struck in ihrem die Schriftstellerkollegin verteidigenden Beitrag zum Literaturstreit in der *Welt* vom 10. November 1990. »Ob man für sich selbst Partei ergreifen kann? Christa Wolf hätte das Recht dazu.«

Der mehrfach geäußerten Bitte, für diesen Band eine Antwort auf die gegen sie gerichteten Angriffe zu verfassen, wollte Christa Wolf nicht entsprechen. Die Weigerung, zum Streit um sie direkt Stellung zu nehmen, hat durchaus Konsequenz. Ein entsprechendes Gesprächsangebot des *Spiegel* schlug sie ebenfalls aus; als die österreichische Literaturkritikerin Eva Kutschera im Juli 1990 versuchte, sie telefonisch zu befragen, erhielt sie den Bescheid, »Christa Wolf wünsche, sich in der bewußten Angelegenheit nicht mehr zu äußern«. Auch der französischen Presse gab sie kein Interview, ließ sich aber, wie *Libération* etwas indigniert konstatierte, von der kommunistischen *L'Humanité* porträtieren und verteidigen. Ganz geschwiegen hat Christa Wolf zu den Angriffen auf sie jedoch nicht. Wenn sie, meist indirekt, auf die Kritik reagierte, dann vor allem gegenüber Freunden und in Situationen, in denen sie öffentlich geehrt wurde.

Schon 1987 erwiderte sie die ersten westdeutschen Attacken erst, als sie sich in München für den Geschwister-Scholl-Preis bedankte. Gegen den Vorwurf, sie habe ihre Unterschrift unter die Biermann-Petition zurückgezogen, ließ sie zunächst ihren Verlag protestieren. Erst später wies sie den Vorwurf selbst, eher beiläufig, im Rahmen eines offenen Briefes an den Kongreß des Schriftstellerverbandes der DDR zurück. Die Dankrede und den Brief publizierte sie in ihrem Band *Anspra-*

chen. Nachdem Ende November 1989 in der Fernsehsendung *Literarisches Quartett* über sie und den Beitrag der Schriftsteller zu den revolutionsartigen Veränderungen in der DDR diskutiert worden war, benutzte sie am 31. Januar 1990 in ihrer Rede zur Verleihung der Ehrendoktorwürde der Universität Hildesheim, die in ihrer Sammlung »aktueller Text« *Im Dialog* wiedergegeben ist, die Gelegenheit, den Beitrag der oppositionellen Literatur und damit auch ihren eigenen zu den jüngsten Veränderungen hervorzuheben. Die große Demonstration am 4. November 1989 auf dem Alexanderplatz sei der Höhepunkt einer Vorgeschichte gewesen, »in der Literaten, Theaterleute, Friedens- und anderer Gruppen unter dem Dach der Kirche miteinander in Kontakte und Gespräche gekommen waren, bei denen jeder vom anderen Impulse, Gedanken, Sprache und Ermutigung zu Aktionen erfuhr«. Die bewußt in Opposition stehende Literatur habe sich in der DDR seit Jahren die Aufgabe gestellt, »bei ihren Lesern kritisches Bewußtsein zu erzeugen oder zu stärken, sie zum Widerstand gegen Lüge, Heuchelei und Selbstaufgabe zu ermutigen«. In vielleicht weniger bedrängten Umständen lasse sich später einmal ermitteln, »was an diesen Bemühungen zu oberflächlich, zu inkonsequent, zu wenig kühn war und was, als Literatur, Bestand hat. Jedenfalls wurden sie und diejenigen, die sie unternahmen, gebraucht.«
Ganz im Zeichen des im Juni 1990 eskalierenden Streits um die Autorin stand ihre Ernennung zum »Officier des Arts et des Lettres« im September in Paris. Christa Wolf bekannte in ihrer Dankrede, abgedruckt im Dezemberheft 1990 der *neuen deutschen literatur,* daß sie die Ehrung als Ermutigung empfinde, die ihr gerade jetzt besonders wertvoll sei. Und mit deutlicher Anspielung auf die Angriffe sagte sie: »Wenn aber die Literatur streitbar sein kann und, wie ich finde, sein soll, so wird der Literaturbetrieb zuzeiten mörderisch, seine Protagonisten halten sich nicht immer an das Gebot der Fairneß und kämpfen mit präparierten Waffen: die Literatur als Kriegsschauplatz.« In Deutschland zitierten einige Zeitungen Äußerungen, mit denen sie während des Bertelsmann-Kolloquiums

in Potsdam die Angriffe zurückwies: »Schärfere Fragen, als wir uns im Moment stellen, kann uns von außen niemand stellen« - so zitiert sie der Bericht in der *FAZ* vom 16. Juni 1990. Nach Ulrich Greiners Artikel über das Kolloquium in der *Zeit* vom 22. Juni 1990 nannte sie dort die Kritik an ihr eine »bewußte, gezielte Demontage«, sie finde »solche Wut, solche Aggression, solchen Haß und solche Häme« erschreckend: »Ich bin noch nie, mit zwei Ausnahmen im *Neuen Deutschland,* einer solchen Hetzkampagne ausgesetzt worden!« In Frankreich zitierte *Libération* am 20. September 1990 die Äußerung Christa Wolfs: »Ich war von den Angriffen, deren Gegenstand ich war, sehr überrascht, ich war nicht vorbereitet, einer derartigen Wut entgegenzutreten. Ich erkannte mich nicht in dem Bild, das man von mir gab. Ich war im November 1989 öffentlich aufgetreten, um das Fortbestehen einer gewissen Autonomie der DDR zu verlangen. Ich weiß heute, daß das eine naive Haltung war.«

Im März 1991 sendete der *Deutsche Fernsehfunk* unter dem Titel *Zeitschleifen* einen dann - zum Teil in gekürzten Fassungen - von anderen Fernsehanstalten wiederholten Film, der Christa Wolf im Dialog mit ihrer jüngeren Freundin Daniela Dahn zeigt. Der Film versucht zu demonstrieren, daß ihre literarischen Arbeiten in der DDR ein permanenter »Störfall« waren, doch ausdrücklich auf die Angriffe geht die Autorin in diesem Gespräch vom Oktober 1990 nur an drei Stellen ein, und das eher beiläufig. Von ihren Kritikern sei ihr bestätigt worden, daß sie weniger mit ihrer vergangenen Rolle in der DDR als durch ihre gegenwärtige Skepsis gegenüber dem Prozeß der deutschen Einigung Anstoß erregt habe. Von den zum Teil erlogenen, erfundenen und die Fakten falsch zusammensetzenden Polemiken fühle sie sich gegenwärtig stark beeinträchtigt in ihren eigenen Versuchen einer schonungslosen Selbstbefragung. Wie schon früher in der DDR bestehe jetzt für sie die Gefahr, die heftige Kritik von anderen zu verinnerlichen und dadurch die Eigenständigkeit der Selbstkritik zu verlieren. Zusammen mit Franz Fühmann habe sie geglaubt, daß drei Personengruppen allen Vorbehalten zum Trotz in der

DDR hätten bleiben müssen, weil sie gebraucht würden: Ärzte, Pfarrer und Schriftsteller. 1976, also zur Zeit der Biermann-Affäre, seien es in der DDR ganz allein Intellektuelle gewesen, die die Realität des Landes richtig erkannt hätten. Im übrigen habe sie geglaubt, daß sie nur unter den bestehenden Konflikten in der DDR zur literarischen Kreativität fähig sein könnte. »Das alles muß man sehen, wenn man mit moralischen Schützen gegen uns angeht.«

Der Streit geht weiter

Neue Stellungnahmen zur Debatte

Diejenigen, die in diesem Band mit längeren Beiträgen zum Literaturstreit vertreten sind, wurden im März 1991 gebeten, eine knappe, vorläufige Bilanz zu der Debatte aus heutiger Sicht zu ziehen. Einige sind der Bitte sehr rasch nachgekommen (Hans Noll unter seinem neuen Vornamen), andere hat der Herausgeber im zweiten Anlauf durch eine Reihe von gezielten Fragen zu einer Nachschrift veranlaßt. Da die Beiträge zum Teil auf diese Fragen eingehen, seien sie hier genannt: Was oder wer hat Sie aus welchen Gründen bei dem Streit besonders geärgert? Sehen Sie sich von Ihren Kritikern in irgendeiner Hinsicht hartnäckig mißverstanden? Welche positiven oder negativen Folgen hat in Ihren Augen der Streit gehabt? Ist der Streit abgeschlossen oder war er nur der Anfang langfristiger Differenzen innerhalb der literarischen und literaturkritischen Intelligenz? Was war oder bleibt an dem Streit symptomatisch für die kulturelle Situation im gegenwärtigen Deutschland? Sehen Sie Verbindungen zwischen dem Streit um Christa Wolf und dem Intellektuellen-Streit um den Golfkrieg? Hat sich Ihre Einstellung zu dem Fall Christa Wolf inzwischen verändert? Oder was hat das früher von Ihnen Geschriebene bestätigt? »Es geht nicht um Christa Wolf«, schrieb Biermann in der *Zeit*; worum ging es dann vor allem und was bleibt davon heute wichtig?

Es ist offenbar etwas Irrationales im Spiel, wenn es um diese Autorin geht. Ihre Gegner wären sonst nicht so leicht angreifbar. Worum es geht? Vielleicht um einen gestürzten Götzen? Aber zum Götzen machen Autoren sich nicht selbst, dazu machen sie ihre glaubenshungrigen Leser. Freilich muß es Verantwortliche geben, wenn der Glaube nicht mehr trägt: die Götzen werden geschleift. Plötzlich ist dann die ganze Nachkriegsliteratur bloß Gesinnungsliteratur gewesen. War sie es vielleicht nur für ihre »Gesinnungsleser«? Schwierige Fragen nach irrationalen Elementen von Identität und Bindung, die Christa Wolf immer wieder thematisiert hat – eine Stufe der Reflexion, auf der ihre Kritiker wohl noch nicht angekommen sind.

Ulrich Greiner hat der Autorin Wolf Unaufrichtigkeit vorgeworfen, anstatt ihr Buch literarisch zu beurteilen. Und als man ihm das zum Vorwurf macht, sucht er das, was er tat (er schrieb eine »Gesinnungsrezension«), der ganzen deutschen Nachkriegsliteratur in die Schuhe zu schieben (die sei alles in allem eine »Gesinnungsliteratur« gewesen). Ich zitiere: »Es bestand die Übereinkunft, daß die deutschen Schriftsteller (die linken, die engagierten, die kritischen) das Gute gewollt, gesagt und geschrieben haben. Und die Literaturkritik ist dieser Übereinkunft gefolgt, indem sie nicht ästhetisch geurteilt hat, sondern moralisch und politisch« (Ulrich Greiner). Für wen bestand denn diese Übereinkunft noch, außer für die linken Feuilletonisten? Die haben doch den Autor mit dem Werk verwechselt. Und die haben nun Frau Wolf persönlich angegriffen, anstatt ihr Buch zu verreißen. Herr Greiner beschwert sich, daß, wer das Werk Christa Wolfs kritisiere, sich automatisch der Inhumanität schuldig mache. Umgekehrt: nicht wer ihr Werk kritisiert, sondern wer ihr moralische Integrität abspricht. Und der macht sich weniger der Inhumanität schuldig, als er seine »Gesinnungsästhetik« offenbart.

Aber mal zu schreiben: ich habe mich im Ton vergriffen, ich habe jemanden verletzt, ohne es zu wollen (das wäre ja glaub-

haft: im Westen verletzt man niemanden mehr mit Geschriebenem, im Osten kann das durchaus noch passieren) - das ging wohl nicht, das wäre wohl mit zu viel von dieser üblen Tunke verbunden, die alles gedanklich Klare und ästhetisch Reine verkleistert: mit Moral.
Frau Wolf hat nicht gezögert, sich zu bekennen: sie sei verletzt. Denn sie nimmt Geschriebenes ernst. Da nützt es wenig, wenn Ulrich Greiner darauf verweist, daß sein Urteil relativiert worden sei durch andere Urteile: dies eben sei ja Pluralismus, daß nicht sein *Zeit*-Urteil alleingültig sei wie einst das des *Neuen Deutschland* ... Daß man ihm jederzeit und ungeniert widersprechen kann - nimmt das dem Schreiber die Verantwortung für sein Geschriebenes? Oder ist es wirklich so, daß die Schreiber im Westen sich und ihr Geschreibe schon lang nicht mehr so ernst nehmen wie die im Osten? Und daß sie die im Osten darum beneidet haben? Und daß sie nun froh sind, den Ostlern endlich ihren »heiligen Ernst« madig machen zu können? Ist das so einfach?

GÜNTER GRASS

Wenn ich mich heute an die Kampagne gegen Christa Wolf erinnere, stellt sich die Frage, welch bleibenden Schaden sie angerichtet hat. Eine unmittelbare Folge dieser Angriffe war das Verstummen der angegriffenen Autorin, und mit ihr sind viele verstummt, die sich gleichfalls als getroffen und verletzt begreifen mußten. Heute läßt sich deutlicher erkennen, daß dieser im westdeutschen Feuilleton praktizierte Hochmut nur der Vorgeschmack dessen war, was sich bald danach auf dem gesamten Gebiet der ehemaligen DDR abspielte: Die Auftritte der westlichen Kolonialherren haben eines erreicht - die abermalige Teilung des Landes durch soziale Deklassierung. Mithin läßt sich sagen: Die mißlungene deutsche Einheit hat viele Pfuscher als Baumeister gehabt. Nicht nur der Bundeskanzler und seine Ministerriege, auch die Schnellrichter in den führenden westdeutschen Feuilletons haben tonangebend und sprachregulierend ihren Beitrag geleistet. Die oft gehörte Devise der Aufkäufer zum Nulltarif - »Das ist doch alles Schrott da drüben!« - bezog sich nicht nur auf heruntergewirtschaftete Kombinate, sondern auch auf die kulturellen Leistungen jener Schriftsteller und Maler, die sich jahrzehntelang an den Zwängen der DDR hatten reiben müssen.

ULRICH GREINER

Ein Journalist sollte sich nicht beklagen, wenn er mißverstanden wurde. Im Unterschied zum Schriftsteller besteht seine Aufgabe darin, Mißverständnisse zu vermeiden. Ich übe den Beruf des Journalisten seit rund zwanzig Jahren aus und habe naturgemäß in dieser Zeit manch Mißverständliches geschrieben. Aber solche Mißverständnisse wie in diesem Fall habe ich nie erlebt. Auch habe ich schon einige Polemiken verfaßt, und heftigere als die inkriminierte gegen Christa Wolf. Aber solche Erregung und solcher Zorn sind mir nie begegnet. Beim Nachdenken darüber kommt mir vor: Es ist nicht wahrscheinlich, daß das Ausmaß der Mißverständnisse und der Erregung ausschließlich meine Schuld ist. Wahrscheinlich ist, daß noch andere Gründe eine Rolle spielen.
Meine Vermutung lautet: Es gab einen Club der Gleichgesinnten. Müßte man ihn näher definieren, so käme man auf die Attribute »links«, »fortschrittlich«, »der Aufklärung verpflichtet«. Dieser Club funktionierte, solange die Mauer stand, über die Mauer hinweg: Im Westen wie im Osten die kritischen Schriftsteller, die Intellektuellen in der Opposition. Es war der Club derjenigen, die sich auf der historisch richtigen Seite wähnten. Auch ich rechnete mich zum Club. Der Club grenzte diejenigen aus, die aus dem Osten kamen und über den Osten die Wahrheit sagten, die wir nicht hören wollten. Reiner Kunze wurde natürlich von *FAZ* und *Welt* gedruckt, Biermann natürlich, da immer noch links, in *taz* und *Zeit.* Nach dem Fall der Mauer sind die vertrauten Koalitionen sinnlos, die alten Bündnisse nutzlos. In der *Zeit* erschien ein

Verriß von Christa Wolf. Wäre er in der *Welt* erschienen, niemand hätte sich aufgeregt, es hätte den Erwartungen entsprochen. Daß er in der *Zeit* erschien, bedeutete den Bruch einer unausgesprochenen Verabredung. Die guten Menschen fühlten sich verraten. Was war geschehen?

Ich hätte, so lautete der von Günter Grass formulierte Vorwurf, »zur Hetzjagd gegen Christa Wolf aufgerufen«. Habe ich das? Meine Polemik erschien als Teil einer Doppelkritik Pro und Kontra in der *Zeit.* Volker Hage schrieb für Christa Wolf und ihre Erzählung *Was bleibt,* ich dagegen. Von Anfang an hat die *Zeit,* für deren Feuilleton ich verantwortlich bin, allen Seiten der Kontroverse Platz gegeben. Günter Grass, Günther de Bruyn, Helga Königsdorf, Mathias Greffrath, Fritz J. Raddatz, um nur einige der Diskussionsteilnehmer zu nennen, haben in der *Zeit* ihre von der meinigen abweichende Meinung veröffentlichen können. Grass etwa sprach in einem Beitrag von den Feuilletons als »Hinrichtungsstätten«. Ich empfand diesen Angriff als ungerecht, aber ich habe ihn gedruckt. Spricht das für die These, ich hätte die *Zeit* für eine Kampagne gegen Christa Wolf mißbraucht?

In der Tat ging es mir bei dem Streit nicht um Christa Wolf. Ich hatte ihre Bücher mit dem Gefühl gelesen: Das ist nicht deine Sache. Der einzige Vorwurf, den ich akzeptieren würde, lautet: Wenn einem Kritiker das Werk einer Autorin oder eines Autors derart fremd ist, dann sollte er nicht darüber schreiben. Zugegeben. Nur: Christa Wolf, die prominenteste Dichterin der DDR und Repräsentantin der DDR-Kultur, war die erste Schriftstellerin, die nach dem 9. November 1989 ein Buch veröffentlicht hat. Die allgemeine und, wie ich immer noch finde, legitime Frage war: Was würde sie zu dem Umsturz in der DDR sagen, wie würde sie mit ihrer eigenen Verstrickung in den anfangs mit vielen Hoffnungen beladenen und am Ende erbärmlich gescheiterten Sozialismus umgehen? Nicht habe ich eine Abrechnung oder eine Selbstanklage erwartet, aber doch eine aufrichtige Auseinandersetzung mit der Frage intellektueller Mitverantwortung. Das hat Christa Wolf versäumt. Es war der historische Augenblick, in dem sie etwas

hätte sagen können, das die unvermeidlich bevorstehende Debatte über die Rolle der Intellektuellen, ob privilegiert oder nicht privilegiert, weitergebracht hätte. Sie hat nichts dazu gesagt, sondern sie hat Camouflage betrieben.
Schon wieder, wenn ich die Affäre so darstelle, nehme ich Partei in diesem Streit. Der Streit aber hat mit Christa Wolf nur am Rande zu tun. Es geht um etwas anderes, nämlich um folgende Fragen:
Ist der vollständige Zusammenbruch des Realsozialismus nur eine weiteres unglückseliges Kapitel des Versuchs, eine große Idee zu verwirklichen? Oder zeigt er nicht, daß die sozialistische Theorie, die immer darauf bestanden hat, Praxis zu sein, in zentralen Punkten falsch ist?
Hat die westdeutsche Linke an dem, was da gescheitert ist, keinen Anteil (Greffrath), weil sie immer schon gegen den real exekutierten Sozialismus gewesen ist? Oder hat sie nicht, trotz vieler Einwände, eine grundsätzliche Sympathie mit dem Realsozialismus verbunden, die zu taktischem Verhalten geführt hat, also zur Lüge?
Haben die Intellektuellen der DDR einen tapferen und am Ende aussichtslosen Kampf für den wirklichen Sozialismus geführt? Oder sind sie nicht, nolens volens, willfährige und mißbrauchte Teilhaber eines mörderischen Systems gewesen?
Für mich war das Ende der DDR und zuvor des Sozialismus in Polen, Ungarn, Rumänien und der Tschechoslowakei ein welthistorischer Augenblick (darin haben Kohl und die *FAZ* leider recht), den die Linke nicht begriffen hat, bis heute nicht. Was ansteht, ist die mitleidlose Erforschung der eigenen Geschichte, ist »Vergangenheitsbewältigung«. Was stattdessen geschieht, ist Mogelei, ist taktisches Finessieren, ist linke Restauration. Weshalb hat der Gulag-Schock, der die französischen Intellektuellen erschüttert hat, die deutschen nicht erschüttert? Weshalb sind Sperber, Koestler, Silone, Camus (zum Beispiel) ohne Wirkung geblieben in Deutschland?
Die Linke ist traditionsgemäß der Ort gesellschaftlicher Kritik. Ohne Kritik hat Demokratie keine Chance. Die Linke hat eine verheerende Niederlage erlitten. Von ihr kann sie sich nur er-

holen, wenn sie zu Selbstkritik bereit ist, wenn sie Irrtümer eingesteht, Fehler korrigiert.
Das ist der Hintergrund, vor dem ich den Christa-Wolf-Streit sehe. Die Parteien in diesem Streit ergeben sich aus den Antworten, die man auf obige Fragen findet. Für mich sind die Antworten klar. Deshalb habe ich von meiner Kritik an Christa Wolf nichts zurückzunehmen.
Da diese Autorin zur Selbstüberschätzung neigt, hat sie nicht begriffen, daß die Kritik an ihr sich lediglich dem Umstand verdankt, das falsche Buch zur falschen Zeit veröffentlicht zu haben; und daß der Streit nicht um sie geht, sondern um ein zentrales Kapitel intellektueller deutscher Geschichte, an der die Westdeutschen ebenso teilhatten wie die Ostdeutschen. Zu dieser Frage schrieb ich den Leitartikel mit der Überschrift »Keiner ist frei von Schuld«, und dem Text war klar zu entnehmen, daß ich in der Tat alle meinte, mich eingeschlossen. Aber Christa Wolf und ihre Freunde haben das gerne wieder mißverstanden. Manchmal sind Mißverständnisse unproduktiv.

VOLKER HAGE

Zehn Thesen:

1. Der Streit war unvermeidlich. Es kam damals, vor einem Jahr, einfach zuviel zusammen: die neue politische Situation, der Rang und die Prominenz von Christa Wolf, der prägnante Titel *Was bleibt,* unser journalistischer Eifer, das Ausbleiben anderer Texte, die die Diskussion hätten auf sich ziehen können, die Verlockung schließlich, an einem überschaubaren Gegenstand eine tendenziell ins Uferlose führende Frage abzuhandeln: Bleibt etwas vom Sozialismus?
2. Die Tatsache, daß die Erzählung nicht das hielt, was sie scheinbar versprochen, besser wohl: was man sich von ihr versprochen hatte, scheint mir zum Teil die Wut zu erklären, mit der auf den Text reagiert worden ist. Die Erwartung war zu hoch, und sie war vermessen. Wie sollte im Sommer 1990 (zur

Erinnerung: damals existierte die DDR noch) ein Schriftsteller in literarischer Form eine Antwort parat haben? Daß da jemand in die Schublade griff und eine zehn Jahre alte Arbeit hervorzauberte, das nahm man besonders übel.

3. Literaturkritik kümmert sich nicht nur um die rein ästhetischen Belange eines Textes; das ist weder neu noch verwerflich. Das Werk an sich gibt es nicht; stets ist unsere Wahrnehmung von – auch außerliterarischen – Vorverständnissen geprägt. Doch selten zuvor war in Artikeln, die sich als Rezension gaben, so wenig von Literatur die Rede wie in diesem Fall. Die Kritiker beschäftigten sich vornehmlich mit Äußerlichkeiten, mit dem, was in der Wissenschaft »Paratext« heißt: dem Titel, dem Klappentext, der Verlagsinformation, dem Hinweis der Autorin, daß und wann sie das Buch überarbeitet hat.

4. So zielten viele der Vorwürfe auch mehr auf die Autorin ab als auf den Text. Bis heute vermag ich einen großen Teil dieser Vorwürfe nicht nachzuvollziehen. Da hieß es, die Erzählung hätte zehn Jahre früher erscheinen müssen, dann wäre sie eine Sensation gewesen. Soll das bedeuten, dann wäre sie auch anders zu bewerten gewesen? Da hieß es, Christa Wolf hätte präziser angeben sollen, was sie Ende 1989 an dem Text noch verändert habe. In Form einer textkritischen Ausgabe? (Verstanden hätte ich den Wunsch nach einem Nachwort, nach einem Kommentar der Autorin.) Da hieß es, Christa Wolf wolle sich mit der Erzählung als Opfer hinstellen. Mit *der* Erzählung? Schließlich hieß es da, die Autorin müsse sich schämen, einen derart harmlosen Fall von Stasi-Überwachung auszubreiten. Verliert ein Kriegsroman an Brisanz, wenn er von Nebenschauplätzen handelt?

5. Die *Zeit*-Redaktion veranstaltete ein Pro und Contra in ein und derselben Ausgabe, was ich heute noch für eine gute Idee halte. Der Versuch meiner Pro-Stimme, die kleine Erzählung nicht allein im Bezugsfeld der sich anbahnenden Auflösung der DDR zu betrachten, sondern ein wenig trotzig darauf zu bestehen, daß ein Literaturkritiker sich auch um *literatur*historische Zusammenhänge zu kümmern habe, mußte damals wohl vergeblich sein. Verwunderlich war dennoch, daß die *Zeit* häufig

– der Contra-Stimme von Ulrich Greiner wegen – als Teilnehmer an einer Kampagne gegen Christa Wolf zitiert wurde.
6. Eine Kampagne gab es nicht, auch sonst nicht. Und es stimmt nicht einmal, daß viele Kritiker plötzlich, im Sommer 1990, ihre Meinung über Christa Wolf geändert haben: Viele der Rezensenten hatten zuvor noch nie über Bücher dieser Autorin geschrieben. Und jene, die sich sonst um sie gekümmert hatten (Reinhard Baumgart, Fritz J. Raddatz oder Marcel Reich-Ranicki), äußerten sich nun überhaupt nicht dazu oder erst viel später.
7. Kunstvolle Prosa? Ja, finde ich. Immer noch.
8. Und Christa Wolf, um die es ja hauptsächlich, wenn auch nur beispielhaft gegangen ist: Wäre ihr wirklich nichts vorzuwerfen? Wenn es denn ein Vorwurf ist, vielleicht dies: Daß sie als integrative und Integrität ausstrahlende Persönlichkeit den Gedanken möglich machte, mit so einer Autorin auf der Haben-Seite könne die DDR-Bilanz nicht völlig negativ ausfallen. Das war eine Täuschung. Aber wer sich derart hat täuschen lassen, kann es eigentlich nicht ihr anlasten. Vor allem läßt sie sich nicht nachträglich zur Staatsdichterin stilisieren (die sie vielleicht früher einmal hätte werden können). Für viele Verzweifelte – nicht nur – unter den Kollegen hatte sie ein offenes Ohr und mehr als billigen Trost. Da das so war, mußten viele damals in der DDR das westliche Wüten gegen Christa Wolf mißdeuten: Wenn es eine solche Figur treffen kann, was ist sonst noch zu erwarten? Mancher mag da in der Folge Zuflucht in den alten windgeschützten Ecken gesucht und zu falscher Stallwärme gefunden haben.
9. Der Streit war nötig und vielleicht sogar nützlich: für uns im Westen, in der alten Bundesrepublik. Er hat zur Verständigung darüber gedient, wie wir es in Zukunft halten wollen mit den Erinnerungen an eigene Sozialismusträume und mit jenen Mitbürgern, die von sozialistischer Realexistenz gebeutelt worden sind, darüber also, wie sich das Gespenst am besten abschütteln läßt.
10. Der Streit mag unvermeidlich gewesen sein: Es war dennoch ein Streit am falschen Objekt – und in der falschen Tonlage. Aber auch das ist ja nun schon Geschichte.

WALTER JENS

All jenen, die, statt Bücher zu rezensieren, sich über die Charaktereigenschaften der von ihnen Inkriminierten ausließen, seien die Sätze entgegengehalten, die Lessing im siebenundfünfzigsten seiner »Antiquarischen Briefe« formulierte. Sie lauten: »Jeder Tadel, jeder Spott, den der Kunstrichter mit dem kritisierten Buch in der Hand gut machen kann, ist dem Kunstrichter erlaubt. Auch kann ihm niemand vorschreiben, wie sanft oder wie hart, wie lieblich oder wie bitter er die Ausdrücke eines solchen Tadels oder Spottes wählen soll. Er muß wissen, welche Wirkung er damit hervorbringen will, und es ist notwendig, daß er seine Worte nach dieser Wirkung abwäget. Aber sobald der Kunstrichter verrät, daß er von seinem Autor mehr weiß, als ihm die Schriften desselben sagen können; sobald er sich aus dieser näheren Kenntnis des geringsten nachteiligen Zuges wider ihn bedienet: sogleich wird sein Tadel persönliche Beleidigung. Er höret auf, Kunstrichter zu sein, und wird – das Verächtlichste, was ein vernünftiges Geschöpf werden kann – Klätscher, Anschwärzer, Pasquillant.«
Dem ist nichts hinzuzufügen.

LEW KOPELEW

Mehr als ein Jahr ist vergangen, seitdem der Streit – das Nachdenken über Christa W. – begonnen hat. Neulich habe ich die Erzählung *Was bleibt* und einige kritische Äußerungen dazu in den »großen« Zeitungen wieder einmal gelesen und versuche, sine ira et studio, das Gelesene möglichst distanziert wahrzunehmen.

Christa Wolfs Erzählung ist ein Zeitzeugnis – ein Zeugnis über sozialpolitisches Zeitgeschehen. Doch vor allem ist es ein künstlerisches Werk, ein poetisches Nachdenken der Dichterin über ihr Land und ihre Welt, eine Auseinandersetzung der Autorin mit sich selbst.

»Auf welche Weise (soll) aus dieser Gegenwart für uns und

unsere Kinder eine lebhafte Zukunft herauswachsen.« Diese »unaufschiebbare Frage« hört Christa W. von ihren Lesern und versucht sie zu beantworten, schwankt, zweifelt, gesteht ihre Ohnmacht, aber dennoch verzweifelt sie nicht.

All die Menschen, die sie zum Nachdenken auffordern, ihr Fragen stellen, auch solche, die sie nicht beantworten kann, Menschen, die sie als Freunde oder als Gegner empfindet, schildert sie wortkarg und ausdrucksvoll, ebenso wie die eigenen Gedanken, Gefühle, Ängste, Zweifel...

Diese kurze Erzählung birgt in sich eine Welt – konkrete Chronotopoi: Ost-Berlin, Deutschland der achtziger Jahre und auch zeitlos allgemeine Probleme: das Verhältnis eines Künstlers zum Zeitgeschehen, zum totalitären Staat und die ewigen Themen: Leben, Liebe, Tod, Existenzangst ... Christa Wolfs Gedanken und Gestalten bleiben. Dagegen ist schon heute all das Dumme und Böse, was über sie geschrieben wurde, veraltet, überholt.

In dem alten Mythos wachsen aus der Drachenzähne-Saat streitlustige Krieger, die einander schonungslos bekämpfen. In unserer Gegenwart wachsen aus den üppig gesäten Zähnen der ideologischen Giftschlangen streitsüchtige Prinzipienreiter, die unter verschiedensten Fahnen gleich rücksichtslos und gehässig auch nur vermeintliche Gegner angreifen. Mehrere russische Schriftsteller waren sowohl von »rechten« wie auch von »linken« ideologiebesessenen Kritikern heftig bekriegt worden, nach dem Grundsatz: »Und willst Du nicht mein Bruder sein, so schlag ich dir den Schädel ein.« Solche parteipolitisch moralistischen Kritiken und »Demontagen« mußten z.B. Wladimir Majakowskij, Maxim Gorkij, Boris Pasternak, Alexander Twardowskij, Michail Scholochow, Alexander Solschenizyn, Wassilij Grossman, Andrej Sinjawskij, Iossif Brodskij über sich ergehen lassen. Ähnliches erlebten in Deutschland Bertolt Brecht, Heinrich Böll, Günter Grass und jetzt auch Christa Wolf.

Braucht man da noch ausführlich zu erörtern, was bleibt und was vergeht?

Über DDR-Literatur, besonders über Christa Wolf, habe ich mehr schreiben müssen, als mir lieb war. Noch ahnungslos veröffentlichte ich 1986 in der Zeitschrift *kontinent* den Essay *Pegasus' Sturzflug:* er war nicht halb so bitterernst gemeint wie die Entgegnungen westdeutscher Literaturwissenschaftler, die anschließend über mich hereinbrachen. Von »Verunglimpfung« war in der *Frankfurter Rundschau* die Rede, von einem Emigranten-Syndrom in dem Buch des Bremer Germanisten Emmerich, und die Kritikerin Karin Thomas fand, ich wollte, indem ich prominente DDR-Schriftsteller kritisierte, »geflissentlich von der NS-Vergangenheit« ablenken. Nicht sosehr die Absurdität der Anwürfe überraschte mich damals, sondern die abgrundtiefe Empörung des Tons, vergleichbar der, die vorzeiten einem Kirchenschänder galt.

Was ich Christa Wolf vorzuwerfen hatte, betraf intellektuelle Mitschuld an einem verwerflichen Regime, ein epochales deutsches Thema. Diese Autorin repräsentiert nur die neueste Variation, ihre Bücher und öffentlichen Auftritte dienten der Legimitierung des SED-Staats bis zum letzten Tag. Wenn über diesen Staat heute jedermann gefahrlos den Stab bricht, wollen wir nicht vergessen, daß es damals, als er mächtig und bösartig war, nur wenige wagten. Reich-Ranicki wies auf Parallelen zur anderen deutschen Diktatur hin, Sabine Brandt beargwöhnte das »Nebelhafte« in Christa Wolfs Prosa oder Jürgen Serke das Doppelzüngige dieser Literaten in seiner Auseinandersetzung mit Hermlin. Wie einsam ein kritischer Standpunkt zur Vorzeigeliteratur des SED-Regimes war, ahnte ich nicht, als ich vor gut 5 Jahren meinen ersten Beitrag zum Thema schrieb. Ich lese ihn heute gern. Es gibt nichts zu korrigieren, nichts hinzuzufügen. Die gelungene Vernebelung der Köpfe bei den Stammlesern erleben wir jeden Tag: ein Weltbild wurde suggeriert, ein Gegeneinander von »wir« und »sie«, kontradiktorisch wie das ganze System, heute unbrauchbar und qualvoll hinderlich in einem turbulenten, offenen Europa. Nach weitverbreiteter deutsch-deutscher Absprache galt

die Autorin der Erzählung *Der geteilte Himmel,* jener ins Metaphysische erhöhten Apologie der Berliner Mauer, als »kritische« Schriftstellerin, weil sie in späteren Büchern Bemängelung im Detail aufschimmern ließ. Das Konforme in Deutschland, die verabredete Einmütigkeit der Intellektuellen konnte mich immer nur widerspenstig stimmen, schon im Osten, erst recht im Westen. So mußte ich die erste Attacke mehrmals wiederholen, meistens in der *Welt*, die bis 1989 die einzige große Zeitung blieb, die dergleichen druckte. Mein Widerspruch galt einem deutschen Komment, der mich eidetisch an etwas erinnerte, weniger der Schriftstellerin Christa Wolf als Person. Ich gestehe, daß mich die Lektüre ihrer Bücher immer gelangweilt, wo nicht unfreiwillig belustigt hat.
Als Frank Schirrmacher und andere den »Literaturstreit um Christa Wolf« ausfochten – nach sicherem Ende des fraglichen Staates –, wußte ich mich als ungewollter Initiator. Über die plötzliche Vehemenz der Meinungen war ich verblüfft, da die Feuilletons dieser Zeitungen bis vor kurzem die Autorin zur Symbolfigur für deutsche Moralität erklärt hatten. Es lag einige Wahrheit darin: das Sentimentale, Tiefdeutsche, Verstiegene sprach aus jeder Zeile von Christa Wolf. Sie war, wie alle Streitparteien betonten, nur eine Chiffre für ein allgemeines Symptom, summarisch »Mitläufertum« genannt. Ich wünsche diesem Land – es »das meine« zu nennen habe ich als Jude wenig Grund –, daß es sich endlich vom Stigma dieser Autorin erholt.

MARCEL REICH-RANICKI

Der Herausgeber dieses Buches, Thomas Anz, hat mich dringend gebeten, meinen Aufsatz *Macht Verfolgung kreativ?* aus heutiger Sicht zu ergänzen, zu erläutern und womöglich zu revidieren. Nur ungern folge ich seiner Bitte, denn von nachträglichen Selbstkommentaren halte ich nicht sehr viel, und mit einer Revision, welcher Art auch immer, kann ich nicht dienen. Dies wiederum mag den wenig angenehmen Eindruck

der Rechthaberei erwecken. Ob der Aufsatz nötig und nützlich war, sollten schließlich andere beurteilen. Ich habe hier nichts zu sagen, ich kann höchsten auf gewisse Begleitumstände verweisen, deren Kenntnis vielleicht nicht ganz überflüssig ist.
Als ich am 25. Oktober 1987 zur Verleihung des Kleistpreises im Mozart-Saal der Alten Oper in Frankfurt ging, war es nicht meine Absicht, über die Veranstaltung zu berichten oder sie in irgendeiner Form zu kommentieren. Nichts anderes veranlaßte mich, an dieser Feierstunde teilzunehmen, als mein Interesse für das Werk des Preisträgers Thomas Brasch, zumal für seine Lyrik. Für den Gedichtband *Der schöne 27. September* hatte Brasch auf meinen Vorschlag hin 1980 den erstmalig verliehenen *F.A.Z.*-Preis für Literatur erhalten. Überdies wollte ich wissen, wie es der repräsentativen Schriftstellerin der DDR, Christa Wolf, die hier als Laudatorin fungierte, gelingen werde, einen in der DDR jahrelang verfolgten und schließlich von dort geflohenen Autor zu rühmen, ohne in ihrer Heimat in Ungnade zu fallen.
Was ich zu hören bekam, hat mich verblüfft und meine schlimmsten Befürchtungen weit übertroffen. Ich war empört, ich hielt es für meine Pflicht, entgegen meiner ursprünglichen Absicht doch einen polemischen Artikel zu schreiben. Er erschien in der *F.A.Z.* vom 12. November 1987 und findet sich auch im vorliegenden Band.
Der Artikel hatte ein starkes Echo, vor allem erinnere ich mich an die (privaten) Äußerungen zweier Kollegen, mit denen ich seit vielen Jahren befreundet bin: Peter Härtling und Walter Jens. Beide beanstandeten – und zwar unabhängig voneinander – ein und denselben Satz meines Beitrages. Er lautet: »Mut und Charakterfestigkeit gehören nicht zu den hervorstechenden Tugenden der geschätzten Autorin Christa Wolf.« Mit solchem Vorwurf hätte ich, meinten Härtling und Jens, meine Kompetenz als Literaturkritiker überschritten. Ob dieser Satz entbehrlich war, vermag ich heute nicht zu entscheiden.
Aber wenig später wurde, was ich mir über Christa Wolf zu sagen erlaubt habe, auf überraschende Weise bestätigt und auch

erklärt - von ihr selber. In ihrer Dankrede für den Geschwister-Scholl-Preis, gehalten in München am 23. November 1987, sagte Christa Wolf: »Mir scheint, daß vielen Angehörigen meiner Generation [...] von ihren frühen Prägungen her der Zwang zur Ein- und Unterordnung geblieben ist, die Gewohnheit zu funktionieren, Autoritätsgläubigkeit, Übereinstimmungssucht, vor allem die Angst vor Widerspruch und Widerstand, vor Konflikten mit der Mehrheit und vor dem Ausgeschlossenwerden aus der Gruppe. Es ist uns schwergefallen, erwachsen zu werden, Selbständigkeit, Souveranität zu erwerben und eine im guten Sinn soziale Haltung.«
Ist denn Angst vor dem Ausgeschlossenwerden aus der Gruppe etwas anderes als das, was ich im Zusammenhang mit dem bundesdeutschen Christa Wolf-Kult zu sagen mir erlaubt hatte? Nur fällt auf, daß die mit dem Geschwister-Scholl-Preis ausgezeichnete Schriftstellerin die eigene Schwäche in die Misere einer ganzen Generation umzumünzen versucht.
Sonderbar und aufschlußreich: Christa Wolf war im Frühjahr 1945 gerade sechzehn Jahre alt geworden. Und doch macht sie noch 1987 das »Dritte Reich« für ihre »Übereinstimmungssucht« verantwortlich - worunter nichts anderes verstanden werden kann als ihre Übereinstimmung mit dem Staat, den sie jahrzehntelang repräsentiert hat, mit der Partei, deren Mitglied sie auch dann blieb, als sie längst wußte, was zwischen der Elbe und der Oder gespielt wird.
Um einem falschen Eindruck vorzubeugen: Der Beitrag aus dem Jahre 1987 ist der vorerst letzte Aufsatz, den ich über Christa Wolf veröffentlicht habe. Auch zu ihrem Buch *Was bleibt* (1990), das zahlreiche heftige Proteste auslöste, wollte ich mich nicht äußern. Aber was mir durch den Kopf ging, als in den letzten Jahren der Fall Christa Wolf - denn von einem Fall muß hier die Rede sein - immer wieder erregt diskutiert wurde und Freundliches über die noch unlängst gefeierte Autorin nur selten zu lesen war, soll hier nicht verheimlicht werden. Ich dachte mir nämlich, daß es einem Menschen auf die Dauer nicht gut bekommt, wenn er als Idol, als Kultfigur dient - sei es in der DDR, sei es in der Bundesrepublik. Nur wird

niemand zu dieser fatalen Rolle gezwungen, am wenigsten ein Schriftsteller. Die alte Volksweisheit, daß wir alle die Schmiede unseres Glücks sind, ist nicht so ganz dumm – und sie gilt auch für Christa Wolf.

FRANK SCHIRRMACHER

Es gehörte zum Wesen dieser Debatte, daß über Vorwürfe gestritten wurde, die überhaupt niemand erhoben hatte: ich habe Christa Wolf den »fehlenden Mut« niemals vorgeworfen und auch nicht von ihr Auflehnung verlangt. Im Gegenteil: ich habe festgestellt, daß Christa Wolf zu den intellektuellen Trägern des Staates und seinem repräsentativen Personal gehörte. Sie konnte an Auflehnung, die das System selber meinte, nicht interessiert sein. Bemerkenswert war, daß man sofort versuchte, den Anlaß dieser Debatte zu verschleiern, und davon sprach, wir hätten Widerstandshaltungen verlangt. Nein, nein: *diese* sprachen ja zuerst von Widerstand, gaben sich die Aura der Opfer und Verfolgten, und wir sagten nichts weiter als, daß sie ihn eben nicht ausgeführt hätten.
Nicht ihr Glaube an das System, nicht die Kompromisse und Grußbotschaften waren der Anlaß der Debatte, sondern der Versuch von Christa Wolf, sich nun als Widerstandsfigur darzustellen. Ich habe in meinem Aufsatz ihre Rolle analysiert und damit zugleich auf Symmetrien zu einigen westlichen Intellektuellen hingewiesen. Insofern war die Debatte in der Tat von Anfang an exemplarisch gemeint: Christa Wolf ist die repräsentative Figur des deutschen Intellektuellen in der Nachkriegszeit, und es gehört zur Blindheit vieler ihrer Kollegen, daß sie den ungeheuren paradigmatischen Einbruch in ihrem Selbstverständnis bis heute nicht zu sehen bereit sind. Die Clubsolidarität, die in vielen Umfragen und Artikeln zum Ausdruck kam, ist geschenkt. »Es geht nicht um Christa Wolf«, schrieb Biermann in der *Zeit,* und ich stimme dem völlig zu. Es ging um ein intellektuelles Selbstverständnis – in Ost wie West –, dessen moralische Ansprüche durch nachge-

wiesene Blindheit längst erloschen sind. Wir hatten zu zeigen, daß hier im Vergleich zu Kohl oder Engholm oder Bertelsmann keine größere Kompetenz mehr vorlag, über die Dinge der Moral und Politik zu reden.

Eine Kampagne? Wir waren der *taz* näher als der *Zeit*, und zu den glänzendsten Artikeln, die damals erschienen, gehörte Arno Widmanns in der *taz* erschienene Analyse des Aufrufs *Für unser Land.* Dieser Aufruf gehört zu den traurigsten Dokumenten jener Revolutionen, denn es ist ein Aufruf der Machthaber von Krenz bis Schabowski zum Erhalt der Macht. Selbst in dieser Stunde versagten einige Schriftsteller, die das Papier unterzeichneten. Dies alles ist Geschichte, und wir schreiben für den Tag: man soll das nicht überschätzen. Die Fakten sprechen eine deutliche Sprache, und das einzige, was wir getan haben, war die Rezeption dieser Fakten ein wenig zu beschleunigen.

Es ging um eine öffentliche Rhetorik des Gewissens, deren oft fatale Fehleinschätzungen sich einer religiösen Überzeugung verdanken. Dies alles ist Kirche, Sekte, Religionsgemeinschaft, und man erstarrt bei dem Gedanken, wie Intellektuelle, die bereit sind, die Antidemokratie zu verstehen, sich in Stunden der Bedrohung wohl verhalten mögen.

Die Debatte um Christa Wolf, der in unserer Zeitung eine Debatte um die Intellektuellen in der DDR sich anschloß, ist eine Zäsur in der Einschätzung intellektuell-moralischer Haltungen, und die erboste, eifernde und aggressive Reaktion belegt, daß das Richtige getroffen wurde. Daß viele der an der Diskussion Beteiligten pro domo sprachen und ihre eigene Geschichte zu verteidigen hatten, sei hier nur am Rande vermerkt: vom Bertelsmann-Konzern über Klaus Podak bis hin zu Walter Jens war ja immer auch die eigene Haltung in der Vergangenheit zu verteidigen. Bemerkenswert bleibt, daß bis heute – und der Golf-Krieg illustrierte dies ein weiteres Mal – keiner dieser westlichen Repräsentanten einer intellektuell-moralischen Kultur Nachdenklichkeit, Aufarbeitungsbereitschaft, Bestürzung über die eigene Blindheit gegenüber einem verbrecherischen Gesellschaftsmodell zu erkennen gab.

WOLFRAM SCHÜTTE

Was von dem »Streit« um *Was bleibt* von Christa Wolf »geblieben« ist?

Der klassische Fall von Ideologiebildung, nämlich das Produkt eines »notwendig falschen Bewußtseins«, das der spezifische gesellschaftliche Augenblick hervorgerufen hat. Kaum einer, der sich öffentlich zu dem schmalen Band geäußert hat, hatte das Buch wirklich literarisch gelesen – z.B. als letzten Teil einer Trilogie. Von *Störfall* über *Sommerstück* bewegte sich die Autorin, in konzentrischen Kreisen immer persönlicher werdend, schließlich auf das riskanteste Stück einer Selbstpreisgabe in *Was bleibt* zu. Offener hat keiner von denen, die als »privilegierte« Intellektuelle der DDR in oder außerhalb ihrer Grenzen lebten und arbeiteten, über sich und seine existentiellen moralischen und politischen Widersprüche, Selbstbezweifelungen und Verschwiegenheiten gesprochen. Der Wunsch nach einer »neuen Sprache« wurde noch mit den ästhetischen Mitteln und im Bannkreis der alten Sprache artikuliert. Es wurden jedoch Lebenserfahrungen ausgesprochen, die keineswegs nur für diese Autorin zutrafen, sondern ebenso für alle anderen, die zwischen »Privilegien« und dem »begrenzten Konflikt« mit der Macht lebten. Christa Wolf hatte den Mut, coram publico davon zu sprechen, während andere es vorzogen, zu sich und dem »Streit« um *Was bleibt* zu schweigen.

Gerade weil Christa Wolf von der Ambivalenz einer herausgehobenen Existenz im Halbschatten handelte, wurde die historische Qualität ihres literarischen Zeugnisses in einem historischen Augenblick verdrängt, in dem Deutschland ein einig' Vaterland von Opfern und Widerstandskämpfern zu sein behauptete.

Die den »Streit« nicht um das Buch, sondern um das Totum der Person und das Gesamtwerk der Autorin entfachten, nutzten die »Stunde Null«, um als terribles simplificateurs, die sich endlich frei wähnten vom mühsamen Geschäft des Differenzierens, das die geschichtlichen Tatsachen erfordert hatten, mit sich und einer existentiellen politisch-moralischen Haltung abzurechnen, die »obsolet« geworden war. Die Gesinnungspolizei, die im Namen einer »Entmoralisierung« der Literatur »Grenzgängerei« und »Gratwanderungen« glattwalzte, riß in einem gesellschaftlichen Ausnahmezustand die Souveränität an sich, indem sie ihre Definitionsmacht ausspielte. Eine literatur-politische Parallel-Aktion zur ökonomischen Suprematie des Westens. Bevor eine »Treuhand« unternahm, das gesellschaftliche Eigentum der ehemaligen DDR zu »evaluieren«, exerzierte das Exempel, das maßgebliche Teile der westdeutschen Literaturkritik an Christa Wolf statuierten, mit Eifer vor, wie mit dem geistigen »Erbe« künftig umzugehen sei. Die bewußt verfälschende und herabsetzende Stigmatisierung der Autorin zur »Staatsdichterin« sollte jedoch jegliche Literatur, die sich in den gesellschaftlichen Prozeß einmischte, eindeutig desavouieren. Haß und Hohn, die da zutage treten, waren auch Selbsthaß auf eine enttäuschte intellektuelle Haltung, die nun Richtung auf postmoderne, postpolitische »moralfreie« Literatur nehmen will. Das von K. H. Bohrer kreierte Wort von der »Gesinnungsästhetik«, das U. Greiner und F. Schirrmacher in feuilletonistischen Umlauf setzten, um die gesamte deutsch-deutsche Nachkriegsliteratur zu entsorgen, wird eine kurze Karriere haben. Die Literatur, und sei es die imaginativste und eigensinnigste (ob Hilbigs *Alte Abdeckerei* oder Enzensbergers *Zukunftsmusik*), wird sich nicht »entmoralisieren« lassen. Neuen Wirklichkeitsherausforderungen wird sie sich eher entschiedener stellen müssen. Nicht »reiner«, »absoluter« oder »selbstreferentieller« wird sie werden, sondern eingreifender, militanter bei ihrem »Aufbruch ins Unversicherbare« (H. E. Nossack).

UWE WITTSTOCK

Als der deutsche Literaturbetrieb noch geteilt war, ging's zwischen beiden Seiten friedlicher zu. Die Rollen waren klar umrissen: Im Osten hatte man die Zensur, im Westen hatte man Verständnis. Derart eingestimmt, trafen sich Schriftsteller und Kritiker dutzendweise bei den diversen gesamtdeutschen Kulturkongressen, sprachen, diskutierten und stritten miteinander – auch wenn unter ihnen ein paar Kanaillen saßen, deren Schriften sich beschränkten auf Ergebenheitsadressen an greise Diktatoren. Als dann zusammenwuchs, was zusammensein wollte, hörte für die Schriftsteller der Spaß auf. Seither reden viel zu viele, aber keiner mit dem anderen. Seither wissen viel zu viele (vor allem unter den Kritikern) ganz genau, was richtig und was falsch ist – obwohl Literatur doch die Kunst ist, Fragen zu stellen, und nicht, Antworten zu geben. Seither gibt es zwei Lager, zwischen denen Schweigen ausbricht, wo immer ihre Parteigänger sich begegnen. Kurz: Die Mauer konnte keinen Keil zwischen die Schriftsteller treiben. Die Wiedervereinigung hat das spielend geschafft.

Die Front verläuft zwar nicht entlang der alten westöstlichen Gegensätze, ist aber deshalb nicht minder starr. Vielleicht hat der Streit sein Gutes, weil er Konflikte auf den Punkt bringt, die aus den beiden deutschen Vergangenheiten erwachsen. Er birgt aber auch die Gefahr, statt Einsichten immer neue Schutzbehauptungen und Borniertheiten zu produzieren – eine typische Lagermentalität eben.

Zugegeben: Wegen der politischen Teilung Deutschlands fielen die kulturellen Gemeinsamkeiten beider Seiten wie von selbst ins Auge. Daß die politische Einheit nun die kulturellen Differenzen wieder stärker hervortreten läßt, ist ganz natürlich. Aber die meisten Autoren (vor allem die Kritiker) debattieren zur Zeit nicht über kulturelle, sondern über politische Fragen; und sie machen keine gute Figur dabei, denn das ist nicht ihr Terrain. Ein Beispiel für dieses Trauerspiel ist der Umgang mit dem Begriff »Intellektuelle«: Einige (vor allem Kritiker) erzürnten sich über »die Intellektuellen«, weil die es angeblich an der zeitgemäßen Begeisterung für das neue Deutschland fehlen ließen. Da diese Ankläger aber selbst zweifellos und für alle gut erkennbar Intellektuelle sind, hinterließen sie mit ihren sehr pauschalen Vorwürfen vor allem den einen Eindruck: Daß es bei diesen Sandkastengefechten nicht um Realitäten, sondern um Eitelkeiten geht, und daß man die Streithähne also nicht ernst nehmen darf.

Chronologie eines Streits

Kommentierte Bibliographie

Verzeichnet sind die abgedruckten (mit * gekennzeichnet) und erwähnten Beiträge zum Literaturstreit und zu seinem engeren Umfeld in chronologischer Folge. Artikeln, die im Text nicht erwähnt wurden, sind im allgemeinen stichwortartige Informationen über Inhalt und Tendenz hinzugefügt. Abgekürzt angegeben sind folgende Zeitungen und Zeitschriften: Frankfurter Allgemeine Zeitung (FAZ), Frankfurter Rundschau (FR), neue deutsche literatur (ndl), Neue Zürcher Zeitung (NZZ), Süddeutsche Zeitung (SZ), die tageszeitung (taz).

HANS NOLL: Das Unaussprechliche. Die Berliner Mauer in der Literatur der DDR (Kontinent 3, 1987)
Enthält bereits viele der späteren Vorwürfe gegen Christa Wolf und andere Autoren aus der DDR.
UWE WITTSTOCK: Christa Wolf und der fremde, unbekannte Gott. Zwei Bücher der DDR-Schriftstellerin und ein Essayband über sie (FAZ, 14. April 1987)
HANS NOLL: Die Dimension der Heuchelei. Ernüchternd und entlarvend: Aufsätze und Reden der »DDR«-Autorin Christa Wolf (Die Welt, 4. Juli 1987)
*MARCEL REICH-RANICKI: Macht Verfolgung kreativ? Polemische Anmerkungen aus aktuellem Anlaß: Christa Wolf und Thomas Brasch (FAZ, 12. November 1987)
HANS ALTENHEIN: [Stellungnahme zu M. Reich-Ranickis Artikel »Macht Verfolgung kreativ?«] (FAZ, 16. November 1987)
WOLFRAM SCHÜTTE: Aufgemerkt, also! Prügel für Christa Wolf & Sicherheitsverwahrung für Brasch (FR, 14. November 1987)
THOMAS BRASCH: DDR-Bürger und Sozialist (FR, 14. November 1987)
*VOLKER HAGE: Drüben bleiben? – Die Schriftsteller in der DDR und ihr Staat (Die Zeit, 20. November 1987)
HORST KRÜGER: Der Hang zum Allgemeinen. Anmerkungen zu Christa Wolfs »Ansprachen« (FAZ, 4. Oktober 1988)

Die Rezension wiederholt die Vorwürfe aus Reich-Ranickis Artikel vom 12. November 1987.
MARTIN AHRENDS: Neues Denken DDR. Zu Christa Wolfs jüngsten Reden und Ansprachen (Die Zeit, 9. Dezember 1988)
ARNO WIDMANN: Unter Linden. Unfreundliche Bemerkungen zum Aufruf »Für unser Land«, den DDR-Autoren im November 1989 lancierten (taz, 7. April 1990)
JÜRGEN SERKE: Der Schrei des Henkers und der Schrei des Opfers (Die Welt, 24. April 1990)
JÜRGEN SERKE: Im Karussell der Rechtfertigungen (Die Welt, 26. April 1990)
JÜRGEN SERKE: Was man mit Worten alles machen kann (Die Welt, 3. Mai 1990)
*HANS NOLL: Das lächerliche Pathos alter Schwärmer (Die Welt, 12. Mai 1990)
MARTIN AHRENDS: Stunde der Abrechnung. Weshalb es ungerecht ist, den in der DDR gebliebenen Autoren Feigheit vorzuhalten (Die Zeit, 25. Mai 1990)
*ULRICH GREINER: Mangel an Feingefühl (Die Zeit, 1. Juni 1990)
*ULRICH GREINER: Keiner ist frei von Schuld. Deutscher Literatenstreit: Der Fall Christa Wolf und die Intellektuellen (Die Zeit, 27. Juli 1990)
*VOLKER HAGE: Kunstvolle Prosa (Die Zeit, 1. Juni 1990)
*FRANK SCHIRRMACHER: »Dem Druck des härteren, strengeren Lebens standhalten«. Auch eine Studie über einen autoritären Charakter: Christa Wolfs Aufsätze, Reden und ihre jüngste Erzählung »Was bleibt« (FAZ, 2. Juni 1990)
HANNO HELBLING: Ein Tag im Leben der Christa Wolf (NZZ, 7. Juni 1990)
*WOLFRAM SCHÜTTE: Reiß:Wolf. Zu einem Eil-Verfahren beim Umgang mit der DDR-Literatur (FR, 8. Juni 1990)
*WALTER JENS: Plädoyer gegen die Preisgabe der DDR-Kultur. Fünf Forderungen an die Intellektuellen im geeinten Deutschland (Rede in Potsdam am 11. Juni 1990; SZ, 16./17. Juni 1990)
*LEW KOPELEW: Für Christa Wolf. Ein Brief an die ›Zeit‹, die ›FAZ‹ und die ›Welt‹ (taz, 14. Juni 1990)
GÜNTER GRASS: Bericht aus Altdöbern (Rede vom 16. Juni 1990 im Berliner Reichstag; FR, 30. Juni 1990; auch in europäische ideen, Heft 74, Oktober 1990)
HAJO STEINERT: Vermeintliche Atmosphäre der Bedrohung. »Was bleibt«, die neue Erzählung der DDR-Autorin Christa Wolf: Für diese Prosa ist alles zu spät (Die Weltwoche, 14. Juni 1990)
ROLAND H. WIEGENSTEIN: Bilanzen & Kosten. Auf zwei Treffen ost- und westdeutscher Intellektueller (FR, 16. Juni 1990)
Bericht über die Berliner Tagung »Versuch einer Bilanz: 40 Jahre deutsch-deutscher Literatur« und das Bertelsmann-Kolloquium in Potsdam
HANS-JÜRGEN SCHMITT: Was bleibt? Christa Wolf und andere Auto-

ren und Intellektuelle zur DDR und Deutschland (FR, 16. Juni 1990)
Kritisiert die Erzählung, weniger deren Autorin.
JENS JESSEN: Auch tote Götter regieren. Streit der Intellektuellen auf einer Tagung in Potsdam (FAZ, 16. Juni 1990)
CHRISTA DERICUM: Arbeit an der neuen Sprache. Nahtstelle zwischen den Zeiten - Christa Wolfs umstrittene Erzählung »Was bleibt« (SZ, 21. Juni 1990)
PETER MOHR: Schmerzloses Unglück. Christa Wolfs nachgetragene Erzählung »Was bleibt« (Eßlinger Zeitung, 16./17. Juni 1990; weitgehend identisch auch in: Hannoversche Allgemeine Zeitung, 28. Juli 1990, und Rhein-Neckar-Zeitung, 4./5. August 1990)
FRANK SCHIRRMACHER: Hetze? Die zweite Stunde Null (FAZ, 18. Juni 1990)
MATTHIAS ALTENBURG: Gesamtdeutsche Heulsuse (Stern, 21. Juni 1990)
UWE KOCH: Literaturkritik im Zeichen der Sieger. Der kurze Prozeß mit Christa Wolfs neuester Erzählung »Was bleibt« (Volkszeitung, 22. Juni 1990)
ULRICH GREINER: Der Potsdamer Abgrund. Anmerkungen zu einem öffentlichen Streit über die »Kulturnation Deutschland« (Die Zeit, 22. Juni 1990)
HEIMO SCHWILK: Nachdenken über Christa W. Staatsdichterin, Staatssicherheit, Staatsverdruß: Christa Wolfs Erzählung »Was bleibt« ist das schonungslose Protokoll einer späten Einsicht (Rheinischer Merkur/Christ und Welt, 22. Juni 1990)
JÜRGEN SERKE: Was bleibt, das ist die Scham (Die Welt, 23. Juni 1990)
URSULA ESCHERIG: Diagnose: Sprachverlust. Christa Wolfs umstrittene Erzählung »Was bleibt« (Der Tagesspiegel, 24. Juni 1990)
Kritisiert sowohl die Angriffe auf Christa Wolf als auch deren Erzählung.
KLAUS PODAK: Geeint miteinander streiten. Schriftsteller in der DDR: Waren sie nur Mitläufer und Opportunisten? (SZ, 25. Juni 1990)
Leitet die Antworten von Rainer Kirsch, Uwe Friesel, Volker Braun, Stefan Heym, Martin Walser, Marcel Reich-Ranicki, Wolf Jobst Siedler, Herbert Heckmann, Hans Mayer, Walter Kempowski und Peter Härtling auf eine von der SZ veranstaltete Umfrage ein. Richtet sich gegen »die gefährliche Selbstgefälligkeit« der Kritik an DDR-Autoren und postuliert »humane und das heißt: nicht hämisch-arrogant verletzende Diskussionen«.
HELLMUTH KARASEK: »Selbstgemachte Konfitüre«. Spiegel-Redakteur Hellmuth Karasek über die Diskussion um Christa Wolfs Erzählung »Was bleibt« (Der Spiegel, 25. Juni 1990)
MARTIN OEHLEN: Christa Wolfs späte Veröffentlichung ihrer Erzählung »Was bleibt«. Die Angst der Observierten. Blanke Nerven beim Streit mit der Kritik (Kölner Stadt-Anzeiger, 25. Juni 1990)

Bescheinigt der Erzählung »eine gewisse Selbstkritik«, skizziert die konträren Positionen im Streit, nimmt eine eher vermittelnde, aber den DDR-Autoren gegenüber kritische Stellung ein.
ANGELIKA GRIEBNER: Altes Vokabular, neue Feindbilder. Gestern noch lobte auch »Die Welt« Schriftsteller unseres Landes, nun attackieren sie Christa Wolf, meinen aber uns (Junge Welt, 26. Juni 1990)
Reagiert auf die Angriffe Jürgen Serkes auf Christa Wolf: »Das ist so ungeheuerlich wie infam. Ausgerechnet Christa Wolf. Deren ›Nachdenken über Christa T.‹ auf die Index-Liste geriet, deren ›Kindheitsmuster‹ eine neue Ära der Faschismus-Auseinandersetzung hierzulande eröffnete, deren ›Kein Ort. Nirgends‹ sich überhaupt nicht in das verordnete optimistische Menschenbild fügt, deren ›Kassandra‹-Vorlesungen verspätet und gekürzt erschienen.« Der Artikel sieht nicht nur die Autorin, sondern auch »uns, ihre Leser« in der DDR, durch »Bosheit und Demagogie« attackiert.
WOLFRAM KNORR: Hexenjagd der Wendehälse? Christa W.: Die Konsequenz (Die Weltwoche, 28. Juni 1990)
HANS JOACHIM SCHÄDLICH: Tanz in Ketten. Zum Mythos der DDR-Literatur (FAZ, 28. Juni 1990)
MANFRED JÄGER: Auch Worte sind Taten. »Was bleibt«, eine Erzählung über die eigene Bespitzelung durch die Stasi von Christa Wolf – 1979 geschrieben, erst jetzt veröffentlicht. Zu spät? (Deutsches Allgemeines Sonntagsblatt, 29. Juni 1990)
Gegen eine leichtfertige Etikettierung Christa Wolfs als »Staatsdichterin«; bewertet den bisherigen Literaturstreit als weitgehend »unproduktive[n] Austausch von Anklagen und Rechtfertigungen«; relativ ausführliche Analyse der Erzählung, die der Autorin (zaghafte) Ansätze zur Selbstkritik bescheinigt.
WOLFRAM SCHÜTTE: Hoppla, jetzt kommen wir! Vergangenheitsbewältigung in der DDR (FR, 29. Juni 1990)
Attackiert Greiner und Schirrmacher und ihren »Frontalangriff auf die moralische Integrität« Christa Wolfs; bezieht sich auf Walter Jens' Rede in Potsdam.
CHRISTEL BERGER: Gefangen in einem Teufelskreis. Christa Wolfs Erzählung »Was bleibt« (Berliner Zeitung, 29. Juni 1990)
Liest die Erzählung als »eine in vieler Hinsicht tragische Geschichte«, deren Sprache »reich und differenziert genug« ist, um den Kritikern, die der Autorin jetzt Angst machen und sie zum Schweigen zu bringen versuchen, Widerstand entgegenzusetzen.
GÜNTER KUNERT: Weltfremd und blind. Zum Streit um die Literatur der DDR (FAZ, 30. Juni 1990)
*MARTIN AHRENDS: Ach, ihr süßen Wessis (Sonntag, 1. Juli 1990)
[REINER KUNZE:] Mit Steinen auf den Engel der Geschichte. Reiner Kunze im Gespräch mit Jürgen Serke (Die Welt, 2. Juli 1990)
JOHANNES WILLMS: Die maßlose Empörung. Im Streit um die DDR-

Literatur meldet sich das deutsche PEN-Präsidium zu Wort (FAZ, 4. Juli 1990)
Clemens Knobloch: Moralisten mit Killerinstinkt (Volkszeitung, 6. Juli 1990)
Gegen Schirrmacher und das Feuilleton der FAZ, das in die »Einheitsfront mit Wirtschaft und Politik« eingeschwenkt sei und das »Volk« als positiven Gegenbegriff zum »Intellektuellen« gebrauche.
Helmut Böttiger: Den Moralischen kriegen. Christa Wolf und die Diskussion darüber, »Was bleibt«. (Stuttgarter Zeitung, 6. Juli 1990)
Kritisiert die Angriffe auf Christa Wolf als Problem des westdeutschen Kulturbetriebs, der die zuvor hochgelobte Autorin zum »Vehikel« der Abrechnung mit der eigenen, dem Sozialismus zugeneigten Vergangenheit mache; kritisiert die verspätete Publikation der Erzählung, die »nur noch das Schielen nach dem Zeitgeist« verrate.
Paul Parin: Die Vernichtung einer Schriftstellerin (Wochenzeitung, 6. Juli 1990)
Elisabeth Grotz: »Gejammer einer Heuchlerin für Heuchler?« Zur Diskussion über Christa Wolfs »Was bleibt« (Die Presse, 7./8. Juli 1990)
Heinz Mudrich: »Was bleibt« - Nachdenken über Christa W. Stasi-Ängste einer Erfolgreichen - Das neue Buch der DDR-Autorin Wolf und die Kritik (Saarbrücker Zeitung, 7./8. Juli 1990)
Distanziert sich von jeder politisch-moralischen Beurteilung Christa Wolfs, weist aber den Vorwurf einer Kampagne zurück; erklärt den Erscheinungstermin des Textes mit der »Ratlosigkeit« und »Verunsicherung« Wolfs, die sich »an der unkontrollierten Sprache« der Erzählung ablesen lasse.
Robin Smyth: After the wall, angers arise from the dust (Observer, 8. Juli 1990)
Hans Jansen: Ein deutscher Streit um das, was bleibt... Zur Kontroverse um das neue Buch von Christa Wolf (Westdeutsche Allgemeine Zeitung, 9. Juli 1990)
Referiert den bisherigen Verlauf des Streits und bezieht eine vermittelnde Position: der Text sei »keine billige Rechtfertigung« Christa Wolfs, dennoch habe die Autorin »überempfindlich« auf die Kritiken reagiert.
Klaus-Dieter Schönewerk: Viele Fragen und kein Fragezeichen. »Was bleibt«, Christa Wolfs jüngste Erzählung im Aufbau-Verlag (Neues Deutschland, 11. Juli 1990)
Herbert Hrachovec: Die böse Wolf (Falter, 13.-19. Juli 1990)
Elisabeth Nemeth: Der totale Westen bekämpft in Christa Wolf, die in »Kassandra« die Sucht zur Übereinstimmung zur Sprache bringt, sein verlorenes Gegenüber (Falter, 13.-19. Juli 1990)
Ulrich Greiner: Das PEN-Zentrum der Bundesrepublik und der Streit um Christa Wolf. Dumm & dämlich (Die Zeit, 13. Juli 1990)
Rainer Hoffmann: Deutsche Szene. Der »Fall Christa Wolf« oder Vereinigung und Vergangenheitsbewältigung (NZZ, 13. Juli 1990)

WOLFGANG JOHANNES MÜLLER: Bleibt das von Christa Wolf? (Bayernkurier, 14. Juli 1990)
Kritisiert den mißglückten Stil der Erzählung, die voller Flüchtigkeiten und Banalitäten sei; wirft der Autorin ein »Doppelleben« vor.
ALBRECHT ROESELER: Kultur der DDR im Zwielicht (SZ, 14./15. Juli 1990)
Der Leitartikel im politischen Teil der Zeitung verteidigt u.a. die Erklärung des PEN-Präsidiums: Kaum habe es zu etwas sensibler zu führendem Diskurs aufgerufen, »wurde solche Empfehlung sogleich als Einschränkung der Meinungsfreiheit und als Kritikverbot denunziert«.
*[GÜNTER GRASS:] Nötige Kritik oder Hinrichtung? Spiegel-Gespräch mit Günter Grass um Christa Wolf und die DDR-Literatur (mit Hellmuth Karasek und Rolf Becker; Der Spiegel, 16. Juli 1990)
GERD DEHNEL: Was heißt denn Kampagne. Anmerkungen zur Kritik an Christa Wolf und die Reaktionen darauf (Der Morgen, 20. Juli 1990)
Wirft den Kritikern Christa Wolfs Unkenntnis und Fehleinschätzungen vor. Auch eine frühere Veröffentlichung ihrer Erzählung hätte der Stasi nicht schaden können. Daß sie 1989 die politische Lage falsch eingeschätzt habe, daß am Ende Helmut Kohl, nicht sie Recht behalten habe, könne »kein Maßstab für ihre Dichtung sein«. Auf der anderen Seite sei die Kritik an der Autorin nicht einfach als »Kampagne« oder »Denunziation« vom Tisch zu wischen. »Deswegen muß unser Gang in die deutsche Einheit zwar kein kriechender sein, aber die emporgestreckte Nase der beleidigten Leberwurst, wenn uns jemand mit unserer Vergangenheit konfrontiert, steht uns ebensowenig zu Gesicht.«
HELGA KÖNIGSDORF: Deutschland, wo der Pfeffer wächst. Ein Beitrag zur Diskussion um die Literatur der DDR und ihre Autoren (Die Zeit, 20. Juli 1990)
HERMANN KANT: Von Bonus und Malus, von Grass und Persil. Zu einem Spiegelgespräch (Neues Deutschland, 21./22. Juli 1990)
FRITZ-JOCHEN KOPKA: Who's afraid of Christa Wolf? (Sonntag, 22. Juli 1990)
Behauptet, daß die Stalinisten Angst vor Christa Wolf gehabt hätten, weil ihre Werke viele Menschen dazu sprachlich befähigt hätten, »ihre Ansprüche an die Gesellschaft zu formulieren«. An die Stelle der Stalinisten seien jetzt westdeutsche Kritiker getreten, denen bewußt ist: »Wer Christa Wolf demontiert, demontiert das Selbstbewußtsein der Bürger der anderen deutschen Republik gleich mit. Es darf nicht der Verdacht aufkommen, es könnte auf ihrem Territorium etwas gewesen sein jenseits von Mangelwirtschaft, Meinungsterror, Lüge.« Jetzt müßten DDR-Schriftsteller dafür büßen, »daß westliche Kritiker sie früher zu wohlwollend rezensiert haben«.
SYBILLE WIRSING: Kant. Zum Streit um Christa Wolf (FAZ, 24. Juli 1990)
*ULRICH GREINER: Keiner ist frei von Schuld (Die Zeit, 27. Juli 1990)

Wolf Scheller: Kants Erzählungen. Der frühere Präsident der DDR-Schriftsteller meldet sich (Saarbrücker Zeitung, 28./29. Juli 1990)
Kommentiert H. Kants Artikel im »Neuen Deutschland«

Christoph Funke: Wüste im Sozialismus. Gedanken zu einer kulturpolitischen Debatte - Christa Wolf »und die anderen« (Der Morgen, 29. Juli 1990)

Peter Mohr: Viel Wirbel um Nichts. Zur Kontroverse um Christa Wolfs Erzählung »Was bleibt« (General-Anzeiger, 28./29. Juli 1990)

Jürgen Busche: Der Patzer des peinlichen Datums. Gegenkritik zum Angriff auf Christa Wolf (Die Neue Gesellschaft/Frankfurter Hefte, Heft 8, August 1990)

Jurek Becker: Zum Bespitzeln gehören zwei. Über den Umgang mit der DDR-Vergangenheit (Die Zeit, 3. August 1990)

Bernd Gäbler: Was bleibt von der Spur der Steine? Bernd Gäbler über Frank Beyer und Christa Wolf. Ein Diskussionsbeitrag zur aktuellen Debatte um Intellektuelle in der DDR (Volkszeitung, 3. August 1990)
Bewertet die Erzählung trotz ihres »ästhetischen Scheiterns« als »literarisches Wagnis« und eine »Entblößung« mit »eingelagertem Selbstschutz«, als einen unzureichenden, aber fortsetzungswürdigen »Beginn«.

Emmanuel Imatte: Pólemique autour de Christa Wolf (Le Monde, 3. August 1990)

Oskar Neumann: Gemeint ist jede humane Vision. Zur Verketzerung von Christa Wolf (Unsere Zeit, 3. August 1990)

Herbert Riehl-Heyse: Sturm über der Oase der Poesie. Warum wir es uns nicht leisten können, die gesamte DDR-Literatur ins moralische Abseits zu stellen - oder: Die mühsame Arbeit des Differenzierens (SZ, 4./5. August 1990)

[Hermann Kant:] »Ich war ein Aktivist der DDR«. Der ostdeutsche Schriftsteller Hermann Kant über seine Rolle und den Stellenwert der Literatur im SED-Regime. Ein Gespräch mit Matthias Matussek und Ulrich Schwarz (Der Spiegel, 6. August 1990)

Friedrich Dieckmann: Suche nach der verlorenen Zeit. Ein Zwischenruf zur deutsch-deutschen Debatte (Frankfurter Rundschau, 11. August 1990)

Bernd Berke: Christa Wolfs »Was bleibt?« - Ein Buch zur Unzeit (Westfälische Rundschau, 14. August 1990)
Skizziert die Pro- und Contra-Position im Streit; bescheinigt der Erzählung insofern »Qualität«, als sie »am vergleichsweise harmlosen Beispiel das dennoch Zermürbende [der Bespitzelung] nachfühlen« lassse; Christa Wolfs »Hauptproblem« sei ihre politische Naivität.

Andi Gruber: Westdeutsche Kritiker auf Anschlußkurs. Jagd auf Christa Wolf (Volksstimme, 17. August 1990)

Eugenie Kain: Christa Wolfs Erzählung »Was bleibt«. Ringen um eine neue Sprache (Volksstimme, 17. August 1990)

*WOLF BIERMANN: Nur wer sich ändert, bleibt sich treu. Der Streit um Christa Wolf, das Ende der DDR, das Elend der Intellektuellen: Das alles ist auch komisch (Die Zeit, 24. August 1990; auch in: Die Weltwoche, 30. August 1990)
DAVID BINDER: Despite All, German Literati Keep Jousting (New York Times, 24. August 1990)
PETER GRAVES: Not above reproach (Times Literary Supplement, 24.–30. August 1990)
HANS KRIEGER: Nachdenken über Christa W. »Was bleibt« - Ein Testfall für den Umgang mit DDR-Kultur (Bayerische Staatszeitung, 31. August 1990)
HEINRICH MOHR: »Trauer, Reue, Scham«. Zu Christa Wolfs Erzählung »Was bleibt« (Deutschland Archiv, Heft 9, September 1990)
Kritisiert an den Beiträgen zum Streit die ungenügende Auseinandersetzung mit dem Text; die eigene zitatenreiche Interpretation versteht die Erzählung nicht als »Rechtfertigungs- oder Anbietungsversuch der Autorin«, sondern als »Geschichte einer seelischen Verwüstung« und als »bitter radikale Selbstbefragung«.
VÉRA KORNICKER: Christa Wolf. La statue déboulonnée (Le Figaro, 3. September 1990)
GÜNTER KUNERT: Der Sturz vom Sockel. Zum Streit der deutschen Autoren (Frankfurter Allgemeine Zeitung, 3. September 1990)
BEATRICE VON MATT: Nicht doch ein Feindbild? (NZZ, 4. September 1990)
GÜNTER DE BRUYN: Jubelschreie, Trauergesänge (Die Zeit, 7. September 1990)
HANS-HAGEN BREMER: Lang solidarisch mit Christa Wolf. Kritik an deutschen Kritikern (Frankfurter Rundschau, 14. September 1990)
Berichtet kurz über die Ernennung Christa Wolfs zum »Offizier des Ordens für Künste und Literatur« in Paris, die als »Geste der Solidarität mit der Schriftstellerin« zu verstehen sei.
GÉRARD MEUDAL: Les moustaches du lion. Selon J.-M. Palmier, on reproche à Christa Wolf de ne pas être une martyre (Libération, 20. September 1990)
GÉRARD MEUDAL: Traduction de »Ce qui reste«. Qui a peur de Christa Wolf? (Libération, 20. September 1990)
JENS JESSEN: Eine Kaste wird entmachtet. Die deutschen Intellektuellen als Hüter der Zweistaatlichkeit (FAZ, 29. September 1990)
KARL HEINZ BOHRER: Die Ästhetik am Ausgang ihrer Unmündigkeit (Merkur, Heft 10/11, Oktober/November 1990)
KARL HEINZ BOHRER: Kulturschutzgebiet DDR? (Merkur, Heft 10/11, Oktober/November 1990)
WALTER JANKA: Brief vom 24. August 1990 über Christa Wolf an die Redaktion der »europäischen ideen« (europäische ideen, Heft 74, Oktober 1990)

Jean-Michel Palmier: Surmonter le passé abolir les préjugés. Que reste-t-il de la culture est-allemande? (Le monde diplomatique, Oktober 1990)
Werner Liersch: Was interessiert? Christa Wolf »Was bleibt«, Aufbau-Verlag Berlin und Weimar (ndl, Heft 10, Oktober 1990)
»Was bleibt uns übrig«. Dramolett in zwei Akten (Titanic, Oktober 1990)
Dialogisierte, mit zahlreichen Textzitaten durchsetzte Parodie auf die Erzählung »aus der Sicht der drei Stasileute, die da vor ihrem [d.i. Christa Wolfs] Haus stehen [...] mußten«.
Frank Schirrmacher: Abschied von der Literatur der Bundesrepublik. Neue Pässe, neue Identitäten, neue Lebensläufe: Über die Kündigung einiger Mythen des westdeutschen Bewußtseins (FAZ, 2. Oktober 1990)
Lothar Baier: Scheidung auf literarisch (SZ, 2./3. Oktober 1990)
Ruth Valentini: Christa Wolf, la femme blessée. Procès truqué contre un grand écrivain de RDA (nouvel Observateur, 4. Oktober 1990)
Volker Hage: Da war was, da bleibt was. Abschied von der DDR und ihrer Literatur - ohne Wehmut, nicht ohne Erwartung (Die Zeit, 5. Oktober 1990)
Frank Schirrmacher: Literatur und Kritik (FAZ, 8. Oktober 1990)
*Uwe Wittstock: Die Dichter und ihre Richter. Literaturstreit im Namen der Moral: Warum die Schriftsteller aus der DDR als Sündenböcke herhalten müssen (SZ, 13./14. Oktober 1990)
Heinz Steincke: Keine erdichtete Rechtfertigung (Der Literat, Nr. 10, 15. Oktober 1990)
Ein »Plädoyer für Christa Wolf«, das vor westlicher Selbstgerechtigkeit warnt.
Wolfram Schütte: Auf dem Schrotthaufen der Geschichte. Zu einer denkwürdig-voreiligen Verabschiedung der »bundesdeutschen Literatur« (FR, 20. Oktober 1990)
Gegen Schirrmachers Artikel in der FAZ vom 2. Oktober 1990.
Rolf Schneider: Volk ohne Trauer. Der Schriftsteller Rolf Schneider über seine Erfahrungen als DDR-Intellektueller (Der Spiegel, 29. Okober 1990)
Kritisiert zwar »die selbstgerechte Attitüde« der Angriffe auf Christa Wolf und andere DDR-Schriftsteller, findet die Diskussion über deren Rolle im SED-Staat aber richtig; fordert die Intellektuellen zum Nachdenken »über Mitschuld« auf und hält ihnen »Larmoyanz« vor.
Elke Erb: DDR und aus. Bemerkungen zu den Angriffen auf Christa Wolf (LITFASS 49, November 1990)
Greift die Kritiker Christa Wolfs mit dem Versuch an, ihre Erzählungen angemessener zu verstehen.
Antje Janssen-Zimmermann: Plädoyer für einen Text - Christa Wolf: »Was bleibt« (ndl, Heft 11, November 1990)

*ULRICH GREINER: Die deutsche Gesinnungsästhetik. Noch einmal: Christa Wolf und der deutsche Literaturstreit. Eine Zwischenbilanz (Die Zeit, 2. November 1990)
JÜRGEN BUSCHE: Der Zug zur großen Zeit. Die neuen Rauschebärte: Der Literaturstreit ist zum Streit um die rechte Gesinnung geworden (SZ, 8. November 1990)
KARIN STRUCK: Im Sozialismus durfte keiner traurig sein. Christa Wolfs langsamer Abschied vom Kommunismus (Die Welt, 10. November 1990)
JENS JESSEN: Der Mord im Feuilleton. Deutsche Szene: Das Erich-Fried-Symposion in Wien (FAZ, 28. November 1990)
IRIS RADISCH: Der Club. Ein Symposion in Wien »Die Schriftsteller und die Restauration« (Die Zeit, 30. November 1990)
Glosse über das Erich-Fried-Symposion in Wien; Kritik am Einverständnis der Verteidiger Christa Wolfs (u.a. Hans Mayer, Adolf Muschg).
JACK LANG: Rede zur Verleihung des Titels »Officier des Arts et des Lettres« an Christa Wolf (ndl, Heft 12, Dezember 1990)
ADOLF MUSCHG: Rede an einen abgefahrenen Zug. Nachtreten auf bereits Liegende als neue deutsche Feuilleton-Lockerheit (FR, 8. 12. 1990)
JÜRGEN KRÄTZER: Nachtrag zum außergewöhnlichen Herbst. Gedanken zu Christa Wolfs »Was bleibt« und »Reden im Herbst« (Leipziger Volkszeitung, 15./16. Dezember 1990)
IAN BURUMA: There's No Place Like Heimat (The New York Book Review, vol. 37, Nr. 20, 20. Dezember 1990)
*IVAN NAGEL: Die Volksfeinde. Literaturstreit und Intellektuellenjagd (SZ, 22./23. Dezember 1990)
ARIANE HEILINGSETZER: Menschenjagd auf Literaten (Abendzeitung, 7. Januar 1991)
GERT HEIDENREICH: Die bösartigen Dichter. Worum es im deutschen Literaturstreit wirklich geht (SZ, 2./3. Februar 1991)
HERBERT LEHNERT: Fiktionalität und autobiographische Motive. Zu Christa Wolfs Erzählung »Was bleibt« (Weimarer Beiträge, Heft 3, März 1991)
IAN WALLACE: Deutscher Literaturstreit aus britischer Sicht (ndl, Heft 3, März 1991)
CHRISTINE LEMKE: Christa Wolf. Was bleibt. Erzählung (Arbitrium 1, April 1991)
PETER GLOTZ: Wider den Feuilleton-Nationalismus (Die Zeit, 19. April 1991)
JÜRGEN HABERMAS: Die andere Zerstörung der Vernunft. Über die Defizite der deutschen Vereinigung und über die Rolle der intellektuellen Kritik (Die Zeit, 10. Mai 1991)
REINHARD BAUMGART: Der neudeutsche Literaturstreit. Anlaß – Verlauf – Vorgeschichte – Folgen (Bayerischer Rundfunk, Nachtstudio B 2, 9. Juli 1991)

Klaus und Erika Mann in der edition spangenberg

KLAUS MANN
aus der Werkausgabe
in Leinen gebunden mit
Schutzumschlag

– *Briefe und Antworten* 1922–1949
Herausgegeben von Martin Gregor-Dellin. Mit einem Essay von Golo Mann: Erinnerungen an meinen Bruder Klaus. Anmerkungsteil, Briefverzeichnis und Register. 362 Briefe und 99 Antwortbriefe. 816 Seiten. DM 98,–

– *Flucht in den Norden*
Roman. Nachwort von Martin Gregor-Dellin. 292 Seiten. DM 28,–

– *Mephisto*
Roman einer Karriere. Mit einer Einleitung von Berthold Spangenberg und der Entscheidung des Bundesverfassungsgerichts im Anhang. 465 Seiten. DM 39,–

– *Tagebücher*
Herausgegeben von Joachim Heimannsberg, Peter Laemmle und Wilfried F. Schoeller. Nachwort. Anmerkungsteil und Register.
1931–1933, 276 Seiten. DM 48,–
1934–1935, 240 Seiten. DM 48,–
1936–1937, 254 Seiten. DM 48,–
1938–1939, 232 Seiten. DM 48,–
1940–1943, 250 Seiten. DM 48,–
1944–1949, 300 Seiten. DM 48,–

– *Treffpunkt im Unendlichen*
Roman. Mit einem Nachwort von Frederic Kroll. Ca. 280 Seiten. DM 48,–

– *Der Vulkan*
Roman unter Emigranten. Mit einem Nachwort von Martin Gregor-Dellin: Klaus Manns Exilromane. 570 S. DM 42,–

– *Der Wendepunkt*
Ein Lebensbericht. 505 Seiten. DM 48,–

– *Woher wir kommen und wohin wir müssen*
Frühe und nachgelassene Schriften. Nachwort von Martin Gregor-Dellin: Zeitgenosse zwischen den Fronten. 288 Seiten. DM 36,–

Als Paperback:

– *Briefe und Antworten* 1922–1949
Herausgegeben von Martin Gregor-Dellin. Mit einem Essay von Golo Mann: Erinnerungen an meinen Bruder Klaus. Anmerkungsteil: Briefverzeichnis und Register. 362 Briefe und 99 Antwortbriefe. 816 Seiten. Sonderausgabe. DM 48,–

– *Das Innere Vaterland*
Literarische Essays aus dem Exil. Hrsg. M. Gregor-Dellin. 192 Seiten. DM 14,80

– *Mit dem Blick nach Deutschland*
Der Schriftsteller und das politische Engagement. Herausgegeben von Michel Grunewald. 224 Seiten. DM 14,80

– Tagebücher
Herausgegeben von Joachim Heimannsberg, Peter Laemmle und Wilfried F. Schoeller. Nachwort, Anmerkungsteil und Register.
1931–1933, 276 Seiten. DM 29,80
1934–1935, 240 Seiten. DM 29,80
1936–1937, 254 Seiten. DM 29,80
1938–1939, 232 Seiten. DM 29,80
1940–1943, 250 Seiten. DM 29,80
1944–1949, 300 Seiten. DM 29,80

ERIKA MANN

– *Briefe und Antworten Band 1 und 2*
Insgesamt 563 Seiten. Leinen DM 90,–

– *10 Millionen Kinder*
200 Seiten. Paperback. DM 28,–

Eva Chrambach

– *Klaus und Erika Mann*
Bilder und Dokumente
84 Seiten mit 70 Abbildungen
Broschiert DM 20,–

Helga Keiser-Hayne

– *Beteiligt Euch, es geht um Eure Erde*
Erika Manns politisches Kabarett »Die Pfeffermühle« 1933–1937
160 Seiten, 80 Abbildungen.
Paperback. DM 39,–

Eberhard Spangenberg

– Karriere eines Romans
Mephisto, Klaus Mann und Gustaf Gründgens. 240 Seiten, Paperback DM 28,–